Manuela Widmer

Spring ins Spiel

Elementares Musiktheater
mit schulischen und außerschulischen Gruppen

Ein Handbuch

Fidula

Wilhelm Keller, dem Magister Ludi Musici,

dem hemmungslosen Humanisten, dem herausfordernden Utopisten,

meinem geliebten Vater und hochgeschätzten Lehrer,

in großer Dankbarkeit gewidmet.

Impressum

Fotos Herbert Huber (S. 108, 109, 116),
Coloman Kallos (S. 73, 78, 250),
Manuela und Michel Widmer (alle übrigen)

Zeichnungen Irmtraud Guhe

© Fidula 2004
Alle Rechte vorbehalten. Keine unerlaubte Vervielfältigung!

Fidula-Verlag
56154 Boppard am Rhein
www.fidula.eu
Tel. 06742-2488 · Fax 06742-2661

Best.-Nr. **925**
ISBN 3-87226-925-9

Inhalt

Vorwort — 6

Einleitung — 8

1. Der MUWOTA-Baum — 8
2. Fünf zentrale Leitsätze — 11
3. Inhaltsangaben besonders anregender Geschichten und Märchen — 12

I. Die Wegbeschreibung ins Spiel — 21

1. Die Stoffauswahl — 21
- 1.1. Allgemeine Vorüberlegungen — 21
  - Wir unterscheiden: einfache und komplexe Spielformen — 21
  - Meine Gruppe – meine Arbeitssituation — 21
- 1.2. Spezifische Überlegungen — 22
  - Bieten die Rollen (und ihre Besetzung) genug Spielraum? — 22
  - Was Text und Bild bieten sollen — 23
  - Gibt es eine Stimmungsvielfalt? — 23
  - Ist ein dramatischer Spannungsbogen erkennbar? — 23
  - Zeichnen sich Spezialaufgaben für „Spezialisten" ab? — 24
  - Was brauche ich an Ausstattung? — 24
  - Inhalt, Charakter und Aussage von Stoffen — 24

2. Äußere Rahmenbedingungen — 25
- 2.1. Wir spielen (fast) immer und (fast) überall – aber niemals zu lange! — 25
  - Über passende und unpassende Räume — 25
  - Bühnen-Grundaufstellung (Auftritte und Abgänge aus dem Halbkreis) — 25
  - Grundfragen zum Szenenaufbau und Szenenwechsel (offene Übergänge) — 26
  - Über die Dauer von EMT-Stücken — 27
- 2.2. Unabhängigkeit von (Schul)Budgets und Sponsoren — 27

3. Innere Rahmenbedingungen — 27
- 3.1. Freiwilligkeit als wichtiges Ziel — 27
- 3.2. Wir brauchen Verabredungen und Spielregeln – Verantwortungsgefühl ist gefragt! — 28
- 3.3. Die Gruppenleitung als Vorbild — 28

II. Die Spielelemente — 29

1. Bewegungs- und Tanzgestaltung — 29
1.1. Who is who und wie? – Gestaltung von Charakteren — 29
1.2. Komm, mach dich auf den Umweg! – Raumweggestaltung — 43
1.3. Von Volksaufläufen und Ministertreffen – Gruppengestaltungen — 47
1.4. Weißt du, wie Könige tanzen? – Tänze und Bewegungsspiele — 50

2. Instrumentale Gestaltung — 51
2.1. Wie klingt die Blumenwiese? – Schallspiele — 51
2.2. Tanzmusik und Stimmungsmacher – Instrumentalstücke — 54
2.3. Riesenschritte und Regenwetter – Bewegungsbegleitung — 58
2.4. So viele Töne! – Welche passen? – Liedbegleitung — 61
2.5. Ausnahmsweise: Musik aus der Konserve — 63

3. Singen- und Sprachgestaltung — 64
3.1. Lieder finden und erfinden — 64
3.2. Mit Sprache spielen und gestalten — 66
3.3. Singendes Erzählen — 68

4. Bühnengestaltung — 73
4.1. Wo ist der Thronsaal? – Zur Bühnenhintergrundgestaltung — 73
4.2. Das Schlüsselloch in der Hand ersetzt die Tür – Einsatz von Gegenständen — 77
4.3. Berge, Höhlen und andere Verstecke – Einsatz von Stellwänden, Podesten, Vorhängen — 79
4.4. Wenn es dunkel wird… – Einsatz von Licht und Projektionen — 80

5. Kostüm- und Requisitenerstellung — 81
5.1. Nebelschwaden und Blütenzauber – Die Verwendung von Tüchern und Stoffresten — 82
5.2. Gesetzesrolle und Manschetten – Mit Krepppapier & Co. — 83
5.3. Gut behütet – Der Wert von Kopfbedeckungen — 85
5.4. Lange Ohren und rote Nasen – Masken, auch geschminkt — 85
5.5. Klingende Kostüme und selbstgebaute Instrumente — 86

III. Der Entwicklungsprozess — 89

1. Erspielung — 90
1.1. „Etüden" – Allerlei Spiele zum Rollenschlüpfen — 90
1.2. „Kleine Formen" – zur Vorbereitung und zum Rollenschlüpfen — 103
    Drei Bewegungsgeschichten — 103
    Drei Kurzgeschichten — 108
1.3. Kennenlernen des Stoffes — 117

2. Erarbeitung — 120
2.1. Vorarbeit: erste Analyse des Textes — 120
2.2. Alle probieren alles – viele Ideen sammeln — 123
2.3. Gemeinsam den Spielplan erstellen – Rollen und Aufgaben finden — 123
2.4. Zuallererst: alles, was viel Übung braucht — 125
2.5. Vielleicht: Hilfe holen — 125
2.6. Immer: alle Ideen und (Teil)Ergebnisse schriftlich dokumentieren — 126

3. Erprobung — 129
- 3.1. Szenisch denken und handeln lernen — 129
- 3.2. ...und noch einmal, bitte! — 131
- 3.3. Haben wir nichts vergessen? — 132

4. Aufführung — 132
- 4.1. Wie gestalten wir eine Einladung? — 132
- 4.2. Wie oft treten wir auf? — 133
- 4.3. Ein Foto zur Erinnerung! — 133

5. Der „Rote Faden" für ein EMT-Projekt in der Schule — 134
- 5.1. Wie lange kann man sich mit einem EMT-Projekt befassen? — 134
- 5.2. Wie und wann werden endgültig die Rollen und Aufgaben zugeteilt? — 135
- 5.3. Wie viele Zusatztermine (Proben) müssen eingeplant werden und wie steht es mit der Mitarbeit der Eltern? — 135
- 5.4. Wie kann sich die Zusammenarbeit mit Kolleginnen und Kollegen gestalten? — 139
- 5.5. Was kann man machen, wenn man nicht ganz fertig wird oder ein Kind krank geworden ist, der Aufführungstermin aber nicht verschoben werden kann? — 139

IV. Spielskizzen — 141

1. Königliche Geschichten — 141
- 1.1. Der beste Hofnarr — 142
- 1.2. König Drosselbart — 166

2. Tierisch menschlich — 191
- 2.1. Ferdinand — 191
- 2.2. Die Bremer Stadtmusikanten — 218

V. Ein Blick hinter die Kulissen — 234

1. Der innere Kern – Die Personen im EMT — 234
- 1.1. Die Gruppe — 235
- 1.2. Das Individuum — 238
- 1.3. Der Integrationsgedanke — 239
- 1.4. Die Gruppenleitung — 240

2. Der äußere Kern – Sachaspekte im EMT — 242
- 2.1. Musik, Bewegung und Darstellendes Spiel in der Grundschule — 242
- 2.2. Das Elementare Musiktheater als „Kreatives Feld" — 246
- 2.3. Produktiv tätig werden: Komponieren, Arrangieren, Choreographieren, Dichten — 248

Nachwort — 250

Glossar — 252

Register — 254

Literatur — 255

Inhalt der CD — 258

Vorwort

„Spring ins Spiel" – möchte allen Pädagoginnen und Pädagogen[1] Mut machen, die in Schule und Freizeit mit Kindergruppen zwischen 6 und 12 Jahren zu tun haben, den Sprung ins szenische Spiel mit Musik, Bewegung, Sprache sowie Bühnen- und Kostümherstellung zu wagen.

Haben Sie in einer ruhigen Stunde die Hinweise und Gedanken aus der *Einleitung* und der *Wegbeschreibung* durchgelesen, sind Sie fürs Erste bestens auf die Materie vorbereitet und es sollte kein Halten mehr geben...

„Spring ins Spiel" – heißt es dann, wenn die *Spielelemente* beschrieben werden und unzählige praktische Spielideen zum Bewegen und Tanzen, Musizieren, Singen und Sprechen, zum Experimentieren, Improvisieren und Gestalten einladen!

„Spring ins Spiel" – bietet mit dem „Elementaren Musiktheater"[2] ein Konzept an, das mit einem Riesensatz eigentlich mitten in der Grundschule landen sollte! Denn alle Bereiche, die die Lehrpläne für Musik in der Grundschule beinhalten, bekommen beim EMT eine Hauptrolle:
- Musik mit der Stimme
- Musik und Bewegung
- Musik erfinden
- Musik mit Instrumenten
- Musik hören
- Musik aufführen
- Musik begreifen

„Spring ins Spiel" – signalisiert auch: Wir machen nicht viel Aufwand, wir brauchen keine perfekt ausgestattete Bühne, wir verzichten auf Materialschlachten, wir spielen mit dem, was wir haben, besonders mit uns selbst. Die Vorbereitung eines Spiels beschäftigt uns nicht länger als allerhöchstens zwei Monate, und dabei kommen wir in der Regel mit einer Musikstunde in der Woche aus, regen uns höchstens in der letzten Woche noch ein bisschen auf und bauen dann lieber noch ein bis zwei Zusatzproben ein...

---

[1] An dieser Stelle möchte ich die Leserin und den Leser dafür um Verständnis bitten, dass ich es bevorzuge, beide gleichermaßen nicht nur zu meinen, sondern auch anzusprechen!

[2] Im Folgenden werde ich – obwohl sprachlich nicht besonders ansprechend – aus ökonomischen Gründen die Abkürzung EMT verwenden.

Wieso gibt es das Buch erst jetzt? – mag manche und mancher von meinen geschätzten Leserinnen und Lesern jetzt fragen. Ehrlich gesagt, ich hatte einfach keine Zeit zum Schreiben, weil ich lieber gespielt habe! Mit Hunderten von Kindern, Jugendlichen und Erwachsenen, in Schule, Musikschule, Behinderteneinrichtung, in der Weiterbildung und bei Familienwochen.

Und nun hat sich soviel Material angesammelt, dass ich bereits an einem zweiten Band von „Spring ins Spiel" arbeite. Das vorliegende Handbuch enthält Tipps und Tricks, Hinter- und Beweggründe, vier Spielskizzen und eine CD zur „Klangillustration", damit Sie einerseits genügend Hilfestellung und Information und andererseits so richtig Lust zum „Sprung ins Spiel" bekommen!

Hallein, im Frühjahr 2004   *Manuela Widmer*

Einleitung

Liebe Leserin und lieber Leser!

Auf den ersten Seiten mache ich Sie mit den wesentlichen Grundzügen des Elementaren Musiktheaters überblicksartig vertraut. Dazu stelle ich Ihnen meine Anliegen in Form einer Grafik und fünf zentraler Leitsätze vor.

Außerdem finden Sie in diesem Einleitungsteil kurze Inhaltsangaben aller verwendeten Bilderbücher und Märchen, auf die sich einerseits die vielen einzelnen *Tipps und Tricks* im II. und III. Kapitel beziehen sowie die vier im IV. Kapitel ausführlich dokumentierten und illustrierten *Spielskizzen*. Einige theoretische Hintergründe finden Sie am Schluss des Buches, gleichsam als ein „Blick hinter die Kulissen". Als hilfreich sollte sich für Sie das Register erweisen, wo Sie alle Gestaltungshinweise zu den Geschichten vom kleinsten Tipp bis hin zur ausführlich beschriebenen Szene mit Seitenangaben finden können.

1. Der MUWOTA-Baum

MUsik, WOrt und TAnz, verbunden im szenischen Spiel, sind die Bestandteile des Elementaren Musiktheaters. „MUWOTA-Spiele" wurde diese Spielform daher auch von Wilhelm Keller getauft[1] und so ist das Bild vom MUWOTA-Baum entstanden (siehe Abb. „Der MUWOTA-Baum", Seite 10):

Der MUsik-WOrt-TAnz-Baum bildet einen Versuch, die Vielfalt und die Möglichkeiten des Elementaren Musiktheaters grafisch darzustellen und – dem Bild des Baumes angemessen[2] – über Wurzeln, Verästelungen und Früchte nachzudenken.

> Die *Wurzeln* kann man vergleichen mit methodischen Ansätzen, wie z.B. dem Vorgang des Stilisierens, Charakterisierens und Rhythmisierens[3], aber auch mit bestimmten grundsätzlichen Einstellungen, wie z.B. dem Individualisieren und dem Integrieren. Darüber hinaus werden Techniken angesprochen, wie das Komponieren, das Arrangieren und das Formen, alles Fähigkeiten, die oftmals in den Händen der Leiterin oder des Leiters liegen werden und daher von mir hier den Wurzeln des Spiels zugeordnet wurden.

---

[1] Keller, W. (1975): Minispectacula, Fidula S. 3
[2] „Auch die Schall- und Sprachspiele (Ludi musici Band 2 und 3 – wie auch die Spiellieder des Band 1, die Verf.) sind als Blätter, Zweige und Äste vom Baum des MUWOTA-Spiels zu betrachten (…)" (in: Keller: Minispectacula, S. 4)
[3] vgl. die Ausführungen dazu im Kapitel „Spielelemente", S. 29 - 30

1. Der MUWOTA-Baum

- Die *Äste des Baumes* stehen für die vielseitigen Ausdrucksmöglichkeiten und Inhaltsfelder. Hier wird es ganz nach Wunsch der Gruppe und ihrer Leiterin oder ihres Leiters jeweils Schwerpunktsetzungen geben. Immer aber ist auf eine gewisse Ausgewogenheit der musikalisch-tänzerisch-sprachlichen Mittel zu achten, um allen Beteiligten breite Auswahlmöglichkeiten zu bieten.

- Die *Früchte* weisen auf die äußerst wertvollen „Nebenprodukte" hin, die wir alle so sehr mit unserer Arbeit zu erreichen hoffen: Selbstständigkeit, Verantwortungsgefühl, Solidarität, soziale Sensibilität, Toleranz, aber auch Entwicklung von persönlichem Ausdruck, Stärkung des Selbstwertgefühls und Konzentrationsfähigkeit.

Wenn wir im Bild des Baumes bleiben, können wir uns den Zusammenhang zwischen Früchten und Wurzeln auch als einen natürlichen Kreislauf vorstellen: Fallen die Früchte vom Baum, gehen ihre Wirkstoffe in die Erde und beleben wiederum die Wurzeln – und so kann man den MUWOTA-Baum auch einfach mal auf den Kopf stellen und so herum betrachten!

Bei grafischen Darstellungen müssen wir uns ihrer Möglichkeiten und Risiken bewusst sein:

- Die Möglichkeiten liegen in einer oftmals auf einen Blick wahrnehmbaren Gestalt, die Zusammenhänge und Beziehungen deutlich machen kann;

- die Risiken bestehen vor allem darin, die Konzentration von Information misszuverstehen, da die Komplexität des Themas in der Vereinfachung der Grafik nicht mehr wahrgenommen wird.

Daher sind die grafischen Elemente des MUWOTA-Baumes unbedingt im Zusammenhang mit den praktischen Spiel- und Darstellungsideen in den folgenden Kapiteln sowie dem theoretischen „Blick hinter die Kulissen" am Schluss des Buches zu sehen!

Einleitung

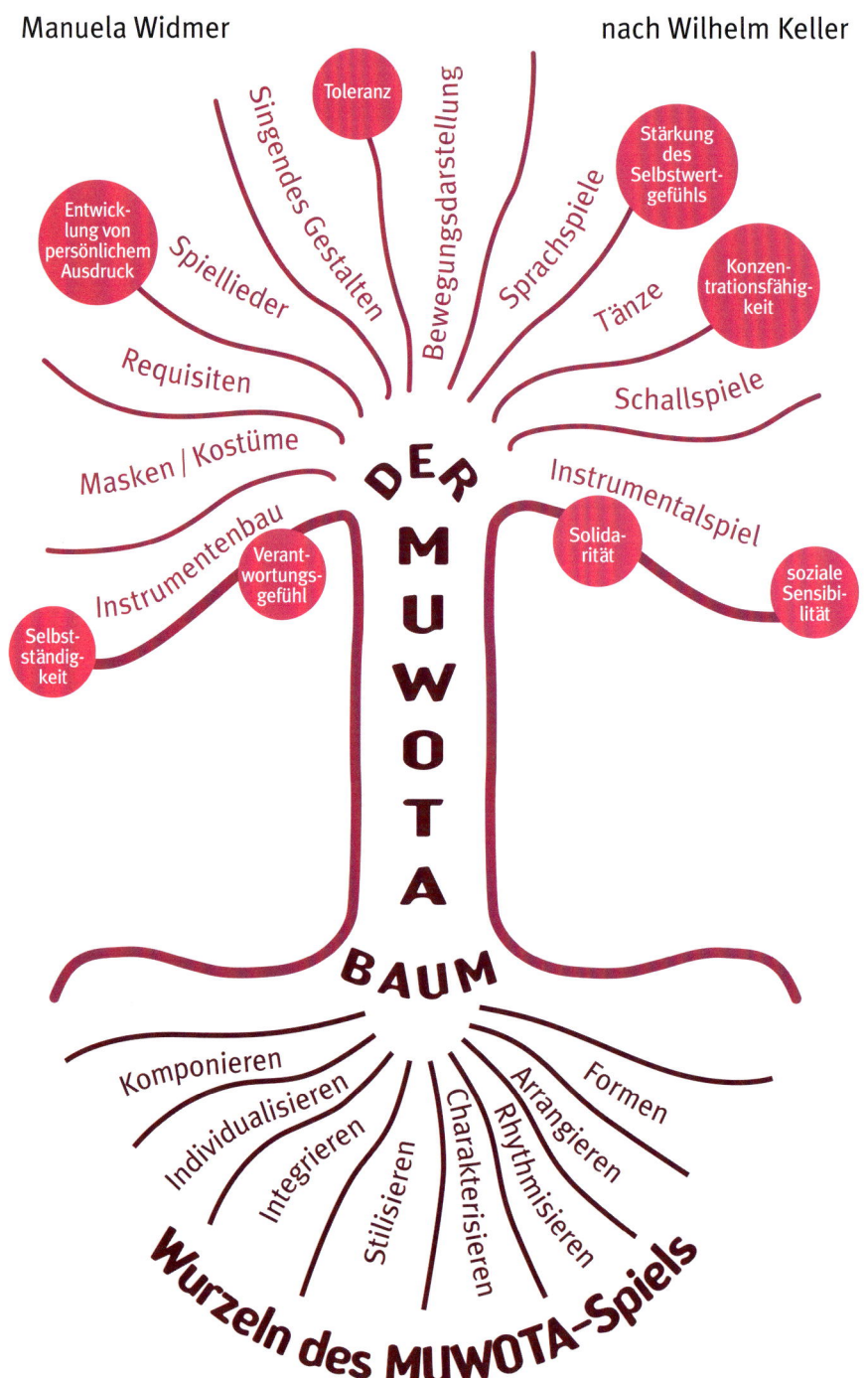

MUsik – WOrt – TAnz – im ELEMENTAREN MUSIKTHEATER

2. Fünf zentrale Leitsätze

1. *„Die eigenen Wünsche und Möglichkeiten aller Mitwirkenden stehen im Vordergrund"*
   Alle Mitspielerinnen und Mitspieler werden Aufgaben erhalten, die ihren Möglichkeiten sowie ihren Wünschen entsprechen. Es wird daher auch Mehrfachbesetzungen oder Rollenwechsel geben; es werden Aufgaben und Rollen dazu erfunden (in dramaturgisch vertretbarem Maße!), allerdings – ohne Kompromissbereitschaft wird es selten abgehen!

2. *„Die Mitwirkenden werden auf allen Ebenen selbst kreativ tätig"*
   Elementar musikalisch, tänzerisch und vokal zu gestalten bedeutet immer, motivisch und formend zu gestalten. Viele Musikstücke, Begleitungen, Tänze, Lieder sind selbst komponiert, arrangiert und choreographiert. Hier wird auch die Leiterin oder der Leiter ihre oder seine Möglichkeiten einbringen, sich Hilfe holen, aber auch die Mitglieder der Gruppe selbst zur Elementaren Komposition in Musik und Tanz anregen! Alle entstandenen Werke haben in ihrem Schwierigkeitsgrad und ihrem künstlerischen Anliegen zunächst nur Gültigkeit für die Gruppe, die sie entwickelt haben, bzw. für die sie geschaffen wurden!

3. *„Alle Spielskizzen sind als Modelle zu betrachten"*
   Es ist von besonderer Wichtigkeit, die in diesem Buch angeführten Beispiele als Modelle zu sehen, sich zwar von ihnen anregen zu lassen, aber dabei niemals den Blick für die einzigartigen Möglichkeiten und Wünsche der eigenen Gruppe zu verlieren. Das Modell muss dann ggf. variiert und an die Gegebenheiten der Beteiligten angepasst werden.

4. *„Die Ausgewogenheit der Gestaltungsmittel sei besonders betont!"*
   Singen, Sprechen, Musizieren, Tanzen, Darstellen, Basteln, Bauen, Organisieren, Komponieren, Choreographieren - alle Bereiche spielen im EMT eine gleichberechtigte Rolle und sollen ausbalanciert im pädagogischen Prozess, wie im künstlerischen Produkt Berücksichtigung finden. So erhält jedes Gruppenmitglied die Möglichkeit, seine Interessen zu befriedigen und seine Fähigkeiten einzusetzen.

5. *„Die Entwicklung und Herausforderung von Selbstständigkeit"*
   Alle Musizier-, Sing- und Tanzformen sollen am Ende selbstständig von den Spielerinnen und Spielern durchgeführt werden. Diese Spielform benötigt *keine* Dirigentin und *keinen* Dirigenten. Dennoch werden die Spielerinnen und Spieler nicht alleine gelassen mit ihren Versuchen, einer Rolle den passenden Ausdruck zu verleihen. Durch die Techniken der Charakterisierung, der Stilisierung sowie der Rhythmisierung erfährt das Kind (und auch der erwachsene Laie) *die* Sicherheit, um ausdrucksstark und überzeugend zu spielen.

Einleitung

3. Inhaltsangaben besonders anregender Geschichten und Märchen

Die meisten, der im Folgenden verwendeten Geschichten und Märchen werden vielen Leserinnen und Lesern bekannt, ja vertraut sein. Dennoch habe ich mich mit Bedacht dazu entschlossen, sie hier erneut, diesmal in aller Ausführlichkeit und unter den verschiedensten Gesichtspunkten für die Arbeit im Rahmen eines EMT-Projektes darzustellen. Sie haben sich über viele Jahre im Spiel mit den unterschiedlichsten Gruppen und Klassen bewährt, sind immer wieder von neuem auf große Begeisterung gestoßen und haben daher ihre Qualitäten als ideale Spielstoffe und Gestaltungsimpulse wiederholt bewiesen. An ihnen kann ich am besten deutlich machen, was es mit Musik, Sprache und Bewegung im szenischen Spiel alles zu entdecken gilt, welche Ausdrucksvielfalt sich im Ansatz des Elementaren Musiktheaters verbirgt und wie man diese mit Geschick, Fantasie und Geduld aus der Spielgruppe herauslocken kann.

Lernen Sie an dieser Stelle anregende Spielstoffe kennen und machen Sie sich in den darauf folgenden Kapiteln ein Bild über die Umsetzungsmöglichkeiten („Tipps und Tricks"). Sie haben dann die Möglichkeit, anhand der Spielskizzen einige der angeführten Geschichten genauer kennen zu lernen und ggf. mit ihren Gruppen auszugestalten und aufzuführen. Vielleicht treffen Sie aber eine eigene Stoffauswahl und holen sich lediglich anhand der hier ausgeführten Beispiele (unter Verwendung des Registers) Anregung und Unterstützung.

Auf der beiliegenden CD finden Sie eine Reihe von klingenden Beispielen, die aus der Arbeit mit Kindern und Erwachsenen entstanden sind. Sie sollen Ihnen Orientierung geben und Mut machen, in Ihren Spielen mit ebenso viel Spaß zu singen und zu musizieren wie wir bei diesen Aufnahmen!

„Der beste Hofnarr"
(„Tipps & Tricks" – siehe Register S. 254 und Spielskizze 1 – S. 142 - 165)
(von M. L. Miller, illustriert von Eve Tharlet, deutsche Textfassung von Walter Müller. Bilderbuchstudio Neugebauer Press, Salzburg, München 1985)

3. Inhaltsangaben anregender Geschichten und Märchen

Ein König sucht einen neuen Hofnarren, da sein alter ihn verlässt. Die Prinzessin, des Königs Tochter, möchte viel lieber Hofnärrin als Prinzessin sein, doch das geht dem König zu weit. Ein Mädchen eine Hofnärrin? Niemals! Daher veranstaltet er ein großes Hofnarren-Vorsprechen, denn lange will er nicht ohne Spaßmacher bleiben. Aus allen Landesteilen kommen sie angereist, jeder will der neue königliche Hofnarr werden und sie führen dem König die verwegensten und lustigsten Kunststücke vor, die man sich nur denken kann. Doch einer ist unter ihnen, der verblüfft und amüsiert den König und alle anderen Zuschauer doch am allermeisten: Er ist ganz in Herbstblätter gehüllt, kann wunderschöne Räder schlagen und stellt dem König Rätsel, die so schwierig sind, dass dieser sie beim besten Willen nicht lösen kann. Was der König nicht ahnt: Hinter dem Herbstblätterkleid verbirgt sich niemand geringere als seine eigene Tochter, die Prinzessin... Am Ende des Tages erwählt der ahnungslose König den Herbstblätternarr zu seinem neuen Spaßmacher, aber der ist nirgends zu finden! Zu guter Letzt gibt sich die Prinzessin doch noch zu erkennen und der überraschte König stimmt schließlich zu, dass auch Mädchen hervorragende Hofnarren sein können!

CD-Titel:
1. Instrumentalstück: „Branle simple"
2. Instrumentalstück: „Branle gay"
3. Instrumentalstück: „Branle simple"
4. Singendes Erzählen: „Der König ist traurig!"
5. „Können eigentlich auch Mädchen Hofnarren werden?"
   - Auftakt: Schellenrasseln
   - Ruf: „Können eigentlich auch Mädchen Hofnarren werden?"
   - Liedgestaltung: „Warum, warum, warum"
6. Liedgestaltung: „Es saßen die Narren"
7. „Die Entscheidung"
   - Singendes Erzählen: „Ruhe bitte..."
   - Stimmungsklangbild: „Nachdenkmusik des Königs"
   - Geistesblitz: „Ich hab's!"

„König Drosselbart" (Gebrüder Grimm)

(„Tipps & Tricks" – siehe Register S. 254 und Spielskizze 2 – S. 166-190)

Einleitung

Es war einmal eine Prinzessin, die verspottete alle Prinzen, die um ihre Hand anhielten, niemand war ihr gut genug. Schließlich wurde der König böse und er versicherte seiner Tochter, dass er sie dem erstbesten zur Frau geben wolle, der bei ihm vorsprechen würde! Tags darauf kam ein Spielmann vor das Schloss, der kein geringerer war als einer der Könige des Nachbarlandes, den die Prinzessin wegen seines vorstehenden Kinns „König Drosselbart" genannt hatte. Wie versprochen, gab der König dem vermeintlichen Spielmann seine Tochter zur Frau. Und so sehr sie auch jammerte, sie musste dem Spielmann folgen. Nun kamen sie bei ihrer Wanderung durch einen schönen Wald, über eine liebliche Wiese und durch eine prächtige Stadt. Immer, wenn die Prinzessin fragte, wem das denn alles gehöre, antwortete ihr der Spielmann: „Das gehört dem König Drosselbart, hättest du ihn genommen, so wär es dein." Schließlich führte der Spielmann die Prinzessin in seine armselige Hütte und sie sollte ihm den Haushalt versorgen, Körbe flechten und Töpferware auf dem Markt verkaufen. Aber sie stellte sich so ungeschickt an, dass er nie zufrieden war. Schließlich verschaffte er ihr eine Anstellung in der Küche des Schlosses vom König Drosselbart, wo sie heimlich zuschaute, wenn der König große Feste feierte. An einem Abend, als sie sich besonders elend fühlte, gab sich ihr der König Drosselbart zu erkennen denn sie hatte für ihren Stolz und ihren Übermut genug gebüßt. Er sagte: „Tröste dich, die bösen Tage sind vorüber, jetzt wollen wir unsere Hochzeit feiern."

CD-Titel:

8. Instrumentalstück: „Pavane" (Langfassung)
9. „Der 1. Freier kommt…"
    - Instrumentalstück: „Pavane" (Kurzfassung)
    - „Ah! Oh!" – das Volk staunt…
    - Singendes Erzählen: „Graf Jakobus von Hofkirchen!"
    - Sprachgestaltung: „Dick und hässlich, ach wie grässlich!"
    - Klanggestaltung „Der abgewiesene Freier"
10. „Der 2. Freier kommt…"
    - Instrumentalstück: „Pavane" (Kurzfassung)
    - „Ah! Oh!" – das Volk staunt
    - Singendes Erzählen: „König Kasimir von Hohenheim!"
    - Sprachgestaltung: „Kurz und dick hat keinen Schick!"
    - Klanggestaltung „Der abgewiesene Freier"
11. „Das Spielmannslied"
    - Refrain des Spielmannsliedes (Instrumentalfassung)
    - Liedgestaltung: 1. Strophe - „Ein Spielmann, der bin ich"
    - Refrain des Spielmannsliedes (zweistimmig gesungen)
    - Liedgestaltung: 2. Strophe - „Herr König, ich danke"
    - Refrain des Spielmannsliedes (zweistimmig gesungen)
    - Singendes Erzählen - „Dein Gesang hat mir so wohl gefallen…"
    - Klanggestaltung „Die entsetzte Hofgesellschaft"
    - Liedgestaltung: 3. Strophe - „Lebt wohl, liebe Leute"
    - Refrain des Spielmannsliedes (zweistimmig gesungen)
12. „Auf dem Weg zur Hütte"
    - Wegmusik (1)
    - Singendes Erzählen/Dialog: „Wem gehört denn dieser wunderschöne Wald?"
    - Wegmusik (2)
13. Liedgestaltung: „Die arme kleine Hütte, das ist ab nun ihr Heim"
14. „Auf dem Markt"
    - Marktrufe
    - Sprechstück: „Wir sind die wilden Husaren"
    - Aufschrei und Geschirrgeklapper-Musik

3. Inhaltsangaben anregender Geschichten und Märchen

„König Hupf der I."
(„Tipps & Tricks" – siehe Register S. 254)
(von Helme Heine. Bilderbuchstudio Neugebauer, Bad Goisern o.J.)

Es war einmal ein König, der viel Arbeit und keine Freunde hatte. So war sein Kopf auch in der Nacht, wenn er endlich schlafen ging, noch angefüllt mit Problemen und Sorgen. Um sich ein wenig zu entspannen, stieg er jeden Abend auf seinen Bettpfosten und hüpfte in die seidenen Kissen, bis er so müde geworden war, dass er einschlafen konnte. Aber eines Nachts beobachtete ihn ein neugieriger Minister durch das goldene Schlüsselloch, war entsetzt, was er da sah, verbreitete seine Beobachtung im ganzen Land und berief am nächsten Morgen alle anderen Minister zu einer Krisensitzung ein. Sie beschlossen ein Gesetz gegen das Hüpfen des Nachts im Bett, und dem König blieb nichts anderes übrig, als es zu unterschreiben... Nun fand er keinen Schlaf mehr und wurde schließlich schwer krank. Kein Arzt konnte ihm helfen, und so erfüllte der Hofstaat ihm am Ende eine letzte Bitte: „Lasst mich noch einmal hüpfen", bat der todkranke König, und er wurde behutsam auf den Bettpfosten gehoben, da er sehr schwach geworden war... Er hüpfte und hüpfte und wurde wieder gesund. Das ganze Land freute sich mit ihm und jubelte: „Lang lebe unser König Hupf der Erste!"

„Das Traumfresserchen"
(„Tipps & Tricks" – siehe Register S. 254)
(von Michael Ende mit Bildern von Annegert Fuchshuber. Thienemann Verlag, Stuttgart 1978)

In Schlummerland wird derjenige zum König gemacht, der am besten schlafen kann. Natürlich ist es deshalb ein besonderes Problem, als sich herausstellt, dass ausgerechnet die Tochter des Königs, Prinzessin Schlafittchen, nicht schlafen kann, da sie sich vor den bösen Träumen fürchtet! Nachdem der König weder durch seine Boten, noch durch Plakate und Aufrufe in Zeitungen ein Mittel gegen böse Träume finden konnte, macht er sich schließlich selbst auf die Reise, die ihn durch die ganze Welt führt. Aber niemand kann ihm helfen und so erreicht er müde und mutlos das Ende der Welt. Dort herrscht eine unheimliche Stimmung, aber der König wird erst aufmerksam, als plötzlich ein merkwürdiges Wesen vor ihm auftaucht und jammert: „Ich hab so schrecklichen Hunger! Wenn mich nicht bald jemand zum Essen einlädt, dann muss ich mich selbst verschlucken!" Im Gespräch wird beiden bald klar, dass sie sich gegenseitig helfen können: denn es ist das Traumfresserchen, das da solch großen Hunger hat, und der König erzählt ihm von seiner Tochter, dem Schlafittchen und ihren bösen Träumen. Schwupp di wupp oder besser „Zibbeldibix" landen König und Traumfresserchen nach einem rasanten Heimflug zu Füßen der kleinen Prinzessin, die nur noch schnell mit einem Sprüchlein das Traumfresserchen einzuladen braucht, damit es sie genüsslich schmatzend von allen bösen Träumen befreien kann...

„Die zweite Prinzessin"
(„Tipps & Tricks" – siehe Register S. 254)

(von Hiawyn Oram mit Bildern von
Tony Ross, deutsch von Inge M. Artl. Carlsen Verlag,
Hamburg 1994)

Natürlich ist die Erste Prinzessin gerne Erste Prinzessin und die Zweite Prinzessin leidet darunter, immer und überall nur die Zweite zu sein! So kann es nicht weiter gehen, und deshalb macht sich die Zweite Prinzessin zu allem entschlossen auf den Weg und sucht Abhilfe. Nachdem Wolf und Bär ablehnen, die störende Schwester zu heiraten, findet die unglückliche Zweite schließlich Unterstützung bei der Köchin, die verspricht, die Erste verschwinden zu lassen, falls sie dafür die Juwelen der Königin erhält. Klopfenden Herzens macht sich die Zweite Prinzessin auf den Weg zum Schlafgemach ihrer Mutter. Als sie ganz versunken ist in den Anblick der prachtvoll glitzernden Juwelen, wird sie vom ganzen Hofstaat – angeführt von der Zofe der Königin – auf frischer Tat ertappt. Beim anschließenden Verhör im Thronsaal gesteht die Zweite Prinzessin schließlich, dass sie die Juwelen dafür eintauschen wollte, endlich auch mal die Erste zu sein... Mutter und Vater haben viel Verständnis für ihre unglückliche Tochter, und der Vater verliest als König feierlich ein Dekret: „Von heute an bist du am Montag, Mittwoch und Freitag Erste Prinzessin und die Erste Prinzessin ist am Dienstag, Donnerstag und Samstag die Erste. Und am Sonntag sind wir alle Erste", schließt der König, und nach anfänglichen Schwierigkeiten genießen alle Beteiligten diese neue Regelung nach Herzenslust!

„Die Prinzessin auf dem Kürbis"
(„Tipps & Tricks" – siehe Register S. 254)

(erzählt von Heinz Janisch mit Bildern von Linda Wolfsgruber.
Gabriel Verlag, Wien 1998)

Unser Prinz kommt von einer Hochzeit zurück, die ihn sehr in Aufregung versetzt hat! So eine zimperliche Person wie die Prinzessin auf der Erbse kommt ihm nicht ins Haus! Und so prüft er alle Kandidatinnen, die sich auf den Weg machen, um den Prinzen zu heiraten, auf Herz und Nieren. Als dann endlich eine anbeißt, legt er ihr einen Kürbis ins Bett... Doch am nächsten Morgen erlebt er eine Überraschung: Die Prinzessin will einen solch ungehobelten Burschen mit solch schlechten Manieren nicht zum Manne haben. Eine echte Prinzessin will eben verdient sein! Und nun muss der Prinz sein Bestes geben, um schließlich Anerkennung vor den kritischen Augen der Prinzessin zu erlangen!

„Ferdinand"
(„Tipps & Tricks" – siehe Register S. 254 und Spielskizze 3 – S. 191-217)

(von Munro Leaf mit Zeichnungen von
Robert Lawson, aus dem Amerikanischen von Fritz Güttinger.
Diogenes Verlag, Zürich 1970)

Die Geschichte spielt in Spanien, wo Ferdinand, ein junger Stier, gemeinsam mit anderen jungen Stieren aufwächst. Doch Ferdinand ist anders als seine Freunde. Während diese den ganzen Tag auf der Weide herum tollen, sich mit den Hörnern stoßen und nichts sehnlicher wünschen, als eines Tages zu den Stierkämpfen nach Madrid geholt zu werden, verbringt Ferdinand seine Tage viel geruhsamer: Er schnuppert am liebsten an den Blumen. Da macht sich seine Mutter schon manchmal Sorgen, aber Ferdinand beruhigt sie, und sie lässt ihn gewähren. Die Jahre vergehen und Ferdinand und seine Freunde sind groß und stark geworden. Da kommen eines Tages Männer aus Madrid, um für die Stierkämpfe die mutigsten und stärksten Bullen auszusuchen. Alle jungen Stiere produzieren sich wild und kämpferisch, aber die Männer sind noch nicht zufrieden. Ferdinand macht sich wieder auf den Weg zu seinem Lieblingsplatz, wo ihm ein Malheur passiert: Er setzt sich auf eine Biene, die ihn sticht und fürchterlich wütend macht. Als er vor Schmerz in die Höhe springt und schnaubt und mit den Hörnern stößt, erblicken ihn die Männer und halten ihn für den fürchterlichsten Bullen weit und breit... Sie nehmen ihn mit nach Madrid, wo er in die Stierkampfarena muss. Alle Stierkämpfer und auch der Matador haben Angst vor ihm – aber er denkt überhaupt nicht daran, zu kämpfen! Er sitzt nur ruhig da und schnuppert, denn all die schönen Spanierinnen tragen zur Feier des Tages Blumen im Haar! So muss er schließlich wieder zurück zu seinem Lieblingsplatz gebracht werden, wo er wohl heute noch sitzt und an den Blumen schnuppert...

CD-Titel:

15. Instrumentalstück: „Spanische Ouvertüre" (3-teilig)
16. Liedgestaltung: „Stier sein ist wunderschön"
17. Singendes Erzählen: „Seine Mutter machte sich manchmal Sorgen..."
18. „Instrumentalstück: „Wegmusik für Mutter Kuh" (1)
19. Singendes Erzählen - Dialog: „Warum spielst du nicht..."
20. „Instrumentalstück: „Wegmusik für Mutter Kuh – Malaguena" (2)
21. Sprachgestaltung: „Wir sind die Manager aus Madrid"
22. Sprachgestaltung (Sprechkanon): „Das ist der schnellste Stier"

Einleitung

„Die Bremer Stadtmusikanten" (Gebrüder Grimm)
(„Tipps & Tricks" – siehe Register S. 254 und Spielskizze 4 – S. 218-233)
(Illustriert von Hans Fischer. Ellermann Verlag, Hamburg und München 1959)

Allseits bekannt und doch – hier eine kurze Zusammenfassung:
Esel, Hund, Katze und Hahn treffen sich, nachdem alle vier davongelaufen sind, da ihnen der Müller, der Jäger und zwei Bäuerinnen an den Kragen wollten. Sie meinen: „Was besseres als den Tod finden wir allemal!", und machen sich auf den Weg nach Bremen, um dort Stadtmusikanten zu werden. Der Esel spielt die Trommel, der Hund die Trompete, die Katze singt und der Hahn bläst die Klarinette (so teilweise dem Originaltext und den Illustrationen des obigen Bilderbuchs entnommen). Am Abend machen sie Rast in einem Wald, und der Hahn entdeckt Licht in einer Hütte. Als die Tiere dort ankommen, beobachten sie durch ein Fenster einige Räuber, die es sich an einem voll gedeckten Tisch gut gehen lassen. Die Tiere verjagen die Räuber, indem sie ihre „Musik" darbieten und können sie auch ein weiteres Mal einfallsreich und damit endgültig in die Flucht schlagen. Und so beschließen sie Bremen Bremen sein zu lassen und ihren Lebensabend im Räuberhaus zu verbringen.

CD-Titel:
23. „Die abgewiesenen Tiere"
    - Singendes Erzählen: „Was soll ich bloß tun"
    - Singendes Erzählen: „Ich bin zu alt"
24. Liedgestaltung: „Wanderlied der Bremer Stadtmusikanten"
25. Stimmungsklangbild: „Waldmosaikspiel"
26. Liedgestaltung: „Räuberlied"
    - Sprachgestaltung: „Ich bin der Räuber Klein"
    - Sprachgestaltung: „Ich bin der Räuber Stier"
    - Räuberlied-Reprise (1)
    - Sprachgestaltung: „Ich bin der Räuber Mola"
    - Sprachgestaltung: „Ich bin der Räuber Dumm"
    - Räuberlied-Reprise (2)
    - Sprachgestaltung: „Ich bin der Räuber Schreck"
    - Räuberlied-Reprise (3)

3. Inhaltsangaben anregender Geschichten und Märchen

„Es klopft bei Wanja in der Nacht"
(„Tipps & Tricks" – siehe Register S. 254)

(von Tilde Michels mit Bildern von
Reinhard Michl. Ellermann Verlag,
München 1992 – 11. Auflage)

Es ist tiefer Winter. Es schneit und stürmt. Wanja wohnt in einem kleinen Haus am Waldrand, hat gerade Holz im Ofen nachgelegt und will schlafen gehen. Da klopft es an seine Tür. Als er verwundert öffnet, steht ein Hase davor, der erbärmlich friert und um ein Nachtquartier bittet. Wanja lässt ihn ein, der Hase macht es sich im Lehnstuhl bequem, Wanja facht das Feuer im Ofen noch einmal an und legt sich auch zur Ruhe. Doch schon wieder klopft es und als Wanja öffnet, steht nun ein Fuchs da, der mit den Zähnen klappert und unbedingt ins Haus will. Der Hase befürchtet das schlimmste, doch der Fuchs schwört, dass er friedlich sein will, und so darf er auf dem Teppich sein Nachtlager aufschlagen. Doch bald schon klopft es ein drittes Mal: Ein großer Bär steht vor der Türe, Eiszapfen hängen ihm schon aus der Nase. Und da auch er verspricht, niemandem etwas zu Leide zu tun, lässt ihn Wanja ein und weist ihm die Zimmerecke als Schlafplatz zu. Nun wird es ruhig im kleinen Haus und die vier verbringen eine erholsame Nacht beim warmen Schein des Feuers. Doch kaum dämmert der Morgen, wachen Hase, Fuchs und Bär nacheinander auf und machen sich still und heimlich davon. Als Wanja wenig später erstaunt vor seine Hütte tritt, sieht er, wie sich die drei Spuren im Schnee verlieren. Er lacht und sagt: „Wir haben wirklich diese Nacht gemeinsam friedlich zugebracht. – Was so ein Schneesturm alles macht!"

„Wo die wilden Kerle wohnen"
(„Tipps & Tricks" – siehe Register S. 254)

(von Maurice Sendak, aus dem Amerikanischen von
Claudia Schmölders. Diogenes Verlag, Zürich 1967)

Wer kennt ihn noch nicht, den Max, den wilden Kerl, der seine Mutter ärgert und von ihr schließlich ohne Essen ins Bett geschickt wird? Wahrscheinlich wissen Sie dann auch, dass in dieser Nacht ein Wald in seinem Zimmer wächst, der so groß wie die ganze Welt wird, dass da dann auch noch ein Meer ist mit einem Schiff nur für Max und ihn zu dem Land bringt, wo die Wilden Kerle wohnen... Die zähmt er mit einem Zaubertrick und wird von ihnen zum König aller Wilden Kerle gemacht. Nach einem großen Fest schickt er sie allerdings ohne Essen zu Bett und wird traurig, weil er gerne dort sein will, wo ihn jemand am allerliebsten hat... So macht er sich auf den Heimweg, obwohl die Wilden Kerle drohen: „Geh bitte nicht fort – wir fressen dich auf – wir haben dich so gern!" Und als er zu Hause ankommt, wartet das Essen auf ihn und – es ist noch warm...

Manuela Widmer Spring ins Spiel © Fidula

Einleitung

„Das Lied der bunten Vögel"
(„Tipps & Tricks" – siehe Register S. 254)
(von Kobna Anan mit Bildern von Omari Amonde.
Fischer-Verlag, Münsingen, Bern 1993 – 3. Auflage)

In den Urwäldern Afrikas spielt die Geschichte von den fünf bunten Vögeln, die gemeinsam ein besonderes Lied singen können. Mit diesem Lied und einem Tanz dazu erfreuen sie Tag für Tag einen Bauern, der ihnen für ihre Darbietung regelmäßig Futter gibt. Eines Tages aber denkt jeder Vogel für sich: „Wenn ich alleine zu dem Bauern fliege, vor ihm singe und tanze, so bekomme ich das ganze Futter für mich und brauche es nicht mit den anderen zu teilen…"
Gesagt, getan! Zu verschiedenen Tageszeiten fliegt nun zuerst der weiße, dann der blaue, schließlich der rote und der gelbe und am Schluss der grüne Vogel zu dem Bauern, und alle geben ihre einzelne Liedzeile zum Besten – denn mehr können sie ja alleine nicht bieten. Der Bauer aber verscheucht sie allesamt und beschimpft sie noch obendrein als Piepser, Krachmacher, Schreihälse, Ruhestörer und Krächzer! So müssen alle fünf Vogel an diesem Abend hungrig einschlafen. Am nächsten Morgen hält keiner es länger aus: Alle gestehen einander ihr egoistisches Benehmen und werden sich schnell einig, ab nun wieder gemeinsam zum Bauern zu fliegen, der sich erneut freut über ihren Gesang und Tanz und ihnen auch das wohlverdiente Futter streut.

„Als die Raben noch bunt waren"
(„Tipps & Tricks" – siehe Register S. 254)
(von Edith Schreiber-Wicke mit Bildern von Carola Holland.
Thienemann Verlag, Stuttgart 1990)

In allen Farben schillern die Raben und freuen sich aneinander und an ihrer Buntheit, bis jemand eines Tages die verhängnisvolle Frage stellt: „Welche Farbe ist für eurereins eigentlich richtig? Ich meine, wie muss ein wirklicher, echter Rabe aussehen?" Da dauert es nicht lange, bis die Raben in heftigen Streit geraten, weil jeder behauptet, dass natürlich er und seine Farbgebung die richtige und einzig wahre sei! So entwickelt sich ein regelrechter „Krieg der Farben" und landauf und landab hört man die Raben ihre Parolen krächzen: „Nieder mit Flieder" oder „Wir kämpfen für Rosa und Recht" oder auch „Wir lassen nicht locker, ein Rabe ist ocker" und schließlich „Es gilt als erwiesen: Echt sind nur die Türkisen!" Unbemerkt von den streitenden Raben ziehen dunkle Wolken auf und mitten in das Geschrei und Gekrächze hinein platzt ein Regen – ein schwarzer Regen, vor dem sich auch die anderen Tiere zu fürchten beginnen: „Hoffentlich schadet das meiner zartrosa Haut nicht", meint das Schwein, und der grüne Laubfrosch hätte gerne einen Regenschirm… Aber nachdem der Regen so plötzlich aufhört, wie er begonnen hat, können alle sehen, was wirklich passiert ist: Nur die Raben hat es getroffen, sie sind durch den Regen so schwarz geworden, wie wir sie heute kennen. Nur einer nicht, der war nämlich gerade auf Urlaub im Urwald gewesen, als der Krieg der Farben ausbrach und dorthin kehrte er auch wieder zurück, denn zwischen seinen schwarzen Brüdern und Schwestern fühlte er sich nicht mehr wohl…

Die Wegbeschreibung ins Spiel

1. Die Stoffauswahl

Bei der großen Fülle von Geschichten, von wunderschön gestalteten Bilderbüchern bis zu einem reichen Schatz von Märchen – nicht nur aus unserer Kultur –, ist es zunächst wirklich nicht leicht, etwas herauszusuchen, das als Stoff für ein EMT-Projekt rundum passend erscheint. Eine Vielzahl unterschiedlicher Kriterien muss bedacht sein, wenn man sich auf die Stoffsuche begibt. Es ist allen potentiellen Spielleiterinnen und Spielleitern anzuraten, sich Zeit zu nehmen für die Entscheidung und Schritt für Schritt zu prüfen, ob ein Stoff möglichst vielen der unten angeführten Kriterien entspricht. Dann – das kann ich aus Erfahrung versichern – ist eine gute Basis für das Gelingen eines EMT-Projektes gelegt!

1.1 Allgemeine Vorüberlegungen

Wir unterscheiden: einfache und komplexe Spielformen
Eine grundlegende Einteilung von Spielstoffen schärft den Blick bei der Suche. Wir unterscheiden:

Schwierigkeitsgrad 1	*Schwierigkeitsgrad 2*	*Schwierigkeitsgrad 3*
Reihen- oder Rondospielformen	Verwandlungsgeschichten (Metamorphosen) – und Collagen von dramatischen Momenten	Geschichten mit dramatischem Handlungsfaden und -aufbau
z.B. Reisegeschichten (um die Welt), Tiergeschichten	z.B. Jahreszeitengeschichten, Phantasiegeschichten, manche neue Geschichten und Bilderbücher	z.B. fast alle alten und neuen Märchen
Beispiele: „Es klopft bei Wanja in der Nacht" „Die Bremer Stadtmusikanten" „Das Lied der bunten Vögel"	*Beispiele:* „Wo die wilden Kerle wohnen" „Als die Raben noch bunt waren"	*Beispiele:* „König Drosselbart" „Die Zweite Prinzessin" „König Hupf" „Stier Ferdinand" „Der beste Hofnarr" „Das Traumfresserchen"

Meine Gruppe – meine Arbeitssituation
Obwohl es bei der Auswahl eines Spielstoffes durchaus gewisse allgemein gültige Kriterien zur Orientierung gibt, muss jede Spielleiterin und jeder Spielleiter die eigene Gruppe und die ganz persönliche Arbeitssituation gewissenhaft bedenken. Das Ergebnis dieser Analyse allein ist die Grundlage, auf der entschieden wird, welche der angeführten Kriterien im speziellen Fall mehr oder weniger Gültigkeit für die Stoffauswahl haben.
- Wie groß ist meine Gruppe?
- Ist die Mitarbeit der Gruppenmitglieder regelmäßig, oder kommen sie nur sporadisch?
- Spielt die Art der Zusammensetzung der Gruppe eine Rolle?
- Altersmischung ja – nein?

Die Wegbeschreibung ins Spiel

- Wie viel Arbeitszeit steht uns zur Verfügung?
- Ist die Gruppe darüber hinaus zeitlich mit Zusatzterminen belastbar?
- Wie steht es mit der Mithilfe von Eltern, Kollegen, Freunden?
- Unter welchen Rahmenbedingungen (Raum, Zeit) wird ggf. eine Aufführung stattfinden; wie oft?
- Für welches Publikum wird gespielt (für Erwachsene, für Kinder – z.B. jüngere als die Spieler selbst, gemischtes Publikum)?
- Ist der Inhalt für die Mitglieder der Spielgruppe wie auch für die Zuschauer verständlich und emotional nachvollziehbar?
- Ist der Stoff wirklich zum Selberspielen geeignet, oder eher zum Zuschauen?
- Welche Instrumente und Materialien stehen zur Verfügung?
- Kostüme, Requisiten, Bühnenbild, Licht – welcher Aufwand ist für alle vertretbar?

1.2 Spezifische Überlegungen

Bieten die Rollen (und ihre Besetzung) genug Spielraum?

Das ist eine wichtige Frage, die es bei der Stoffauswahl zu beantworten gilt, denn Stoffe mit einer Haupt- und vielen Nebenrollen sollten wir in der Regel gar nicht in Erwägung ziehen. Wesentlich ist, dass der Stoff den individuellen Ansprüchen und Möglichkeiten der einzelnen Mitspielerinnen und Mitspieler entspricht. Hier ein paar erprobte Lösungsmöglichkeiten:

- „**Rollenausschmückung**": Eine Prinzessin erhält drei Hofdamen oder Gespielinnen – meist sind die Mädchen, die ursprünglich alle die Rolle der Prinzessin spielen wollten, mit einer solchen Lösung hochzufrieden, da sich herausstellt, dass sie vor allem auch ein schönes Kleid anziehen wollten… Darüber hinaus wird die Solorolle (hier der Prinzessin) entlastet, da Sing-, Sprech-, Bewegungs- und Spielaufgaben sich in der Kleingruppe oft lebendiger durchführen lassen und die Spielerinnen oder Spieler einander unterstützen können (vgl. Spielskizze „Der beste Hofnarr", S. 142).

- „**Rollendoppeln**": Die Bremer Stadtmusikanten treten jeweils verdoppelt auf. Es gibt zwei Esel, zwei Hunde, zwei Katzen, zwei Hähne… und Räuber so viele sich für diese Rolle melden! Falls es Mühe macht, die Rolle des Hahns zu besetzen, sollte aber sogar die Möglichkeit einer Reduzierung geprüft werden – wer sagt, dass unbedingt ein Hahn mit nach Bremen gehen muss, wenn stattdessen lieber drei Katzen mit wollen?!

- „**Rollensplitting**": Während des Stückes wechseln ein- bis dreimal (ggf. sogar öfter) die Darsteller für eine Rolle. Es gibt also mehrere Könige, Prinzessinnen, Stiere Ferdinand usw. Ein solcher Rollentausch, d.h. auch Mehrfachbesetzungen sollten dramaturgisch überzeugend durchgeführt werden (vgl. Spielskizze „Ferdinand", S. 191).

- „**Wichtig und einfach!**": Der Stoff sollte einfache, aber wichtige Rollen mit kompensatorischen Anteilen enthalten.

1. Die Stoffauswahl

Was Text und Bild bieten sollen
Eine Sprachvorlage mit nicht zu wenig und nicht zu viel Text, mit:
- Bezeichnungen, Namen, Begriffen, Rollen
- Monologen
- Dialogen
- Anregungen, um Lieder und Sprachspiele zu gestalten
- Anregungen für musikalische Umsetzung (Beschreibungen von Stimmungen und musikbezogenen Situationen)
- Anregungen für tänzerisch-bewegungsmäßige Darstellungen (Beschreibungen von tänzerischen Situationen, von bestimmten Bewegungsarten oder -eigenheiten)
- Anregungen für Kostüme, Requisiten, Bühnengestaltung

Gibt es eine Stimmungsvielfalt?
Äußerst anregend sind Spielstoffe, die eine Reihe unterschiedlicher Stimmungen beinhalten. Für die Spielerinnen und Spieler gleichermaßen wie für das Publikum ist es abwechslungsreich, wenn eine ruhige, besonnene, poetische Szene von einer lebhaften, aufregenden Szene abgelöst wird. Das fordert die Gestaltungsfähigkeiten heraus:
- Ein Schlaflied muss komponiert werden.
- Ein dramatisch-rhythmischer Sprechkanon wird gedichtet.
- Ein temperamentvoller Tanz in spanischem Ambiente wird gebraucht.
- Eine höfische Musik lädt zu einem vornehmen königlichen Tanz ein.

Ist ein dramatischer Spannungsbogen erkennbar?
Gute Stoffe bieten immer eine dramatische Entwicklung, die Abwechslung – also auch verschiedene Stimmungen – und Spannung gleichermaßen garantiert. Haben wir aber eine einfache Struktur gewählt, wie z.B. eine Reihen- oder Rondoform, dann müssen wir in der Art der Gestaltung Mittel wählen, die den fehlenden Spannungsbogen wettmachen können.

- Jeder Rondo-A-Teil wird in variierter Weise gestaltet, wobei intensiv wirksamere Gestaltungsmittel nach und nach, sich steigernd eingesetzt werden. So entsteht eine wirkungsvolle Dynamik für Spielerinnen und Spieler wie für das Publikum.

- Übergänge zwischen den Teilen werden abwechslungsreich gestaltet, mal solistisch, mal durch eine Kleingruppe, mal durch die ganze Gruppe.

Zeichnen sich Spezialaufgaben für „Spezialisten" ab?
Diese Frage ist bedeutsam im Zusammenhang mit unserem ausgeprägten Interesse am Individuum, an dessen spezifischen Fähigkeiten und besonderen Bedürfnissen.
- Habe ich Rollstuhlfahrerinnen und -fahrer in meiner Gruppe?
- Jemand, der schon sehr gut Geige spielt?
- Spricht jemand zwar undeutlich, hat aber eine wunderschöne Singstimme?
- Bewegt sich jemand mit intensivem Ausdrucksvermögen?
- Bevorzugt jemand mit seinem sicheren Rhythmusgefühl das Trommelspiel?

Was brauche ich an Ausstattung?
Beherzige ich die Hinweise (und Warnungen) bezüglich der Bühnen- und Kostümgestaltung und lasse ich so manches Requisit ungebaut, da ich es ebenso wirksam (und billiger) durch eine Geste oder einen Klang verdeutlichen kann (vgl. z.B. S. 58), werde ich auch bei der Stoffauswahl schon darauf achten, dass ich der Maxime des „Armen Theaters" Rechnung trage, ohne dabei mit meiner Spielausstattung gleich „ärmlich" zu wirken.

Inhalt, Charakter und Aussage von Stoffen
Illustrierte Geschichten (zumeist in Form von Bilderbüchern) eignen sich besonders gut für das EMT. Es liegt auf der Hand: Nicht nur die Worte, auch die Bilder geben mir Hinweise für die Gestaltung des Stoffes und zwar auf allen Spielebenen!

Im Grunde genommen eignet sich jeder Inhalt für ein EMT-Projekt. Es kommt lediglich darauf an, dass eine Gruppe mehrheitlich einverstanden ist, intellektuell wie emotional etwas mit dem Stoff anfangen kann und dieser den anderen oben angeführten Kriterien mehr oder weniger entspricht. Im EMT darf von darstellender wie von zuschauender Seite aus gelacht und geweint, gezittert und gestöhnt, gejubelt und gejammert werden; es darf sich um ein lustiges Thema ebenso handeln wie um ein ernstes, es wird besinnliche Momente geben und übermütige. Es kann eine „Moral der Geschichte" geben, aber auch ein Spiel, das einfach allen Spaß macht und aus dem man ansonsten keine weitere Lehre ziehen kann, ist möglich. Darüber hinaus ist alles reine Geschmackssache!

2. Äußere Rahmenbedingungen

Unsere Arbeit ist grundsätzlich geprägt von den Möglichkeiten und Grenzen, die uns durch Institutionen, in oder mit denen wir arbeiten, präsentiert werden. Wir werden erfolgreich sein, wenn wir diese rechtzeitig erkennen und in unsere Planungen von Anfang an einbeziehen.

2.1 Wir spielen (fast) immer und (fast) überall – aber niemals zu lange!

Grundsätzlich können wir uns mit der Spielform des EMT sehr flexibel auf Gruppenzusammensetzungen, vorgeschriebene Lehrpläne, Räume, Zeiten und materielle Ausstattung einstellen, aber gewisse Einschränkungen sind bei aller Flexibilität wichtig, und auf die möchte ich hier näher eingehen.

Über passende und unpassende Räume
Die Räume, in denen wir spielen, dürfen nicht zu groß sein, denn wir wollen für das Publikum bis in die letzte Reihe ohne technische Verstärkung verständlich sein! Wenn wir auf einer richtigen Bühne spielen, muss diese so groß sein, dass alle Mitspielerinnen und Mitspieler sowie alle Instrumente, die wir brauchen, darauf Platz finden und trotzdem noch eine Spielfläche für Bewegung, Tanz und Darstellung bleibt! Handelt es sich eher um eine Konzert- als eine Theaterbühne ist es empfehlenswert, das Publikum auf die Bühne zu setzen und im Zuschauerraum die Spielfläche zu installieren. Das geht natürlich nur, wenn die Stühle im Zuschauerraum beweglich sind...
Nur, wenn wir Projektionen, Schattentheaterelemente oder andere Lichteffekte verwenden wollen, muss der Raum zu verdunkeln sein. Ansonsten spielen wir bei allen Lichtverhältnissen, wenn uns stark einfallendes Sonnenlicht nicht gerade blendet...
Der Boden der Spielfläche sollte sauber und nicht zu kalt sein, da wir in der Regel mit dünnen Gymnastikschuhen spielen und auch einmal eine Spielerin oder ein Spieler am Boden kriechen, rollen, sitzen oder liegen muss. Holzboden ist natürlich am besten geeignet, da man dann auch unsere Schritte hören kann, wenn man sie hören soll!

Bühnen-Grundaufstellung (Auftritte und Abgänge aus dem Halbkreis)
Die ‚klassische' Aufstellung auf unserer Spielfläche ist der Halbkreis, in dem alle Mitwirkenden – für das Publikum grundsätzlich immer sichtbar – Platz finden sollen. Wir verzichten in der Regel auf Auftritte von außerhalb. Das hat mehrere Gründe und viele Vorteile! Beispiele dazu finden sich in den Spielskizzen.

Alle sehen einander...
...können Kontakt halten, einander unterstützen und helfen. Wir brauchen keinen Dirigenten, der von außen den Spielverlauf regelt.
Alle sehen alles...
...können ihren Einsatz gut erkennen und langweilen sich nicht, wenn sie mal kurz Pause haben.
Wir brauchen keine „Aufpasser"...
...und „Einsatzgeber" hinter der Bühne, weil immer alle Spielerinnen und Spieler von Anfang bis Ende im Spiel sind.

Die Wegbeschreibung ins Spiel

Alle haben alles, was sie brauchen an ihrem Platz...
...die Sitzordnung ist so geregelt, dass Instrumente und Materialien so verteilt sind, dass keine Umbauten während des Spiels notwendig werden.

Gruppengestaltungen...
...fügen sich nahtlos und ohne Aufwand ins Gesamtgeschehen, da immer alle schnell zur Verfügung stehen können, um als Chor zu singen, zu musizieren und zu tanzen.

Ein lebendiger Bühnenhintergrund...
...ist garantiert – denn wenn auch einmal nur einzelne Spieler auf der Spielfläche aktiv sind, können die übrigen die Szene dennoch durch kleine optische oder akustische Aktivitäten „würzen".

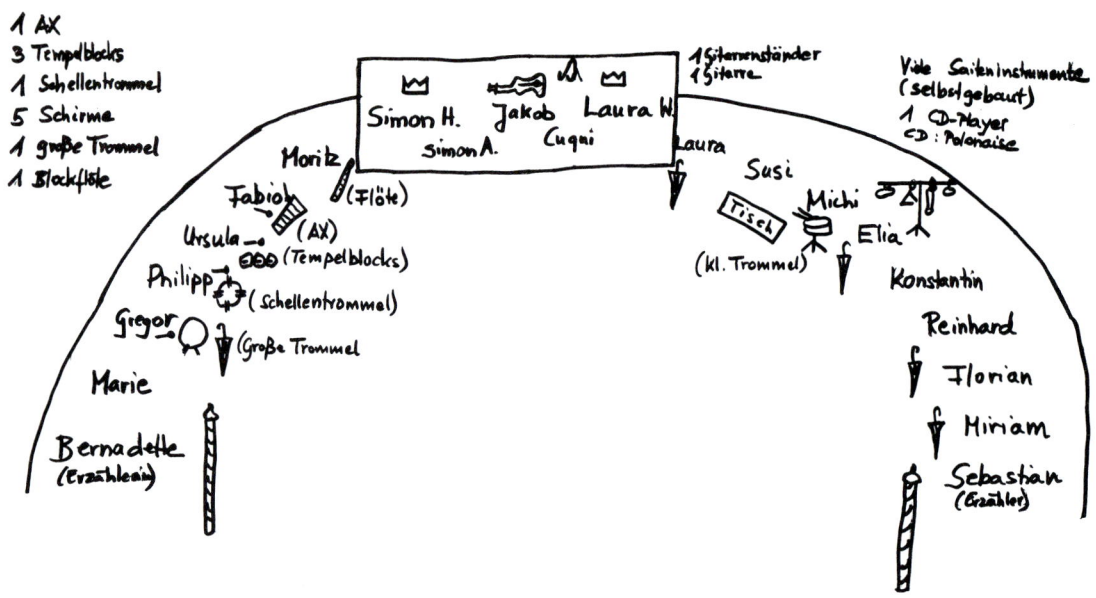

Abb. 2: Skizze einer Halbkreisaufstellung

Grundfragen zum Szenenaufbau und Szenenwechsel (offene Übergänge)

Unsere Bereitschaft unter (fast) allen räumlichen Bedingungen zu spielen sowie die oben beschriebene Grundaufstellung im Halbkreis bilden auch die Grundlage für die Art und Weise, wie EMT-Stücke aufgebaut sind, Szenenwechsel stattfinden und Übergänge gestaltet werden können. Hierbei zeigt sich unsere Offenheit in besonderem Maße, denn wir haben nichts zu verbergen...

Im „großen" Theater wird der Wechsel von einer Szene zur nächsten manchmal durch das Zuziehen von Vorhängen, Auslöschen von Licht oder Unterbrechungen anderer Art vollzogen. Wir wollen Szenenwechsel nicht nur aus Mangel an Vorhängen und Scheinwerfern, sondern aus Überzeugung kreativ im Rahmen des Spiels gestalten und die Zeit und unsere Energien dafür und nicht für Umbauarbeiten verwenden!

Über die Dauer von EMT-Stücken

Viele Sprichwörter sind ein bisschen albern, aber das, welches von „der Würze, die in der Kürze liegt" handelt, ist nach wie vor bedenkenswert! Nach meinen Erfahrungen sollten EMT-Stücke zwischen 15 Minuten (Minimum) und 60 Minuten (Maximum) dauern. Meine Stücke haben mit Kindern im Grundschulalter eine Dauer zwischen 20 und 40 Minuten, und es hat sich immer wieder bestätigt, dass dies auch der Gedächtnisleistung der meisten Mitwirkenden entspricht, was an Texten, Liedern, Musikstücken und Bewegungsabläufen in dieser Zeitspanne zu merken und wiederzugeben war. Denn (fast) alles, was gesungen, gesprochen, musiziert und getanzt wird, ist zwar für die Dokumentation des Spiels schriftlich festgehalten worden, steht aber den Spielerinnen und Spielern während des Spiels in der Regel nicht schriftlich zur Verfügung! Das würde vom Spiel selbst nur ablenken, ein ständiges Suchen nach dem aktuellen Zettel wäre die Folge, die Notenständer würden den Blick auf die Spieler verstellen und die Aufmerksamkeit füreinander würde deutlich sinken. Wenn jemand doch einmal ein Musikstück nach Noten spielen möchte, weil er sich dann sicherer fühlt, oder der eine oder andere längere Erzählertext schriftlich notiert zur Verfügung steht, bestätigen diese Ausnahmen dennoch nur die Regel, möglichst ohne „Zettelwirtschaft" auszukommen...

2.2 Unabhängigkeit von (Schul)Budgets und Sponsoren

Unsere Ausstattung soll wirkungsvoll, aber bescheiden sein. Denn das Hauptaugenmerk richten wir auf das, was uns nichts kostet: auf die Ausdruckskraft aller Mitwirkenden und die Inhalte von Schubladen, Verkleidungskoffer, Truhen, Kisten von Aufbewahrtem, Gehortetem und Vergessenem in Kellern und Dachböden aller Beteiligten! Wir arbeiten grundsätzlich mit den Bedingungen, die wir vorfinden, oder modern ausgedrückt: mit den personellen und materiellen Ressourcen. Das schont unsere Nerven und fordert unsere Kreativität heraus! Wir belasten uns und die Spielgruppe nicht mit zeitraubenden „Kämpfen gegen Windmühlen", sondern investieren unsere Zeit und Kraft, um die Möglichkeiten, die wir vorfinden zu optimieren. Erhalten wir unverhofft doch zusätzliche finanzielle Mittel oder ideelle Hilfe durch Kolleginnen, Kollegen oder Eltern, kann uns das nur freudig überraschen!

3. Innere Rahmenbedingungen

Das EMT versteht sich als pädagogisch-künstlerisches Konzept, das sich an spezifischen Erkenntnissen orientiert, die im Kapitel „Ein Blick hinter die Kulissen" dargestellt werden. Zum Einstieg seien drei Aspekte zur grundlegenden Orientierung stichwortartig skizziert.

3.1 Freiwilligkeit als wichtiges Ziel

Alles Spiel braucht Freiwilligkeit! Das gilt es auch bei EMT-Projekten unbedingt zu berücksichtigen. Nun haben wir aber im Rahmen unserer Spiele die großartige Möglichkeit, aus dem Vollen der menschlichen Ausdrucksmöglichkeiten schöpfen zu können, wir brauchen Mitwirkende, die gerne...
- ihre Stimme erklingen lassen
- auf Instrumenten spielen

- ihren Körper einsetzen
- handwerklich gestalten
- organisieren und planen...

...wobei aber nicht jede und jeder das alles alleine beherrschen muss! So schaffen wir in unseren Spielen für jedes Gemüt, jeden Charakter, für jedes Temperament, jede Begabung Mitwirkungsmöglichkeiten. Die Vielfalt der Aktivitäten eröffnet für alle realistische Wahlalternativen und somit weitgehende Freiwilligkeit am gemeinsamen Spiel auf persönlich motivierte Weise teilzunehmen, ohne in allen Bereichen perfekt bzw. aktiv sein zu müssen.

3.2 Wir brauchen Verabredungen und Spielregeln – Verantwortungsgefühl ist gefragt!

Echtes Engagement für eine Sache entsteht vor allem durch Sicherheit und Eigenverantwortlichkeit. Beides wollen wir mit unserer Spielform allen Beteiligten bieten. Besonders die Spielleiterin oder der Spielleiter soll in den Genuss kommen zu erleben, wie entlastend es ist, wenn man als Erwachsener nicht alleine für alles und alle gerade stehen muss! Die hohe Kunst, sich schrittweise überflüssig zu machen, kann im Rahmen von EMT-Projekten „Schritt für Schritt" geübt und vervollkommnet werden. Da hilft allen Beteiligten allerdings nicht der berühmt-berüchtigte „Sprung ins kalte Wasser", sondern nur ein wohlüberlegter Spiel-, Arbeits- und Probenplan mit klaren Verabredungen über Zuständigkeiten und allseits verständliche und akzeptierte Spielregeln. Bereits im 2. Kapitel in der Beschreibung der Spielelemente und mehr noch im 3. Kapitel zum Entwicklungsprozess gibt es dazu ein reichhaltiges Materialangebot.

3.3 Die Gruppenleitung als Vorbild

Die Aufgaben der Gruppenleitung im EMT sind umfassend, sollen aber niemanden überfordern! Denn auch für die Leiterin oder den Leiter gilt dasselbe wie für alle Beteiligten: Alle Menschen haben unterschiedliche Fähig- und Fertigkeiten, die sie einbringen können, und niemand kann alles. Vorbild für eine Gruppe sein, heißt also in unserer Spielform vor allem
- selbst Spielbegeisterung zeigen
- Verantwortung übernehmen und gezielt Verantwortung übertragen
- eigene Stärken und Schwächen kennen und zugeben und deshalb...
- ...zur Teamarbeit mit der Gruppe und ggf. mit Kolleginnen und Kollegen bereit sein.

Die Spielelemente

In diesem Kapitel findet sich nun ausführlich das Spielmaterial beschrieben, mit dem wir das ausgewählte Thema vielseitig gestalten wollen. Die Reihung ist absichtsvoll gewählt und entspricht weitgehend didaktischen Überlegungen, da ein Einstieg über die Bewegungsdarstellung allen Beteiligten besonders leicht fällt und oftmals schlüssig in musikalische Aktivitäten übergeführt werden kann. Der Umgang mit Stimme und Sprache verlangt gewissenhafte Überlegungen und Vorbereitungen und die Bühnengestaltung wollen wir zwar im Auge behalten, aber insgesamt bei unseren Vorhaben nicht überbewerten.
Die Beispiele sind alle den in der Einleitung vorgestellten Geschichten entnommen. So kann sich für Sie als Leserin oder Leser Schritt für Schritt ein Gesamtbild der Möglichkeiten rund um einen Spielstoff im Rahmen eines Elementaren Musiktheater-Projektes ergeben!

1. Bewegungs- und Tanzgestaltung

Hier wird mit der *Bewegungs- und Tanzgestaltung* begonnen, da mich die Erfahrung gelehrt hat, dass die Darstellung eines Königs durch würdevolle Haltung, langsame Schreitschritte sowie huldvolle Gestik kaum jemandem, ob groß oder klein, größere Schwierigkeiten macht, es sei denn, ein Kind ist noch zu klein, um je zuvor etwas von einem König gehört oder gesehen zu haben... Das heißt, dass die Bewegungsdarstellung von Rollen für alle Spielerinnen und Spieler in der Regel durchwegs vertraut und daher spontan durchführbar ist. Dass dann in weiterer Folge an der Differenzierung der Motive und deren qualitätsvoller Ausführung gearbeitet werden kann, ist selbstverständlich, und die methodischen Wege dazu werden ausführlich behandelt.

1.1 Who is who und wie? – Gestaltung von Charakteren

Was ist mit „Charakterisierung" gemeint, was mit rhythmischer Charakterisierung; was mit „Stilisierung"? Wie regt man die Bewegungsdarstellung von Tieren an? Können auch Gegenstände dargestellt werden? Und wie steht es mit der Pflanzenwelt? Auch methodische Unsicherheiten und Unklarheiten bezüglich des Erfindens und der Erarbeitung von Bewegungsmotiven gibt es viele – diese werden im Kapitel „Der Entwicklungsprozess" behandelt. Viele Fragen – hier sind einige Antworten:

Charakterisierung
„Typisch südländisch", sagt man schon mal, wenn man eine Gruppe von Italienern beobachtet, wie sie sich lauthals unterhalten, dabei alle durcheinander sprechen und mit Gesten ihren Erzählungen Nachdruck verleihen.
„Bist du aber zornig", erkennt man sofort, wenn man einen Menschen beobachtet, der mit geballten Fäusten, zusammengekniffenem Mund und hochrotem Kopf mit dem Fuß aufstampft – da braucht er kein Wort des Zorns zu verlieren, seine Körpersprache stellt seine Gefühle deutlich dar.

Und so könnten wir alle aus unseren Kenntnissen und Erfahrungen eine Menge Beispiele beisteuern, um charakteristische Merkmale von ganz bestimmten Gefühlen, aber auch von Berufs- oder Bevölkerungsgruppen, Märchenfiguren oder auch Tieren zu benennen bzw. selbst darzustellen. Dabei ist uns zumeist bewusst, dass wir oft wider besseren (differenzierten) Wissens Klischees verwenden – manchmal führt das zu drastischen, wenig glaubwürdigen, ja vielleicht sogar zu diskriminierenden Darstellungen. Davor sei an dieser Stelle ausdrücklich gewarnt!

Aber eine behutsame Charakterisierung oder auch eine bewusst drastische Überzeichnung kann sehr wirkungsvoll und treffend sein, kann freimetrisch oder rhythmisierend gestaltet werden und wenn ich augenzwinkernd genug an die Bewegungsdarstellung herangehe, wird sich ein – geplanter – komischer Effekt einstellen, ohne verletzend zu wirken.

Rhythmische Charakterisierung

Fügen wir charakteristische Bewegungen und Laute in regelmäßiger Folge aneinander, wiederholen wir dann diese Folge, erhalten wir einen Rhythmus. Dieser Rhythmus kann sich an einem durchgehenden, ebenfalls gleichmäßigen Grundschlag (Metrum) orientieren, dann sprechen wir von einem rhythmisch-metrischen Bewegungsmotiv. Die wiederholten charakteristischen Elemente können aber auch freimetrisch aneinandergereiht werden, was oftmals für jüngere Spielerinnen und Spieler die passendere Lösung darstellt. Weiter unten finden sich viele Beispiele für beide Arten der Rhythmisierung.

Stilisierung

Aus der Charakterisierung kann sich die Stilisierung entwickeln, die ein charakteristisches Motiv noch weiter reduziert und dabei auch abstrahiert. Damit stellt sich zumeist eine Komik ein, die erst Spielerinnen und Spieler ab etwa 10 Jahren verstehen und genießen können. Auch wenn man für ein jüngeres Publikum spielt, sollte man zurückhaltend mit Stilisierungen sein. Weiter unten finden sich einige Beispiele.

Bewegungsdarstellung von Tieren

In den meisten Fällen von Tierdarstellung wird es heißen: Auf die (zwei) Beine kommen! Wir Menschen sind Zweifüßler und können Fortbewegungsvarianten nur auf unseren zwei Füßen wirklich deutlich und differenziert darstellen. Hände und Arme benötigen wir für die Andeutung von charakteristischen Merkmalen der verschiedenen Tiere und deren gestischen Ausdrucksmöglichkeiten, z.B.

- sich putzen mit den Vorderpfoten
- schlenkern mit großen Ohren
- stoßen mit starken Hörnern
- wackeln mit den Flossen
- flattern mit den Flügeln
- schwingen mit dem Rüssel
- wedeln mit dem Schwanz.

Viele Beispiele werden weiter unten angeführt.

1. Bewegungs- und Tanzgestaltung

Darstellung von Gegenständen und Pflanzen

Hier lautet das oberste Gebot: Dinge und Pflanzen werden nur dann von Spielerinnen und Spielern dargestellt, wenn sie sich auf irgendeine Weise in das Spiel einmischen:

- die Parkbäume des Königs, die ihm Trost spenden („König Hupf")
- die Blumen, die ihren Duft verschenken („Ferdinand")
- die Bettpfosten, die den schlaflosen König beklagen oder ihm hilfreich sind (s.u.) („König Hupf")
- der Stein, der „Hoppla" ruft, wenn man über ihn stolpert („Räubergeschichte")
- der Brunnen, der sich erschrickt, wenn etwas in ihn hereinfällt, oder der antwortet, wenn jemand hineinruft („Froschkönig")
- der Schreibtisch, der unter der Last der Akten stöhnt („König Hupf")
- ganze Wälder, die leben und wachsen („Wo die wilden Kerle wohnen"), knarren und mit knorrigen Astarmen nach uns greifen („Das Traumfresserchen"), flüsternde Zeugen von merkwürdigen Tänzen werden („Rumpelstilzchen")

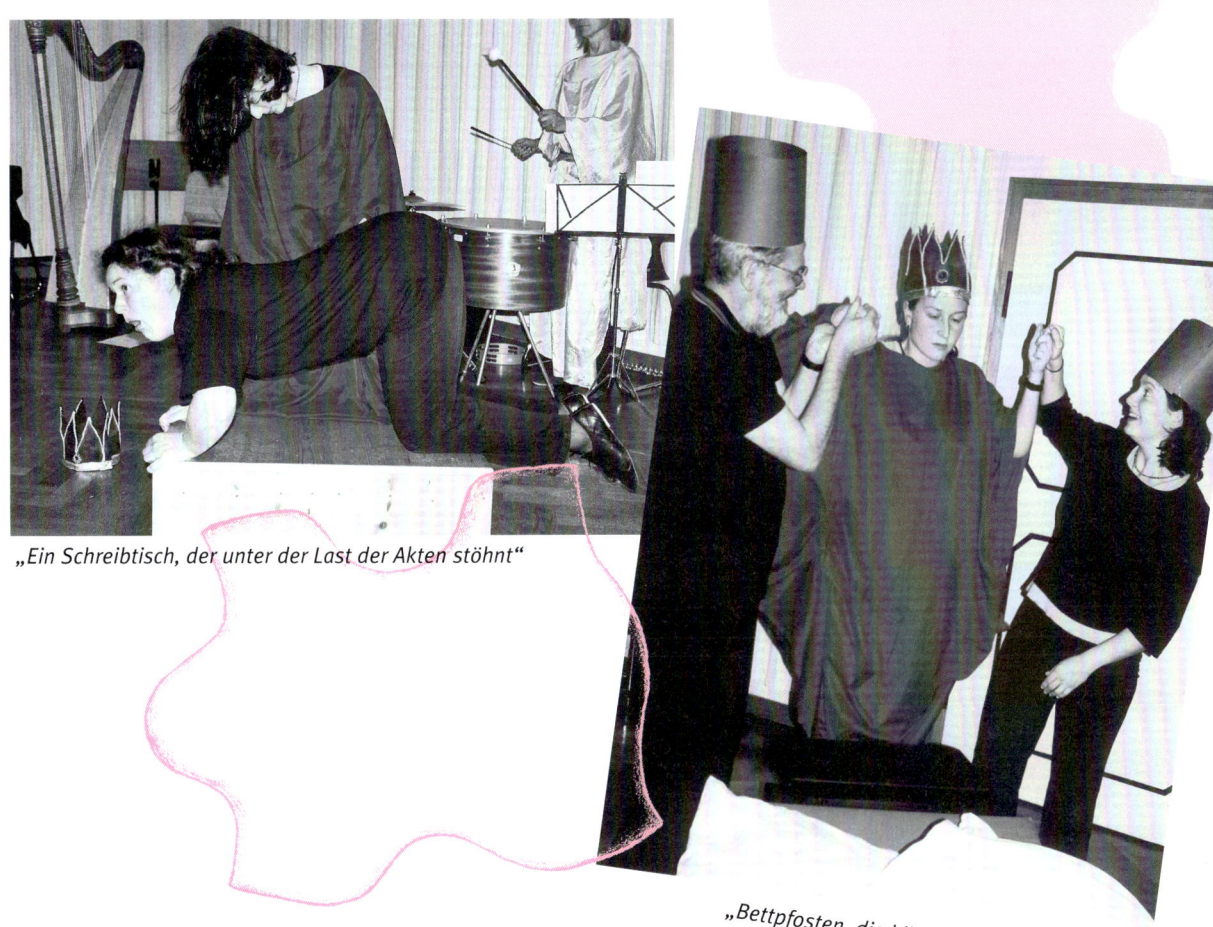

„Ein Schreibtisch, der unter der Last der Akten stöhnt"

„Bettpfosten, die hilfreich sind"

Manuela Widmer Spring ins Spiel © Fidula

Die Spielelemente

„Bäume, die Trost spenden"

„Eine Blume verschenkt ihren Duft"

1. Bewegungs- und Tanzgestaltung

„Die Prinzessin auf dem Kürbis"

„Die Einflüsterungen der Schwarzen Gedanken"

Die Spielelemente

Allerlei Beispiele:

Darstellung eines Waldes

Charakterisierung

Viele Bäume – als Minimum drei – stehen verteilt auf der Spielfläche; sie wiegen sich leicht im Wind, die Arme sind ihre Äste. Verschiedene Körperhaltungen weisen auf bestimmte Baumtypen hin:
- *Tanne:* steht steif und gerade, die Arme schräg nach unten gestreckt;
- *Weide:* steht „trauernd" vornüber gebeugt, auch die Arme hängen;
- *Eiche:* steht breitbeinig, die Arme bilden knorrige, in sich verdrehte Äste nach.

Ein grünes Tuch, grüne Papierblätter u.ä. bieten die charakteristische Farbe.

Stilisierung

1. Stufe:
Einige Spielerinnen/Spieler stehen verteilt auf der Spielfläche und halten unterschiedlich gestaltete, überdimensional große grüne Blätter mit Fantasieformen (oder echten Blätterformen nachgebildet) in den Händen.

2. Stufe:
Einige Spielerinnen/Spieler stehen verteilt auf der Spielfläche und halten Schilder mit verschiedenen Baumnamen (Tanne, Weide, Eiche...) in den Händen.

3. Stufe:
Jemand steht in der Mitte der Spielfläche und hält ein Schild hoch, auf dem steht (eventuell mit grüner Schrift):

Darstellung von Gefühlen

(Rhythmische) Charakterisierung

„Zorn-Motiv"
Rhythmische Folge (in vielen Varianten!) bilden mit den Bewegungen und Lauten:
- Geballte Faust stößt in die Luft
- Fuß stampft auf
- Knurr-Geräusch mit der Stimme

Stilisierung

„Zorn"
1. Stufe – Reduzierung des Zorn-Motivs auf den Laut, der etwa im Anschluss an eine Erzählerstelle („Da wurde der König aber sehr zornig"), jedoch ohne Gefühlsausdruck „vorgetragen" wird, z.B.:

„grrr – grrr – grrr"

2. Stufe – wie schon beim Wald hält die Spielerin, der Spieler ein Schild hoch, auf dem – durchaus lautmalerisch – ein Zorneslaut – vielleicht in Knallrot – aufgemalt ist:

„Freude-Motiv"
...mit den Bewegungen und Lauten:
- Beide Arme in die Höhe strecken
- Hüpfer
- „Hei" oder „Ha" rufen

„Freude"
1. Stufe – Reduzierung auf eine „Freuden-Position" in Verbindung mit einer maskenhaften Mimik („Strahlendes Lachen" mit weit geöffnetem Mund und hochgezogenen Augenbrauen)

2. Stufe – Schild:

„Trauer-Motiv"
...mit den Bewegungen und Lauten:
- Beide Arme zur Seite strecken und dann das Gesicht bedecken
- Oberkörper nach vorne beugen
- Jammer-, Klage-, Seufzerlaute

„Trauer"
1. Stufe – Reduzierung des Trauer-Motivs:
- Hände vor das Gesicht schlagen
- „Hu – Hu – Hu" jammern

2. Stufe – Schild:

Die Spielelemente

Menschen und ihre Charakterisierung durch Bewegung

	Haltung / Fortbewegung	Gesten	Mimik
Eine königliche Gesellschaft (...je nach Geschichte sehr unterschiedliche Charaktere!)	gerade aufgerichtet schreiten, tanzen	huldvoll grüßend, herrschend sich voreinander verneigen	ernst, würdevoll

„Die Erste und die Zweite Prinzessin..."

„Die vorsichtige Prinzessin"

„Die kecke Prinzessin"

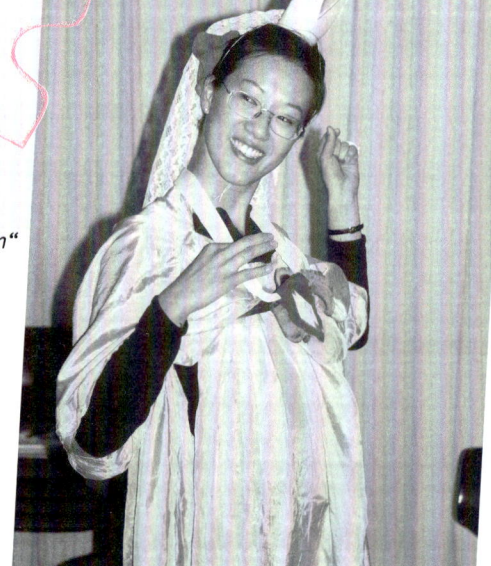

Manuela Widmer Spring ins Spiel © Fidula

1. Bewegungs- und Tanzgestaltung

Menschen und ihre Charakterisierung durch Bewegung

	Haltung / Fortbewegung	*Gesten*	*Mimik*
Der Minister/die Hofdame (...je nach Geschichte sehr unterschiedliche Charaktere!)	gerade aufgerichtet stolzieren, marschieren	bestimmend, sich unterwürfig verbeugen	ernst, hochmütig

„Gestrenge Hofdamen"

Der Diener/ das Dienstmädchen (...je nach Geschichte sehr unterschiedliche Charaktere!)	etwas gebeugt, kleine Schritte, huschen – ODER: sehr gerade aufgerichtet, gemessener Gang	Unterwürfige Bewegungen, schnelle, konzentrierte Reaktionen	ängstlich, ernst, kontrolliert, unterwürfig, beflissen
Das Rumpelstilzchen (...sich im Laufe der Geschichte verändernd!)	gebeugt, gekrümmt auf leisen Sohlen sich anschleichend; hüpfen, springen, stampfen	hektisch, fahrig gestikulierend; Hände in die Seiten gestemmt; mit geballten Fäusten um sich stoßen	verbissen, verschmitzt, einschmeichelnd, siegessicher, wütend

Manuela Widmer *Spring ins Spiel* © Fidula

Die Spielelemente

Menschen und ihre Charakterisierung durch Bewegung

	Haltung/ Fortbewegung	Gesten	Mimik
Das Traumfresserchen (...sich im Laufe der Geschichte verändernd!)	gebeugt, huschen, hüpfen, sich lebhaft drehen, „fliegen"	Arme ausgebreitet, suchend, fragend, einladend, umgarnend	jammernd – dann verschmitzt, strahlend, fröhlich

„Pfiffige Traumfresserchen"

Handwerker (...je nach Zunft sehr unterschiedliche Charaktere!)	...entsprechend ihrer Tätigkeiten	...entsprechend ihrer Tätigkeiten	...entsprechend der Geschichte
Der Zauberer/die Zauberin (...je nach Geschichte sehr unterschiedliche Charaktere!)	gebieterisch aufrecht; geheimnisvoll gebeugt bis gekrümmt; gütig zugeneigt	herrisch; hart beschwörend; ver(be-)zaubernd	streng, böse verschlagen, bedrohlich, freundlich

1. Bewegungs- und Tanzgestaltung

Menschen und ihre Charakterisierung durch Bewegung

	Haltung / Fortbewegung	Gesten	Mimik
Manager ...und andere „Chefs"	aufrecht, nach vorne geneigt mit hektischer Betriebsamkeit;	wichtigtuerisch fuchteln; telefonieren; jemanden herwinken, wegschicken	ernst, streng, gehetzt, ungeduldig

„Coole Manager mit Handys"

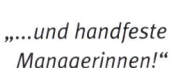

„...und handfeste Managerinnen!"

Die Spielelemente

Menschen und ihre Charakterisierung durch Bewegung

	Haltung / Fortbewegung	Gesten	Mimik
Narren (...in vielen Variationen und Typen!)	mal so, mal so...; quirlig, lebendig, sich drehend, hüpfend, stolpernd	lebhaft gestikulierend, Arme in die Höhe strecken, werfen, in die Seiten stützen	fröhlich, verschmitzt, frech
Räuber (...je nach Geschichte sehr unterschiedliche Charaktere!)	gebeugt, gebückt, sich anschleichend, sich dabei umschauend	drohen, schnelle Handbewegung, um etwas zu entwenden	bedrohlich wild, verschlagen, gebieterisch, angeberisch

„Räuber – hämisch lachend..."

1. Bewegungs- und Tanzgestaltung

Tiere und ihre Charakterisierung durch Bewegung
...unabhängig von ihrer Stellung im Rahmen einer Geschichte

	Haltung/Fortbewegung	*Gestik*
Stier	gebeugt auf zwei Beinen: stampfen (eher am Platz), galoppieren (im Raum)	mit den Hufen scharren; Hände (Arme) als Hörner an den Kopf gelegt
Bär	aufgerichtet auf zwei Beinen: stapfen (eher behäbig), trotten (eher schneller)	die Pranken drohend erhoben und abwechselnd damit in die Luft schlagen; mit dem schweren Kopf und dem Oberkörper langsam hin und her pendeln.
Katze (Haus- und Großkatzen)	leicht gebeugt auf zwei Beinen: schleichen (behäbig), auf leisen Tatzen, aber schnell und wendig laufen AUSNAHME: Wenn ausschließlich langsame Bewegungen notwendig sind, kann eine Katze auch einmal auf Händen und Knien schleichend dargestellt werden.	mit den Tatzen in die Luft schlagen; mit den Tatzen an etwas kratzen; sich unterschiedlich strecken; einen Katzenbuckel machen; sich putzen; aufmerksam horchen
Maus	leicht gebeugt mit sehr schnellen, kleinen Schritten trippeln	horchen, dabei den Kopf ruckartig hin und her bewegen; schnuppern, sich kratzen/putzen, etwas in den Vorderpfoten halten und daran knabbern
Adler	mit weit ausgebreiteten Armen „auf der Luft liegen" und weite Kreise im Raum ziehen, dabei mit großen, flachen Schritten möglichst ohne viel Auf und Ab über den Boden gleiten	den Kopf vorstrecken, auch aus „großer Höhe" hinunterblicken; beim Landemanöver mit den großen Schwingen schlagen und dann leicht (oder auch ganz) in die Hocke gehen und die Flügel anlegen; herumstolzieren und mit den Flügeln schlagen; picken, den Kopf vor und zurück bewegen
Fisch	mit kleinen, flachen „unsichtbaren" Schritten schlängelnd (in vielen Kurven) über den Boden gleiten („Die Zuschauer sollen vergessen, dass wir Beine haben.")	Die Hände können Flossen seitlich, vor und hinter dem Körper oder aber auch die Bewegung der Kiemen darstellen. Der Mund geht lautlos auf und zu.

Die Spielelemente

Tiere und ihre Charakterisierung durch Bewegung
...unabhängig von ihrer Stellung im Rahmen einer Geschichte

	Haltung/Fortbewegung	Gestik
Schlange	Wie beim Fisch soll die Fortbewegung so unauffällig wie möglich geschehen, ein schlängelndes, kurviges Gleiten.	Ein Arm kann die hervorschnellende Zunge der Schlange spielen.
Igel	rundlich klein gebeugt, leichtfüßig und flink	Zehn Stacheln können wir – wo auch immer – mit unseren zehn Fingern darstellen. Schmatzen passt gut!

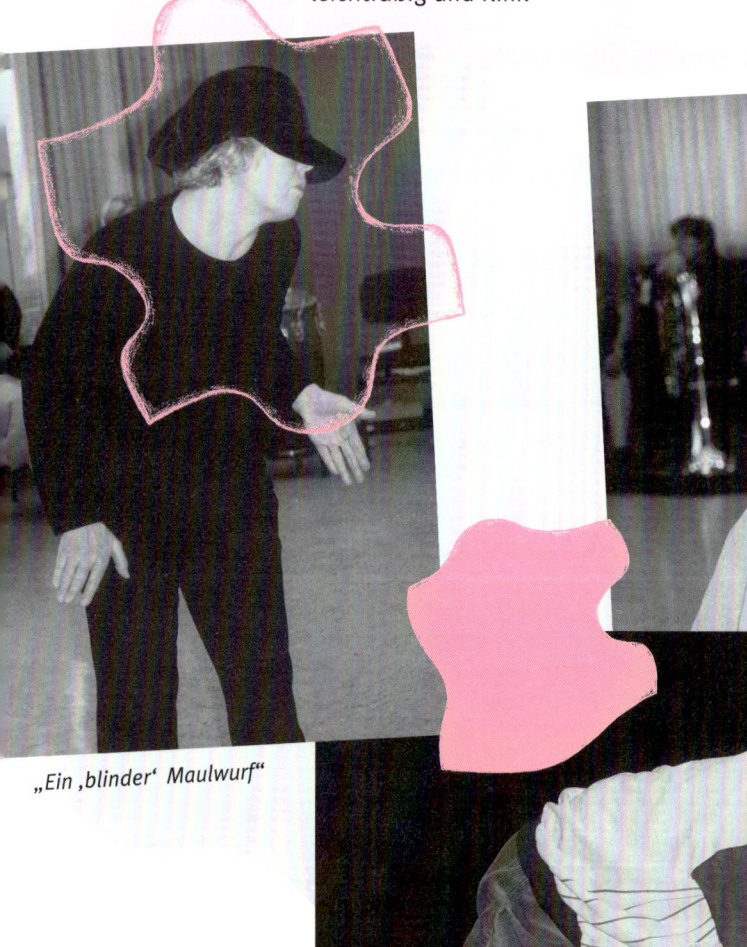

„Ein ‚blinder' Maulwurf"

„Ein hübschrosa Schweinchen"

„Ein treuer Hund"

42   Manuela Widmer Spring ins Spiel © Fidula

1. Bewegungs- und Tanzgestaltung

Fassen wir zusammen

- (Rhythmische) Charakterisierung und Stilisierung im Rahmen der Bewegungsdarstellung von Rollen haben in bestimmten Situationen und vor allem für jüngere und unsichere Spielerinnen und Spieler ihre Berechtigung.
- Darüber hinaus gilt: Bewegungsmotive können (frei)rhythmisch fließend oder metrisch-rhythmisch strukturiert werden, was natürlich auch Auswirkungen auf die jeweilige Bewegungsbegleitung haben wird.
- Auch Gegenstände und Pflanzen können im EMT bewegungsmäßig dargestellt werden, sofern sie sich kommentierend, anteilnehmend oder auf andere Weise agierend ins Spiel einmischen. Bäume, die lediglich völlig passiv einen „Lieblingsplatz" („Stier Ferdinand") auf der Spielfläche markieren sollen, werden z.B. durch einen echten Ast in einem Sonnenschirmständer oder einen Kleiderständer mit Papierblättern dargestellt.
- Tiere sind (fast) immer zweibeinig darzustellen (Ausnahmen bestätigen diese Regel!), damit sie einerseits besser gesehen werden können und die Darstellerinnen und Darsteller andererseits ihre Arme und Hände, ihren Kopf, ihre Schultern, ihren Rücken für gestische (Ausdrucks-) Bewegungen zur Verfügung haben.
- Zu (fast) jeder Bewegungsdarstellung gehört eine Bewegungsbegleitung durch Geräusche, Klänge oder Töne, mit der Stimme, mit Körperklängen oder mit Instrumenten (vgl. S. 58).

1.2 Komm, mach dich auf den Umweg! – Raumweggestaltung

Auf der Spielfläche oder Bühne ist nicht die kürzeste Verbindung zwischen zwei Orten interessant, sondern der „Umweg". Der Weg wird von der Person, die ihn zurücklegen muss, gestaltet, Pausen sind von Bedeutung, Begegnungen können stattfinden, Bewegungstempo und -dynamik variieren – kurz und gut: Der Weg ist das Ziel!
Ein solches Umweg-Bewegungsverhalten müssen die Darstellerinnen und Darsteller meist erst lernen, aber nach einigen Versuchen und Erfahrungen in verschiedenen Situationen hat die Phantasie aller Beteiligten genügend Nahrung erhalten, um eigene Kreative Lösungen zu finden.
Folgende Beispiele verdeutlichen einige Situationen, in denen der Raumweggestaltung besondere szenische Bedeutung zukommt:

Die Geschichte vom Wecker im Wald (James Krüss)
Die Mäuse begeben sich auf den Weg zum Wecker...

> **Die Situation** (...die in dieser Weise den Spielerinnen und Spielern vorgestellt werden kann): Ein Wecker steht im Wald (integriert in den hinteren Teil des Halbkreises) und zählt brav die Sekunden – „wie es sich für einen ordentlichen Wecker gehört". Zwei (oder mehr) Mäuse trippeln von zu Hause los (aus ihrem Platz im Halbkreis), um den Wecker zu besuchen. Eine Maus ist die Anführerin, die den Weg kennt, alle weiteren Mäuse trippeln hinter ihr her. Um zum Wecker zu kommen, müssen die Mäuse einen weiten Weg durch den Wald zurücklegen und da sie nur kleine Tiere mit noch kleineren Füßen sind, brauchen sie drei Pausen...

Die szenische Raumweggestaltung kann nun folgende Form haben:

Erste Wegstrecke trippeln, die Anführerin bestimmt Tempo, Weglänge, Wegform und den Stopp. In der 1. Pause putzen und kratzen sich die Mäuse.

Zweite Wegstrecke trippeln
In der 2. Pause fressen und schmatzen sie.

Dritte Wegstrecke trippeln
In der 3. Pause unterhalten sie sich quiekend.

Vierte Wegstrecke trippeln und beim Wecker ankommen.

Natürlich können die Mäuse auch etwas ganz anderes in ihren Pausen machen! Z.B. horchen oder schnüffeln, kichern oder sich ängstlich aneinander drücken... Wichtig ist, dass die Spielerinnen und Spieler, wissen, was gemeint ist – am besten, sie haben die Pausenaktivitäten selbst bestimmt! Alle Bewegungen der Mäuse, die Schritte und die Gesten können mit Geräuschen, Klängen und Tönen begleitet werden (vgl. den Abschnitt zur Bewegungsbegleitung, S. 58).

König Hupf I. (Helme Heine)
Der Gang des Königs spät in der Nacht in sein Schlafgemach...

Die Situation: Der König hat den ganzen Tag hart gearbeitet. Alle Bewohner des Königreiches und alle Diener sind schon längst schlafen gegangen. Spät in der Nacht macht sich nun auch der König auf den Weg in sein Schlafzimmer. Aber ach, alles tut ihm weh und er hat einen weiten Weg durch die langen Gänge des Schlosses zurückzulegen, bis er endlich bei seinem Bett ankommt...

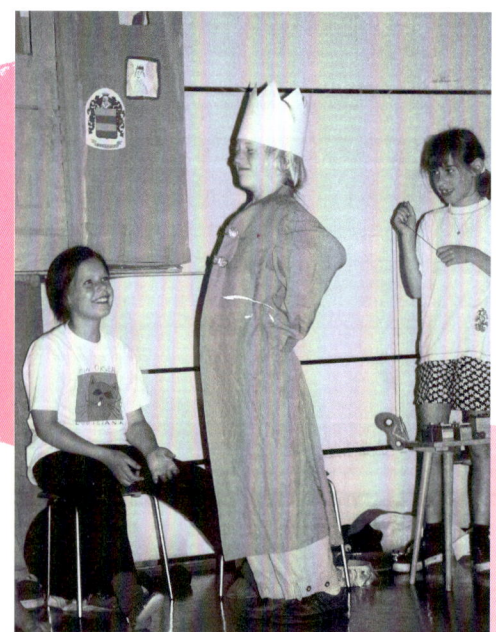

„Schwere Rückenschmerzen!"

Die szenische Raumweggestaltung kann nun folgende Form haben:

Erster langer Gang: schwere, langsame Schritten – der König bestimmt selbst den Stopp, deutet Rückenschmerzen an. (Der König greift sich an den Rücken und streckt sich.)

Zweiter langer Gang: Kopfschmerzen (Der König greift sich an den Kopf und beugt sich nach vorne.)

Dritter langer Gang: eingeschlafener Po (Der König greift sich an den Po und schüttelt sich.)

Vierter langer Gang: Der König kommt bei seinem Bett an.

1. Bewegungs- und Tanzgestaltung

Das Traumfresserchen (Michael Ende)
Der müde König am Ende seiner Reise zum „Ende der Welt"

Die Situation: Der König ist schon weit gereist, um Hilfe für seine schlaflose Tochter zu finden und kommt schließlich – müde und mutlos geworden – ans Ende der Welt. Eine unheimliche Stimmung umgibt ihn. Es sieht aus, als ob die Bäume Gesichter und Arme hätten, mit langen Fingern, die nach ihm greifen. Merkwürdige Geräusche dringen an sein Ohr. Neugierig, aber auch ein wenig ängstlich betrachtet er die seltsamen Gestalten...

Die szenische Raumweggestaltung kann nun folgende Form haben:
- Der König geht gedankenverloren über die Spielfläche.
- Die 1. dunkle Baumgestalt huscht direkt auf ihn zu und verstellt ihm den Weg.
- Der König hebt abwehrend die Hände und ändert seine Richtung.
- Die 2. dunkle Baumgestalt verstellt ihm den Weg.
- Der König ändert seine Richtung...
- Eine 3., 4., 5. Baumgestalt (und mehr) stellen sich dem König in den Weg...
- Immer schneller muss der König seine Gehrichtung ändern, immer mehr bedrängen ihn die dunklen Baumgestalten, von sonderbaren Geräuschen und Klängen (z.B. Selbstbauinstrumente!) begleitet.

König Drosselbart (Gebrüder Grimm)
Spielmann und Prinzessin auf der Reise durch Stadt und Land

Die Situation: Der als Spielmann getarnte König Drosselbart hat die hochmütige Prinzessin zur Frau bekommen und führt sie quer durchs Land zu seiner armseligen Hütte. Auf dem langen Weg kommen sie durch eine wunderschöne Stadt, über eine herrliche Blumenwiese und durch einen beeindruckenden Wald. Immer wieder fragt die Prinzessin, wem denn wohl die Stadt, die Wiese, der Wald gehöre... Die Antwort kennen wir – und so erreicht die Prinzessin die Hütte tieftraurig.

Die szenische Raumweggestaltung kann nun folgende Form haben:
Erste Wandermusik für den Spielmann und die Prinzessin
Die Stadt: Eine Stadt mit Häusern und Türmen wird vor den Augen des Spielmanns und der Prinzessin durch Personen dargestellt, Prinzessin und Spielmann singen ein Duett zum Originaltext des Märchens:
Prinzessin: „Wem gehört denn diese wunderschöne Stadt?"
Spielmann: „Die gehört dem König Drosselbart, hättest du ihn genommen, so wär sie dein!"
Zweite Wandermusik...
Der Wald: Ein Wald mit den unterschiedlichsten Bäumen und Büschen entsteht vor den Augen des Spielmanns und der Prinzessin.
Duett von Spielmann und Prinzessin

Manuela Widmer Spring ins Spiel © Fidula

Die Spielelemente

Dritte Wandermusik...
Die Wiese: Eine Wiese mit Blumen und Gräsern wächst vor den Augen des Spielmanns und der Prinzessin. (Die Darsteller liegen am Boden, ihre Arme wachsen nach oben und wiegen sich leicht hin und her.)
Duett von Spielmann und Prinzessin

Vierte Wandermusik...
Spielmann und Prinzessin kommen vor der armseligen Hütte an.

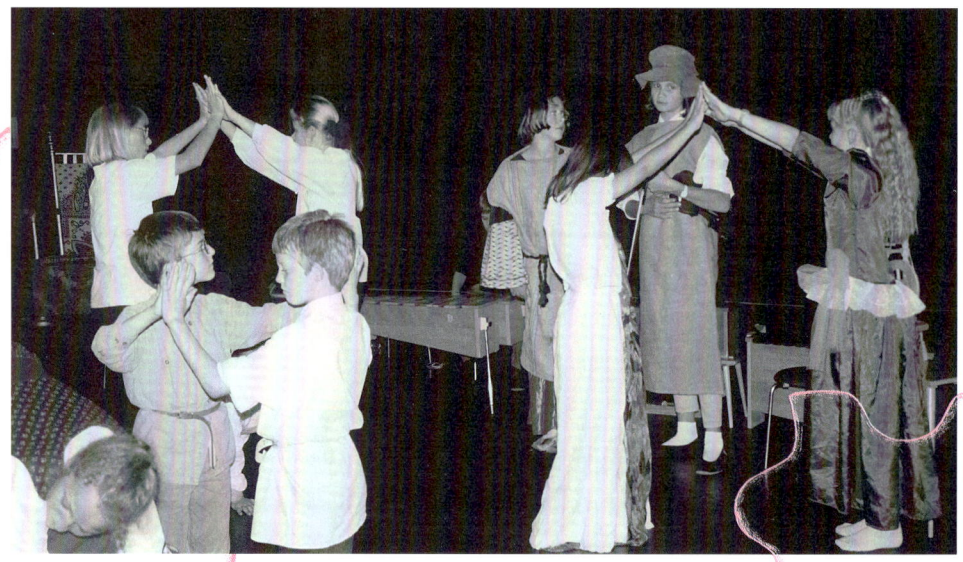

„Wem gehört denn diese wunderschöne Stadt?"

Stier Ferdinand (Munro Leaf)
Ferdinands Gang über die Blumenwiese

Die Situation: Der Stier Ferdinand mag nicht kämpfen, wie die anderen jungen Stiere, er liebt die Blumen und ihren Duft. So wandert er jeden Tag zu seinem Lieblingsplatz unter einer Korkeiche und dieser Spaziergang führt ihn über eine wunderschöne Blumenwiese.

Die szenische Raumweggestaltung kann nun folgende Form haben:
(Viele Blumendarstellerinnen und -darsteller sind auf der Spielfläche verteilt.)

Erster Weg von Ferdinand über die Wiese – Stopp bei einer Blume.
Die erste Blume (die Blumen stehen alleine, zu zweit, in kleinen Gruppen) schenkt Ferdinand ihren Duft (reicht ihm ihre bunte Blüte zum Schnuppern, spielt einen Klang).

Zweiter Weg von Ferdinand
Die zweite Blume verschenkt ihren Duft.

Dritter Weg von Ferdinand
Die dritte Blume verschenkt ihren Duft...
...bis Ferdinand alle Blumen besucht und seinen Lieblingsplatz erreicht hat.

1. Bewegungs- und Tanzgestaltung

Fassen wir zusammen
- Der „Umweg" ist der „wahre" Weg im EMT.
- Für die Raumweggestaltung brauchen die Spielerinnen und Spieler Strukturierungshilfen, die durch unterschiedliche Begegnungen, verabredete (und gefüllte) Pausen und vielseitige musikalische Gestaltung geschaffen werden können.
- Ein schlichter Weg von einem Ort der Handlung zum nächsten wird so auf einfache Weise zur ganzen Szene oder zum überzeugenden Übergang von einer Szene zur nächsten.
- In den Textvorlagen gilt es, „zwischen den Zeilen" zu lesen und auch die Illustrationen zu deuten, um Ideen für szenische Raumweggestaltungen zu entdecken.
- Gestaltete Raumwege klingen immer! Bewegungen und/oder Stimmungen werden auf unterschiedlichste Weise musikalisch begleitet (vgl. dazu die Ausführungen zur Bewegungsbegleitung auf S. 58).

1.3 Von Volksaufläufen und Ministertreffen – Gruppengestaltungen

Wirkungsvoll und für viele Szenen unumgänglich sind Auftritte vieler Spielerinnen und Spieler gleichzeitig. Wenn solche Gruppenauftritte nicht gestaltet werden, wenn die Einzelnen nicht wissen, *wann* sie sich *wie* und *wohin* bewegen sollen und wie sie auch wieder zurück kommen, entsteht entweder ein unbeholfenes Herumstehen und hilfloses Herumgeschiebe oder ein unübersichtliches Durcheinander, das auf Mitwirkende wie Zuschauer gleichermaßen verwirrend wirkt und oft dazu führt, dass die Darstellerinnen und Darsteller den Faden verlieren, den Übergang zur nächsten Szene nicht mehr klar erkennen können und Einsätze vergessen – ein Kollaps ist fast vorprogrammiert.
Nicht immer muss es so drastisch kommen – aber mit gut strukturierten Gestaltungen wird nicht nur solchen Unsicherheiten vorgebeugt, sie machen auch Spaß und überzeugen die Zuschauer in ihrer dramaturgischen Wirkung.
Es ist entscheidend, dass bei Gruppengestaltungen weder die beteiligte Gruppe noch die choreographierende Leiterin oder der Leiter überfordert sind. Je jünger die Mitglieder der Spielgruppe sind, umso mehr geht die Planung der Gestaltung vom Erwachsenen aus; ist eine Gruppe älter (ab etwa acht Jahren) oder altersgemischt, desto mehr wird die Gruppengestaltung eine Teamarbeit sein.
Oft werden die Bewegungsabläufe in Gruppengestaltungen von musikalischen oder sprachlichen Formen gegliedert und begleitet. Mal sprechen oder singen die sich Bewegenden selbst, mal werden sie von den Spielerinnen und Spielern aus dem Halbkreis unterstützt. Da uns in diesem Abschnitt vor allem die Bewegung interessiert, werden die möglichen Sprach- und Musizierformen nur angedeutet und später genauer beschrieben.

Stier Ferdinand
„Aufmarsch der Manager"
- Ein (Trommel-)Vorspiel gibt das Schritttempo vor und spielt nach einer Texthilfe, die vom Spieler leise mitgesprochen werden kann zweimal:
- *„Jetzt geht's los – jetzt geht's los"*
- Die Manager stehen dabei bereits auf und bereiten sich vor.
- Die Reihenfolge ist ausgemacht und sie beginnen mit einem Spruch, mit dem sie sich vorstellen, und gehen dazu – im Tempo passend zum Spruch hintereinander her in einer Schlange, oder nebeneinander als eine Reihe.

Die Spielelemente

- Der Weg durch den Raum kann vorher genau ausgemacht werden, oder aber den Managern ist nur das Ziel bekannt und der Weg dorthin kann immer wieder anders gewählt werden.
- Der Spruch kann je nach Länge und nach Größe der Bühne ein- bis zweimal wiederholt werden.

„Aufmarsch der Stierkämpfer"
- Bei uns kann jeder und jede Stierkämpfer und Stierkämpferin werden! Und der Aufmarsch im Gänsemarsch, alle hintereinander, in die Arena wird von Fanfarenstößen eingeleitet und mit vielen Trommeln rhythmisch begleitet.
- Alle schwingen ihre bebänderten Spieße und ihre roten „Kampftücher" oder auch ihre Hüte und Kappen. Das Publikum (hier von einem Teil der Spielgruppe selbst dargestellt) jubelt.
- Der Matador geht vorneweg und führt die ganze Gruppe in verschlungenen Wegen über die Spielfläche, wobei einige Stopps eingeplant werden können, bei denen sich alle tief verbeugen und die Trommeln einen kräftigen Wirbel spielen.
- Das Ziel, d.h. die Endaufstellung (meist im Halbrund um die Arena), muss allen Beteiligten klar sein.

König Hupf
Der Volksauflauf „Unser König hüpft nachts im Bett!"
- Der neugierige Minister hat den König nachts beim Hüpfen im Bett durch das goldene Schlüsselloch beobachtet. Nachdem der König friedlich eingeschlafen war, tritt er vor das Publikum und verkündet verschwörerisch und entsetzt:
- „Unser König hüpft nachts im Bett!"
- ALLE Mitspielerinnen und Mitspieler springen mit einem erschrockenen Laut auf, beginnen auf die Spielfläche und sogar ins Publikum zu laufen und verkünden – immer mit unterschiedlicher Betonung oder anderem Tempo je DREIMAL: „Unser König hüpft nachts im Bett!"
- Haben alle den Satz dreimal gesprochen, gerufen, geflüstert, schütteln sie nur noch ungläubig die Köpfe, sagen „Tstststs", gehen nach und nach zu ihren Plätzen zurück, bleiben vor ihren Stühlen stehen UND...
- ...setzen sich gemeinsam mit einem letzten Seufzer wieder hin.

Das Treffen der Minister „Hüpfen verboten"
Hier hilft den Ministern wieder ein Spruch, der sie zusammenführt und der (je nach Alter bzw. Altersmischung der Spielgruppe) choreographiert werden kann, hier soll nur ein Beispiel angeführt werden, das für die Kinder einer 3. Klasse erdacht wurde:
- **1. Teil:** Alle Minister stehen in einem Haufen dicht beieinander und denken nach.
  (gestaltete, rhythmisierte Sprache und Gestik)
- **2. Teil:** Die Minister regen sich auf, werden immer lauter.
  (gestaltete, rhythmisierte Sprache und Klanggesten)
- **3. Teil:** Drei bis fünf Minister lösen sich aus der Gruppe und kommen mit Rädern und Purzelbäumen zum nächsten Textteil nach vorne an den Rand der Spielfläche – alle anderen bilden dahinter eine Reihe.
  (gestaltete, rhythmisierte Sprache und Bewegung)

1. Bewegungs- und Tanzgestaltung

Die zweite Prinzessin
„Der gesamte Hofstaat überrascht die Zweite Prinzessin"
- Heimlich hat sich die Zweite Prinzessin in das Schlafzimmer der Königinmutter geschlichen, um deren Juwelen zu stehlen. Aber – oje! – alle Bediensteten, König und Königin und die Schwester, die Erste Prinzessin überraschen sie bei ihrem schändlichen Tun...
- Hofdame, Diener, Zeremonienmeister, König, Königin und Erste Prinzessin – stürzen der Reihe nach mit verschiedenen Schreckenslauten in das Schlafzimmer...
- ...umkreisen die vor Schreck erstarrte Übeltäterin
- und fallen der Reihe nach mit „Oh" und „Ah" in Ohnmacht!

Als die Raben noch bunt waren
„Krieg der Farben"
- Lilagefiederte kämpfen gegen die mit blauem Federkleid; die Gelbbefederten gegen die Grünflügel... gruppenweise gehen sie aufeinander los – aber in unserem Spiel ist auch dieses Durcheinander gut durchdacht und strukturiert!
- Verschiedene Sprüche (Anregungen aus dem Bilderbuch wie „Wir kämpfen für Rosa und Recht", „Wir lassen nicht locker, ein Rabe ist ocker" oder selbst erdachte Texte) können den rhythmischen Rahmen und die Phrasenlänge der kämpferischen Vorstöße geben.
- Unterschiedliche Musikstile – oder einfacher: Klangfarben – kennzeichnen die Farbengruppen, die in einer bestimmten Reihenfolge und Abfolge gegeneinander antreten, sich kreuzen, sich unterbrechen, „in die Klänge fallen"...
- Vier Farbengruppen stehen sich im Viereck gegenüber, die beiden hinteren Gruppen etwas näher als die vorderen zwei Gruppen, damit alle gut gesehen werden und ein perspektivischer Eindruck entsteht.

Wo die wilden Kerle wohnen
„Ankunft bei den wilden Kerlen"
- Nach langer Reise erreicht Max endlich das Land der wilden Kerle...
- ...es rasselt und zischelt, es klappert und klopft! Es knistert und gluckert, es kichert und knolcht...
- DA springt einer auf, DORT rennt einer los, HIER zappelt und wackelt ein dicker Kopf, JETZT zittern und zappeln zwei lange Arme –
- Max steht ganz still in der Mitte der Spielfläche und nach und nach platzieren sich rund um ihn herum in herrlich schrecklichen Positionen alle wilden Kerle.
- Max verschränkt seine Hände vor der Brust und schaut sie unerschrocken an.
- Die wilden Kerle beginnen einen wilden Stampf-Hüpf-Rüttel-Schüttel-Rundtanz um Max herum und murmeln dabei merkwürdige Wörter ihrer wilden Sprache...
- ...bis Max die Hände in die Höhe streckt und ruft: „Seid still!"

Die Spielelemente

1.4 Weißt du, wie Könige tanzen? – Tänze und Bewegungsspiele

Wie auch Lieder als geschlossene, überlieferte Formen musikalischen Ausdrucks, können tradierte (Volks- und Kinder-)Tänze sowie Bewegungs- und Tanzspiele Bestandteile im EMT sein. In vielen Geschichten, die die Basis für unsere Stücke bilden, wird im Verlauf des Geschehens gefeiert; und wo gefeiert wird, da kann getanzt werden! So ist es immer wieder eindrucksvoll, wenn ein Märchen, das am Königshof spielt, mit einem einfachen höfischen Tanz[1] eingeleitet wird, auch eine Polonaise[2] mit mehr oder weniger Figuren – je nach Alter und Aufnahmefähigkeit einer Spielgruppe – tut hier gute Dienste! Dann brauchen wir nur noch den Zeremonienmeister, der vortritt, dreimal mit seinem Stab auf den Boden klopft und ruft: „Aufstellung zum Tanz!"

Aber nicht nur Könige tanzen, auch das einfache Volk feiert Feste und hier können Volkstänze verschiedener Kulturen und Länder zum Einsatz kommen. Oftmals kann die Spielleiterin oder der Spielleiter auf ein Repertoire zurückgreifen, dass der Spielgruppe schon bekannt ist (besonders in der Schule). Vielleicht kommen auch die Kinder selbst auf die Idee, einen Tanz, den sie besonders gerne getanzt haben, für das geplante Stück vorzuschlagen.

Falls die Wahl auf eine Geschichte gefallen ist, in der eine Reise um die Welt (oder in bestimmte Länder) vorkommt, bietet sich die Verwendung überlieferter Tänze und Bewegungsspiele unbedingt an! Damit wird am ehesten authentisch ein anderes Land charakterisiert und den oben befürchteten Überzeichnungen bzw. einer klischeehaften Darstellung vorgebeugt.

Quellen für überlieferte Tänze aus (fast) der ganzen Welt[3] sind vielfältig, auch das Angebot an Bewegungsspielen – meist Kinderspielen – verschiedener Kulturen ist groß[4].

Fassen wir zusammen

- Gruppengestaltungen sind wirkungsvolle Elemente und geben den Mitwirkenden durch ihre choreographierte Form die notwendige Strukturhilfe für „Massenszenen".
- Gruppengestaltungen sollten nach Möglichkeit (entsprechend dem Alter der Mitwirkenden) in Teamarbeit entstehen.
- Überlieferte Tanzformen und Spiele bieten ein reichhaltiges Material, das unser Spiel in jedem Fall bereichern kann.
- Allerdings ist eine gezielte Platzierung angeraten, denn eine Aneinanderreihung allzu vieler Tänze stört ggf. die Balance mit anderen Spielelementen!
- Tänze und Spiele aus verschiedenen Ländern ermöglichen eine authentische Charakterisierung der jeweiligen Kultur.
- Es kann kräfte- und zeitsparend sein, manchmal aus dem Tanzrepertoire einer Spielgruppe schöpfen zu können und dann in der Erarbeitung eines EMT-Projektes nicht alle Gestaltungselemente völlig neu erarbeiten zu müssen.

---

[1] Brunner, V. (2001): Tanzen mit Mozart, Fidula
Engel, I. (1998): Historische Tänze 1 + 2, Fidula
[2] Polonaisen & andere Tänze, CD mit Tanzbeschreibungen, Fidula
[3] z.B. die CDs Tänze aus Israel, Leichte Tänze, Tänze aus Griechenland, Tänze aus Schottland, Tänze im Kreis. Fidula
[4] Ulich, M./Oberhuemer, P./Reidelhuber, A, (Hrsg.) (1987): Der Fuchs geht um …auch anderswo. Ein multikulturelles Spiel- und Arbeitsbuch. Beltz

2. Instrumentale Gestaltung

Schon eher mit Hemmungen verbunden ist der *Umgang mit Instrumenten* im Rahmen unterschiedlicher Aufgabenstellungen. In der Untergliederung des Abschnittes wird ein fortschreitender Komplexitätsgrad deutlich (was nicht zwingend auch mit anwachsender Schwierigkeit der Materie zu tun hat, aber oft damit verwechselt wird!).

Allgemeine Hinweise
- Alle Instrumente können Verwendung finden, wenn sie von den Gruppenmitgliedern oder von der Leiterin oder dem Leiter selbst gespielt werden können.
- Es gibt eine reiche Auswahl an elementaren Musizierspielformen, an denen alle Gruppenmitglieder auf ihrem Niveau teilhaben können.
- Notenkenntnisse sind nicht nötig (aber auch nicht hinderlich) – das Aufeinanderhören ist ebenso Basis für das gemeinsame Musizieren wie die Fähigkeit, Spielregeln und Verabredungen einhalten zu können. Alle Mitspielenden sollten in der Lage sein, selbstständig auf Signale reagieren, eine Aktion beginnen, aber auch wieder beenden zu können.
- Solisten sind ausdrücklich erwünscht!
- Dirigenten eher unerwünscht.
- Es besteht eine enge Verbindung zur Bewegungsdarstellung durch vielschichtige Bewegungsbegleitung.
- Der Musikbegriff wird erweitert: Wir spielen nicht nur mit Tönen und darauf aufbauenden Harmonien im klassischen Sinn, sondern gestalten ebenbürtig mit differenziert abgestimmten Geräuschen und Klängen – auch erzeugt durch Selbstbauinstrumente und klingende Materialien.
- Wenn die Leiterin/der Leiter einer Musiktheatergruppe musikalisch (grund)ausgebildet ist und ein Instrument spielen kann, ist das von großem Nutzen für die Arbeit. Aber wenn eine Leiterin/ein Leiter ein feines Gehör und Experimentierfreude hat und darüber hinaus Interesse zeigt, sich nebenberuflich fortbilden zu lassen und sich hin und wieder durch ein Buch (z.B. dieses hier...) durcharbeitet, kann die Arbeit mit einer Gruppe ebenfalls sehr befriedigend verlaufen!
- Wenn Musik von Tonträgern eingespielt wird, soll diese Verwendung technisch vermittelter Musik wohlbegründet sein. Bevor zur Musikkonserve gegriffen wird, sollten alle Möglichkeiten der eigenen Musik- und Klangerzeugung ausgeschöpft worden sein.

2.1 Wie klingt die Blumenwiese? – Schallspiele

Eine elementare Musizierspielform
In vielen Momenten unserer Spiele geht es um Charakterisierung z.B. eines Gefühls, einer Stimmung, einer Naturerscheinung. Nicht nur die Darstellung durch Bewegung ist für uns interessant (vgl. S. 29-50), es gibt auch Szenen, in denen wir die Zuschauer zunächst zu Zuhörern machen, in denen verschiedene Schallereignisse ihren Ohren „erzählen", was sie erst später auch auf der Spielfläche mit den Augen „verstehen" werden.
Verschieden lange und kurze, schnelle und langsame, hohe und tiefe, scharfe und sanfte, harte und weiche Geräusche, Klänge und Töne ergeben ein Klangbild zu einem verabredeten Thema. Metrum und

Die Spielelemente

Rhythmus, Melodie und Harmonie spielen eine untergeordnete Rolle. Klangfarben und verschiedenste Spielweisen – auch ungewöhnlicher Art – stehen im Vordergrund.

Wilhelm Keller unterscheidet elementare und komplexe Schallformen. Obwohl Keller „Grenzen der verbalen Darstellung charakteristischer Schallvorgänge" eingesteht, gelingt ihm dennoch eine recht plastische Darstellung des Schallspielmaterials, die hier lediglich aufgelistet und bei Keller („Ludi Musici 2 – Schallspiele", S. 13 ff) im Detail nachzulesen ist:

Elementare Schallformen:
- Schallwirbel (oder „Trubel", „Tumult", „Gebrodel", „Strudel")
- Schallfleck (oder „Klecks", „Kurzwirbel")
- Schallstrom (oder „Fluss")
- Schallstrich („Kurzstrom")
- Schallpunkt („einfarbig, dicht und kurz")
- Schallwolke (zerstäubendes, gleichsam „gasförmiges Schallgebilde", Nachhall)
- Schallwellengang (gleitendes – meist tonales – Auf und Ab)
- Schallschleife (kurzer, auf eine Wendung hinauf oder hinunter beschränkter Wellengang – gleichsam ein „Seufzer")

Komplexe Schallformen:
- Schallmosaik (eine Folge von kurzen elementaren Schallformen – komponiert oder improvisiert, eventuell grundiert durch eine lange Schallform, wie etwa das Rauschen der Bäume als Schallstrom die Basis für ein Wald-Schallmosaik aus kurzen Geräuschen, Klängen und Tönen sein kann, s.u.).
- Schallschichtung (ein Zusammenklang von verschiedenen elementaren Schallformen, kurzen und langen – zwei bis vielfach, also eine Mehrstimmigkeit auf Schallspielebene).

Schallspielformen verschiedenen Schwierigkeitsgrades können zum Einsatz kommen. Eine „Beschränkung auf bestimmte Form- oder Strukturtypen, wie sie die tonale Musik kennt, etwa auf Typen wie ABA, ABACA und andere" gibt es laut Keller nicht (S. 19). Um dennoch eine Orientierung für die Gestaltung elementarer Schallspielformen zu erhalten, nennt Keller einige Arten von Beziehungen, die zwischen Geräuschen, Klängen und Tönen gestiftet werden können und formbildend wirksam werden:
- das Prinzip der Wiederholung
- das Prinzip der Variante, Verwandtschaft
- das Prinzip der Kontrastierung
- das Prinzip vom Wechsel von „Tutti" und „Solo".

Übergeordnet ist die Forderung nach einem Gleichgewicht der Formteile im Bezugsfeld einer Improvisation oder Komposition, wie bei einem „Mobile" zu sehen, wobei nicht gemeint ist, dass alle Formteile gleich lang sein sollen, eher sich gleichsam die Waage halten sollen, um insgesamt schlüssig, abgerundet zu wirken.

Hier seien jetzt einige einfache Formen – mit ansteigendem Schwierigkeitsgrad – beispielhaft angeführt, viele weitere Beispiele finden sich im Kapitel „Spielskizzen" sowie als Hörbeispiele auf der CD:

2. Instrumentale Gestaltung

- **Reihung** (einfachste Form für Vorschulkinder):
Zu einem verabredeten Thema (z.B. Wald) suchen sich alle Mitspielerinnen und Mitspieler ein passendes Instrument. Etwa fünf von ihnen gestalten nun mit ihrem Instrument ein exemplarisches „Stück Wald"; ist der erste Spieler fertig, kommt der zweite dran. Eine Wiederholung der ganzen Abfolge ist sinnvoll, z.B. (vgl. auch Nr. 25 auf der CD):
  - Handtrommel gerieben – Rauschen des Windes in den Bäumen
  - Holzblocktrommel rasch gespielt – ein Specht beklopft einen Baum
  - Xylophon – z.B. die Töne c-a spielen – ein Kuckuck ruft
  - Rasseln ein paarmal geschüttelt – ein Tier huscht durchs Laub
  - Ein leiser Beckenschlag – eine sonnige Lichtung

- **Drei-Mal-Spiel** (mittelschwere Form für Kinder ab sechs):
Wieder haben alle Mitspielerinnen und Mitspieler ein passendes Instrument (je nach Thema); alle können im Verlauf des Schallmosaikspiels ihr Motiv genau drei Mal spielen. Alle entscheiden selbstständig, wann der Moment für ihr Motiv günstig ist, machen Pausen nach Belieben, können reagieren auf andere Motive, dürfen aber die Spielanzahl DREI nicht überschreiten! Halten sich alle an diese Spielregel, findet die Improvisation von selbst ein Ende.

- **Freie Improvisation** (anspruchsvolle Form für ältere Kinder, Erwachsene):[5]
Nur das Thema wird verabredet, alle Spielerinnen und Spieler sind völlig frei in der Anzahl und dem Zeitpunkt ihrer musikalischen Aktionen. Jeder trägt viel Verantwortung, damit das Schallmosaikspiel nicht überladen wirkt, zu kurz oder zu lang ausfällt.

Um besonders Kindern eine Vorstellung davon zu vermitteln, was ein „Waldmotiv" überhaupt ist, wie es zeitlich einzugrenzen und wiederholbar wird, kann ein Vorspiel hilfreich, klärend und gleichzeitig sehr lustig sein:

„Forscherinnen und Forscher bei uns zu Gast" heißt unser Spiel. Die Leiterin oder der Leiter spielen Reporterin oder Reporter und interviewen die Kinder über den Ort, die Art und den Charakter ihrer „gefundenen" Geräusch-, Klang- oder Tonmotive. Sie fragen z.B.:

„Sehr verehrte Frau Professor, wie ich gehört habe, sind sie die Entdeckerin eines besonders interessanten Waldgeräusches. Können Sie so freundlich sein, unseren interessierten Zuhörerinnen und Zuhörern kurz zu beschreiben, wo und vor allem unter welchen Umständen Sie dieses so überaus faszinierende Klangphänomen gefunden haben?"

Für jüngere Kinder muss die Frage sprachlich natürlich etwas schlichter gefasst sein:

„Liebe Frau Doktor Sonja, können Sie uns erzählen, was Sie da im Wald für ein Geräusch gefunden haben? Wo hatte es sich denn versteckt? Was kann es uns über den Wald erzählen? Ist es von einem Tier oder von einer Pflanze?"

Ältere Kinder (ab 6 oder 7 Jahren) haben sicher bald Lust, selbst die Reporterin oder den Reporter zu spielen! Das Spiel begünstigt die Bewusstmachung eines Spielprozesses auf einem Instrument, grenzt diesen zeitlich ein und fordert zur genauen Wiederholung heraus, wenn z.B. nachgefragt wird:

---

[5] vgl. Literatur von Lilli Friedemann zur Musikalischen Gruppenimprovisation, z.B. „Trommeln - Tanzen - Tönen", Universal-Edition, Wien 1983

„Höchst interessant, was Sie erzählt haben! Ach, wären Sie so freundlich, Ihr gefundenes Geräusch gleich noch einmal zu spielen, damit unsere Hörerinnen und Hörer es bei ihrem nächsten Waldspaziergang vielleicht wiedererkennen können?"

Allen drei Spielformen kann ein **„Dauermotiv"** zugrunde liegen, z.B. das Rauschen des Windes in den Bäumen. Dann beginnt das Reiben auf der Handtrommel und am Ende, wenn kein Vogel mehr piepst, kein Hase mehr durchs Gras trappelt, kein Laub mehr raschelt, hört auch das Rauschen in den Bäumen auf.

Fassen wir zusammen
- Schallspiele als eine elementare Musizierform können in allen Altersstufen und auf jedem Schwierigkeitsgrad durchgeführt werden.
- Geräusche, Klänge und Töne sind unser Material; ob von einem Instrument oder diversen Materialien erzeugt – alles, was klingt, was „erschallt", kann Verwendung finden und ein Ereignis charakterisieren.
- Das Um und Auf sind bei Schallspielen – ob einfach oder komplex – die klar verabredeten Spielregeln. Die drei angeführten Beispiele sind lediglich Modelle[6] und sollen der eigenen Fantasie und Erfindungsgabe Tür und Tor öffnen!

2.2 Tanzmusik und Stimmungsmacher – Instrumentalstücke

In Abgrenzung zum Schallspiel bewegen wir uns mit Instrumentalstücken in bekannten und vertrauten Gefilden. Die Instrumentalistinnen und Instrumentalisten verpflichten sich einem gemeinsamen Metrum (Grundschlag), einer bestimmten Taktart, einer Anzahl von Takten; bestimmte rhythmische Motive müssen sich dem Metrum anpassen, mehrere rhythmische Stimmen müssen mit dem Metrum und miteinander stimmig zusammenklingen. Kommen Melodien und harmonische Begleitungen hinzu, werden die Anforderungen noch größer.

Für EMT-Projekte kann die Spielleiterin oder der Spielleiter selbst komponierend und arrangierend tätig werden oder aber sich aus der reichhaltigen Spielmusik-Literatur bedienen, wobei nicht nur das Orff-Instrumentarium zum Einsatz kommen muss, sondern ebenso Saiten- und Blasinstrumente aller Art sehr willkommen sind!

Instrumentalstücke können ein EMT eröffnen, also in einer Ouvertüre einen Part übernehmen. Sie können einen Tanz begleiten und wortlose Szenen stimmungsvoll charakterisieren. Sie sind geeignet, um Vor-, Zwischen- und Nachspiele von Liedern zu gestalten, sie können kurz, aber eindrucksvoll den Auftritt bestimmter Charaktere ankündigen. Es gibt natürlich auch bei Instrumentalstücken sehr einfache und äußerst komplexe Formen, von denen einige Beispiele im Kapitel „Spielskizzen" zu finden sind.

Bei Instrumentalstücken setzen wir alle Instrumente ein, die von Gruppenmitgliedern gespielt werden können und darüber hinaus Instrumente des gesamten elementaren Instrumentariums sowie Selbstbauinstrumente. Wünschenswert und sinnvoll ist an dieser Stelle auch die Zusammenarbeit mit den jeweiligen Instrumentallehrerinnen oder -lehrern, die wahrscheinlich schon deshalb gerne behilflich sein werden, weil sie freudig einen Motivationsschub ihrer Schülerinnen und Schüler feststellen können, wenn diese eine Liedbegleitung oder eine Instrumentalstimme für einen Tanz oder ein Musik-

---

[6] vgl. unzählige weitere Beispiele bei Wilhelm Keller (1972): Schallspiele, Fidula

stück für die Ouvertüre plötzlich mit Eifer üben, da ja die Erwartungen der ganzen Spielgruppe auf ihnen ruhen! Auch die Fähigkeiten von Anfängerinnen und Anfängern auf ihren Instrumenten sind unbedingt zu nutzen, denn auch nur das Streichen oder Zupfen von leeren Saiten eines Cellos oder einer Geige, die Begleitung auf einem einzigen Akkord mit einer Gitarre oder eine Zweiton-Melodie auf der Flöte gespielt erfüllt die jungen Musikerinnen und Musiker mit Stolz und kann musikalisch trotz Einfachheit des Materials dennoch reizvoll wirken (vgl. auch Nr. 8 „Pavane" oder Nr. 12 „Wegmusik" auf der beiliegenden CD). Auf den folgenden Seiten lässt sich der Ernst und die große innere Beteiligung der musizierenden Kinder gut erkennen:

Gitarre

Cello (1)

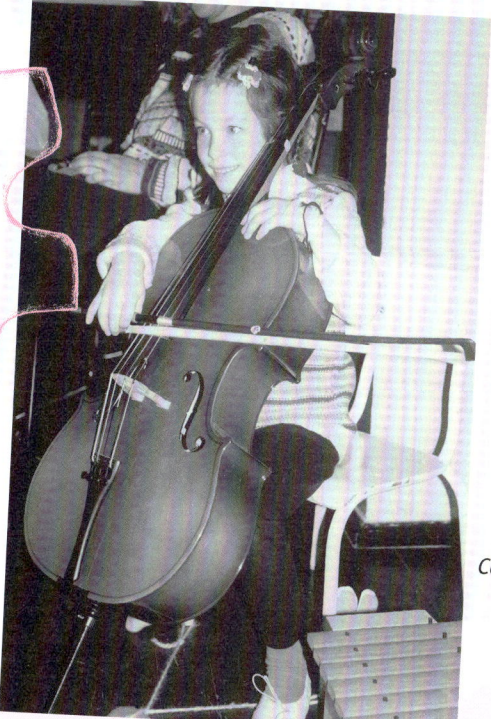

Cello (2)

Die Spielelemente

Harfe

Gläserspiel

Große Trommel und Handtrommel

2. Instrumentale Gestaltung

Streichpsalter und Altflöte

Querflöte und Orff-Instrumentarium

Es muss uns an dieser Stelle bewusst werden, dass die oben geschilderten instrumentalen Aufgaben nicht mehr von allen Gruppenmitgliedern gleichermaßen übernommen und sachgerecht durchgeführt werden können. Das ist auch nicht nötig, denn in unseren Spielen sollen alle Beteiligten die Möglichkeit erhalten, ihren Fähigkeiten entsprechend mitzuwirken. Wir orientieren uns weder am schwächsten noch am stärksten Mitglied unserer Gruppe, sondern wollen jedem einzelnen seinen individuellen Spielraum bieten. Haben wir also Instrumentalisten, wie sie die obigen Abbildungen zeigen, dann sollen sie ihren Möglichkeiten entsprechend eingesetzt werden. Aber auch all diejenigen, die kein spezifisches Instrument spielen, aber gerne Schlagwerkparts übernehmen, haben genug zu tun: von der Trommel, die den Grundschlag spielt, bis zum Stabspiel, auf dem vom einfachen Bordun bis zum anspruchsvollen Ostinato oder einer Melodiestimme verschiedenste Aufgaben von geschickten Händen zu erfüllen sind. Und diejenigen, die kein Metrum halten können? Auch die erhalten eine musikalische Aufgabe, indem sie an freimetrischen (Schall-)Vorspielen mitwirken, solistische Zwischenspiele gestalten und vielleicht sogar das gesamte Spiel mit drei bedeutungsvollen Beckenschlägen eröffnen!

Diesen Abschnitt möchte ich mit einem Gedanken Orffs abschließen – ein tieferes Eindringen in die Erinnerungen Orffs sei an dieser Stelle interessierten Leserinnen und Lesern empfohlen.

> *Wie aus den einfachsten Rhythmen und Melodien, den Bordunen und Ostinati, mit Einbeziehung aller möglichen Instrumente geschaffen werden kann, ist ein Spiel der Phantasie. Und Phantasie ist es, was hier geweckt und geschult werden soll.*[7]

---

7 Orff, C. (1976): Carl Orff und sein Werk. Dokumentation, Band III: Schulwerk - Elementare Musik, Schneider Verlag, Tutzing, S. 131

Fassen wir zusammen

- Mit Instrumentalstücken bewegen wir uns im EMT auf vertrautem Boden. Verwendung können alle Instrumente des Elementaren Instrumentariums („Orff-Instrumentarium") finden, wie auch eigene Instrumente der Mitspielerinnen und Mitspieler.
- Uns muss bewusst sein, dass rhythmisch-metrisches Zusammenspiel von Musikerinnen und Musikern spezifische Fähigkeiten verlangt, die in der Regel nicht alle Beteiligten an einem EMT erbringen können.
- Umgekehrt bedeutet das aber auch, dass sich die instrumentalen Gestaltungsmöglichkeiten an den Fähigkeiten der Gruppenmitglieder orientieren werden, da wir in der Regel ohne „Gäste" auskommen wollen.
- Unserer Phantasie und der aller Mitwirkenden an EMT-Projekten wollen wir eine zentrale Bedeutung zusprechen!

2.3 Riesenschritte und Regenwetter – Bewegungsbegleitung

Im Wechselspiel mit der Bewegungsgestaltung im EMT kommt der musikalischen Ausgestaltung der Bewegung größte Bedeutung zu. Die Charakterisierung und Stilisierung von Verhaltensweisen und Gefühlen im Bereich der Bewegungs- und Tanzgestaltung ist ausführlich behandelt worden. In Anlehnung an die dort angeführten Beispiele, wollen wir exemplarisch grundlegende Aspekte der Bewegungsbegleitung betrachten.

„Schritt für Schritt..." in die Bewegungswelt

Fortbewegungen aller Art, von Menschen und Tieren, lassen sich mit jeweils passenden Instrumentalklängen begleiten. Dabei werden Klangfarben charakterisierend eingesetzt – das sollte keine wesentlichen kontroversen Diskussionen aufkommen lassen. Zur Verdeutlichung seien hier drei prototypische Beispiele angeführt, die selbstverständlich variiert werden können:

Bewegungscharakter	Klangcharakter	Instrumentenvorschläge
Kleine, schnelle, leise Schritte, trippeln, tänzeln... (z.B. Mäuse, Zwerge...)	Helle/hohe, präzise Klänge	Holzblocktrommel, Klanghölzer, Bongos (helle Trommeln) mit Fingern gespielt; Sopranxylophon (obere Lage)
Große, schwere, laute Schritte, stampfen, stapfen, trampeln... (z.B. Ungeheuer, Riesen...)	Dunkle/tiefe, präzise Klänge	Große Trommel, Pauken, Bassxylophon (tiefe Lage)
Hüpfende, springende, galoppierende Schrittfolgen... (z.B. spielende, fröhliche Menschen, Pferde...)	Mittlere, präzise Klänge	Mittelgroße (Hand)Trommeln, Schellentrommel, Kokosschalen, Tempelblocks Altxylophon

2. Instrumentale Gestaltung

Meist wird eine Begleiterin oder ein Begleiter einer Bewegungsrolle zugeteilt. Es gilt, mit größter Aufmerksamkeit die Bewegungen zu verfolgen und jeden Bewegungsimpuls (= Schritt) in einen Klang umzusetzen. Diese „Schritt-für-Schritt-Begleitung" ist wechselseitig zu verstehen: Mal führen die Musiker die Bewegenden, mal die Bewegenden die Musiker:

...die Begleitung folgt der Bewegung
- Langsame und mittelschnelle Bewegungen werden von den Bewegenden angeführt, da der Bewegungsimpuls für jeden neuen Schritt gleichzeitig die Auftaktbewegung für den Schlag auf das Begleitinstrument darstellen kann.

...die Bewegung folgt der Begleitung
- Schnelle Bewegungen oder auf bestimmte Weise rhythmisierte oder unterbrochene Bewegungsabläufe werden durch die Begleiterin oder den Begleiter initiiert und die Bewegenden folgen mit ihren Schritten dem Instrumentalspiel.

...Bewegung und Begleitung im Wechselspiel
- Sehr schnelle Bewegungen wiederum können von beiden Seiten aus begonnen werden – hier allerdings wird es nicht mehr um eine exakte Schritt-für-Schritt-Begleitung gehen, hier entspricht die wirbelige, unruhige Begleitung dem Charakter einer ebensolchen Bewegung.

...nicht nur Schritte zum Klingen bringen
- Es können natürlich auch Bewegungen begleitet werden, bei denen Schritte im eigentlichen Sinn nicht mehr vorkommen, wie z.B. alle Kriech- und Rutschbewegungen auf dem Bauch, der Seite oder dem Rücken, auch Schlurf- und Taumelbewegungen. Hier wird es, wie auch bei den sehr schnellen Bewegungen, um charakteristische, passende Klänge gehen.

...Anfang und Ende planen!
- Für alle Tempi, Bewegungsarten und -motive gilt generell: Anfang und Ende des Bewegungsablaufes müssen bewusst und gewollt ausgeführt werden und sollen den Spielerinnen und Spielern nicht einfach „passieren".

„Regen, Sonne, Wind..." – klingende Außenwelten

Atmosphärisches im Umfeld einer Rolle bestimmt oft ein ganz bestimmtes Bewegungsverhalten. Besonders Wetterverhältnisse verschiedenster Art führen zu hastigen, trägen, sich schützenden, abwehrenden, ankämpfenden Bewegungen und Körperhaltungen. Hier schaffen Instrumentalklänge Szenarien, die mit ihrer Dynamik und Plastizität gleichsam ein „klingendes Bühnenbild" darstellen!

Sturm, Gewitter, Regen...
- ...der Wind heult, rauscht, braust, der Regen prasselt nieder, ein Blitz zischt gellend herab und ein fürchterlicher Donner poltert hinterher... wer kann sich da noch unbeteiligt über die Spielfläche bewegen!

Die Spielelemente

Wüstenstimmung...
- ...die Sonne brennt unbarmherzig vom Himmel, kein Lüftchen weht, kein Laut ist zu hören. Die Luft flirrt vor unseren Augen, es ist sengend heiß, dumpf drückt der bleierne Himmel auf unser Gemüt. Wir schleppen uns mit schweren, müden Schritten über die Spielfläche und stöhnen leise vor uns hin.

Im Sumpf, im Tiefschnee, auf Glatteis, im Schneesturm, über den Wildbach von Stein zu Stein springend...
- ...es gibt noch viele andere Umwelteinflüsse, die eine Bewegung, eine Haltung beeinflussen werden und deren Verklanglichung oftmals eindeutigere und hilfreichere Impulse setzen kann als jede noch so differenzierte verbale Beschreibung oder bildliche Darstellung.

„Nach einem 14-Stunden-Tag..." – klingende Innenwelten

Gefühle, Stimmungen sind eng mit Charakteren verbunden. Ihre Bewegungen und Haltungen werden – wie im täglichen Leben auch – stark davon beeinflusst. Geräusche, Klänge und Töne können unterstützend oder auch überzeichnend solch innere Zustände über die sichtbare Seite hinaus auch hörbar machen, was oft einen komischen Effekt hat!

Der überarbeitete König...
...fühlt sich nach einem 14-Stunden-Tag elend, wenn er sich durch seine langen Schlossgänge in sein Schlafgemach begibt (vgl. dazu die Beschreibung der Raumweggestaltung dieser Szene, S. 44). Jede Pause, die er auf seinem Weg einlegt, wird von Schmerzen und ihren Klängen begleitet:
- zuerst seine Rückenschmerzen („Wirbelsäulengeknarre")
- dann seine Kopfschmerzen („Sirrgeräusche" – z.B. mit einem Geigenbogen ein Becken streichen)
- schließlich der eingeschlafene Po („Ameisengewuselgeräusche" mit Rasseln gespielt)

Ängstliche Hasen oder Räuber, Prinzessinnen...
...fürchten sich, bei einer Schandtat ertappt zu werden – ihnen allen klopft ihr Herz bis zum Hals und ihre Pfoten oder Hände zittern. „Bum, bum, bum" spielt die Trommel; ein leises Tremolo, auf verschiedenen Instrumenten gespielt, lässt auch die Zuschauer zittern.

2. Instrumentale Gestaltung

Draufgängerische Matadore und angriffslustige bunte Raben...
...erhalten für ihre Auftritte Fanfaren auf echten Trompeten (wenn vorhanden) oder gelbgoldenen Pappimitaten, die – an den Mund gehalten – ein ebenso überzeugendes „Täterätätä" von sich geben können!

Fassen wir zusammen

- Bewegungsbegleitung gehört zur Bewegungsgestaltung wie der Deckel auf den Topf. Die richtige Passung ergibt sich aufgrund von Verabredungen, die auf wechselseitige Anpassungsfähigkeit bauen.
- Bewegungsbegleitung ist eine „klingende Bühnendekoration" und kann durchaus hin und wieder kostspielige und aufwendige echte sichtbare Dekorationen ersetzen.
- Bewegungsbegleitung steht zu ihren komischen Anteilen, die vor allem bei gezielt gesetzten Überzeichnungen ihre karikierende Wirkung zeigen.
- Bewegungsbegleitung spielt sich insbesondere in drei „Welten" ab: in der Bewegungswelt, der Innen- und der Außenwelt unserer Rollen und Charaktere.

2.4 So viele Töne! – Welche passen? – Liedbegleitung [8]

Die musikalischen Möglichkeiten zur Liedbegleitung sind vielfältig und stehen im engen Bezug zur Machart des Liedes. Welche Begleitformen schließlich ausgewählt werden, hängt wiederum von den Fähig- und Fertigkeiten der Gruppenmitglieder ab und dem Instrumentarium, das zur Verfügung steht. Pentatonische oder modale Liedmelodien können traditionell mit Bordunklängen oder Ostinatomotiven begleitet werden; kadenzierende Formen mit entsprechenden Akkorden. Zweite Stimmen können arrangiert und von Melodieinstrumenten gespielt werden und auch rein rhythmische Begleitungen sind vorstellbar.
Hier hängt es stark von den musikalischen Fähigkeiten der Beteiligten ab, welche Formen für die Liedbegleitung gewählt werden. In der Regel fällt es ausgebildeten Leiterinnen oder Leitern nicht schwer, die entsprechenden Begleitformen auszuwählen und befähigten Spielerinnen oder Spielern beizubringen – schwieriger ist hier eher die einfache Lösung! Daher führe ich nun einige Begleitmöglichkeiten an, die auch jüngere Kinder, Menschen mit Behinderungen und willige, aber fachlich eher unerfahrene Leiterinnen oder Leiter in klingende Praxis umsetzen können:

JEDES Lied braucht ein Vorspiel

Um gemeinsam einsetzen zu können, muss in jedem Fall und für jede Spiel-Gruppe ein Weg gefunden werden, ein Vorspiel so zu gestalten, dass der rhythmisch-melodische sichere und selbstständige Einstieg in das Lied allen Sängerinnen und Sängern ermöglicht wird. Musikalisch Versierte werden

---

[8] vgl. auch die Hörbeispiele auf der beiliegenden CD (Nr. 5, 6, 11, 16, 24, 26)

ein Motiv des Liedes vorwegnehmen, vielleicht eine erste Phrase spielen; aber es genügt auch das Anschlagen des Anfangstones (auch in Form eines Quintklanges) in einer rhythmischen Figur, die durch eine Texthilfe gestützt wird:

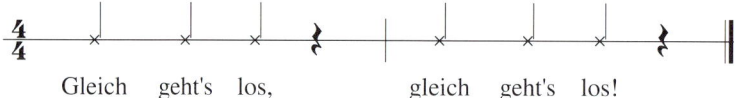

Gleich geht's los, gleich geht's los!

Die Pause zu halten und nicht zu früh zu beginnen, ist eine musikalische Leistung, die nicht alle Mitwirkenden gleichermaßen erbringen. Hier muss manchmal eine noch einfachere Form gewählt werden:

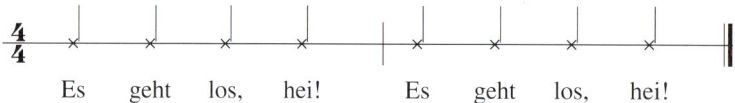

Es geht los, hei! Es geht los, hei!

Auch möglich und für die Beteiligten vielleicht noch leichter ist es, für das Vorspiel eine Textpassage aus dem Lied selbst zu wählen, weil dann nicht noch ein weiterer Text gelernt werden muss:

Schlaf, Kö-nig, schlaf! Schlaf, Kö-nig, schlaf!

WIRKLICH WICHTIG ist, dass der Zusammenhang von Vorspiel und Einsatz der singenden Gruppe von Anfang an ernsthaft durchgeführt und immer wieder geübt wird! „Schummelt" man sich allzu lange beim Singen von Liedern über den exakten Liedanfang hinweg, wird es meist nicht mehr gelingen, in den Endphasen der Proben die Genauigkeit, die man sich wünscht, noch zu erreichen!

Spiel mit „Begleittönen"
Diese sehr brauchbare Lösung hat bereits vor vielen Jahren Nora Berzheim[9] vorgeschlagen. Die Spielerinnen und Spieler erhalten auf einem Instrument bestimmte Töne bezeichnet (oder eine Auswahl von Klangbausteinen), die generell zur Melodie eines Liedes passen, und dürfen frei darüber verfügen. Es geht dabei dann nicht um rhythmisch-metrische Genauigkeit oder ganz bestimmte Tonfolgen, sondern alle Klänge und Motive, die auf diese Weise entstehen, sind willkommen.

Freie Vor-, Zwischen- und Nachspiele[10]
Ungeachtet des unmittelbar vor dem Singen notwendigen exakten rhythmisch-melodischen Vorspiels kann die Stimmung, der Charakter des Liedes in Form eines Minischallspieles gefasst und vor Beginn des Liedes zum Einstieg in die Stimmung, zwischen den Strophen und zum Abschluss von Solistinnen oder Solisten oder von Kleingruppen gestaltet werden:
- Ein Regenlied beginnt mit immer stärker werdenden Regenklängen, das Zwischenspiel stellt ein Gewitter dar, den Abschluss bildet das allmähliche Schwächerwerden des Regens.
- Für ein Sonnenlied improvisiert je eine Spielerin oder ein Spieler auf dem Glockenspiel oder einem Metallophon für Vor-, Zwischen- und Nachspiel eine „Sonnenmelodie".

---

[9] Berzheim, N. (1978): Kinder gestalten mit Sprache, Gestik, Musik und Tanz. Auer
[10] vgl. auch Widmer, M. (1997): Alles, was klingt. Elementares Musizieren im Kindergarten. Herder

2. Instrumentale Gestaltung

- Ein Stierkampflied kann von freien Fanfarenrufen (...auf Papptrompeten) umrahmt werden, oder von wilden Galoppklängen, gespielt von aneinander geschlagenen Kokosnusshälften (Hufegeklapper) oder Trommeln. Wieder kann das Kommen und Gehen – wie schon beim Regen – am Anfang und am Schluss des Liedes durch Lauter- und Leiserwerden charakterisiert werden.

Lieder „schmücken"

Ausgewählte Wörter oder Satzteile im Lied werden durch passende Klänge „geschmückt". Das können besonders wichtige Begriffe sein wie auch prägnante rhythmische Gestalten, auch Namen, die instrumental hervorgehoben werden sollen. D.h. dass in diesem Fall freie Klänge ebenso Verwendung finden wie genau gespielte, sich am Wortrhythmus orientierende Klangfolgen:

- „Dornröschen war ein schönes Kind" – das schöne Kind – soll hervorgehoben werden. Es kann durch drei verschiedene Klänge im Wortrhythmus mitgespielt werden:

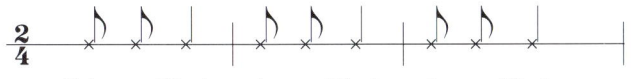

Schö-nes Kind, schö-nes Kind, schö-nes Kind...

Es kann aber auch von denselben Instrumenten mit freien Klängen begleitet werden:

Kling klang klung	Klang kling klung	Klang kling Klung
schönes Kind, Fingercymbeln	schönes Kind, Triangel	schönes Kind... kleines Becken

Fassen wir zusammen

- Liedbegleitung kann konventionell in rhythmisch-melodischer Weise, einfach und komplexer arrangiert, durchgeführt werden.
- Alle Gruppenmitglieder können ihrer Befähigung entsprechend auch Aufgaben bei der Liedbegleitung übernehmen – motivisch gebundene oder freie, improvisierte oder komponierte.
- ALLE Lieder brauchen in jedem Fall ein rhythmisch-melodisches Vorspiel, damit die Gruppe gemeinsam und ohne Dirigenteneinsatz mit dem Singen beginnen kann.

2.5 Ausnahmsweise: Musik aus der Konserve

Es soll nicht allzu puritanisch wirken – dennoch plädiere ich im allgemeinen für jede Art von Livemusik, die zumeist eindrucksvoller und unmittelbarer auf das Publikum wirkt. Deshalb verwende ich selbst „Konservenmusik" auch nur in gut begründeten Ausnahmefällen:

- die ganze Spielgruppe möchte das EMT mit einem gemeinsamen Tanz (z.B. einer Polonaise) beginnen oder ein Tanz (evtl. unter Einbezug des Publikums) schließt das Spiel ab;
- für eine Szene, die einen spezifischen Klang eines Instrumentes aus einem anderen Land, einer anderen Kultur benötigt, werden Originaleinspielungen verwendet;

Die Spielelemente

- ein musikalisches Zitat verspricht eine besonders eindrucksvolle oder auch humorvolle Wirkung;
- im Stück selbst wird ein Radio (o.ä.) eingeschaltet, um Musik zu hören...

Generell kann festgehalten werden, dass bei Verwendung von eingespielter Musik auf jeden Fall auf eine sehr gute technische Wiedergabe zu achten ist und unkomplizierte Bedienung im richtigen Moment gewährleistet sein muss, um unliebsame Pausen zu verhindern. Auch die Übergänge vor und nach der Einspielung sind besonders gewissenhaft zu planen und zu gestalten, da es einen Bruch im Spielfluss zur Folge haben würde, wenn alle Spielerinnen und Spieler zum Tanzen bereit sind und dann aber erwartungsvoll in Richtung Musikanlage starren...

Fassen wir zusammen
- Livemusik hat oberste Priorität!
- Konservenmusik ganz gezielt einsetzen!
- Für beste technische Wiedergabe sorgen!
- Übergänge gewissenhaft gestalten, um Brüche im Spielfluss zu vermeiden!

3. Singen und Sprachgestaltung

Am ungeübtesten sind wir alle im *Einsatz unserer Stimmwerkzeuge*, sei es sprechend, rufend oder singend. Daher steht die Beschreibung dieses Spielelementes auch erst an dritter Stelle, findet aber gerade deshalb besondere Beachtung und bietet ausführliche methodische Hinweise zum Umgang mit Liedern, Sprachspielen, Sprechstücken – und dem Singenden Erzählen, als „Königsdisziplin" des kreativen musikalischen Umgangs mit der Stimme!
Wir betreten also mit der Gestaltung von Singen und Sprechen einen Ausdrucksbereich, der eine besonders gewissenhafte Vorbereitung und Durchführung verlangt. Reine – freie – Sprechstellen wird es kaum geben, uns geht es immer um die musikalisierte Sprache. Dabei wird es keinesfalls „eintönig" zugehen, eine Vielfalt von Möglichkeiten erwartet uns!

3.1 Lieder finden und erfinden

Lieder sind vertraute und, wie Keller schreibt, „musikalisch geschlossene Formen, die einen entsprechend geformten Text und lyrischen Inhalt voraussetzen"[11]. Unsere Stoffe enthalten meist keine Lieder, aber mehr oder weniger deutliche Hinweise darauf. Bei der Analyse des Textes und der Erarbeitung eines Spielplanes wird die Leiterin oder der Leiter und in der Folge auch die ganze Gruppe bedenken, wo die spezifische Ausdrucksform des Liedes im Verlauf des EMT-Projektes ihren Platz findet.

Lieder können gemeinsam von der ganzen Spielgruppe gesungen werden oder auch im Wechselgesang zwischen Solisten, Kleingruppe und Großgruppe. In der dramatischen Entwicklung einer Geschichte übernehmen Lieder unterschiedliche Funktionen:

---

[11] Keller, W. (1975): Minispectacula, S. 9

3. Singen und Sprachgestaltung

Schon zu Beginn des Spiels...
- ...führt ein gemeinsames Lied in das Geschehen ein

Ein längerer Diskurs...
- ...zwischen zwei Spielern wird in ein Strophenlied verwandelt mit Möglichkeiten zum Wechselgesang mit Klein- oder Großgruppe (vgl. *Der beste Hofnarr* – „Warum können Mädchen nicht Hofnarren sein?")

Der „Chor" kommentiert...
- ...ein Geschehen auf der Bühne in Liedform, gleichzeitig können die Zuschauer die Spieler beobachten, die sich entsprechend dazu bewegen (vgl. *König Drosselbart* – „Der Hochmut der Prinzessin ist hier nicht recht am Ort")

Innere Gefühle, Gedanken, Sorgen, ...
- ...das schlechte Gewissen wird personifiziert und singt stellvertretend, während die entsprechende Person mimisch und gestisch auf die „Inneren Stimmen" reagiert, die sie – für alle Zuschauer sichtbar – recht handfest bedrängen oder sogar bedrohen (vgl. auch die Abb. S. 33 „Die Einflüsterungen der Schwarzen Gedanken")

Schlaflieder, Wanderlieder, Tanzlieder...
- ...für bestimmte Lebenslagen gibt es bereits Lieder, die als Vorbilder für Situationen in unseren Stücken dienen können und die teilweise nur ein wenig umgetextet werden müssen, um Verwendung finden zu können

Was im letzten Punkt anklingt, kann ein Ausgangspunkt sein, wenn man sich den Kopf darüber zerbricht, wie man ein passendes Lied für eine bestimmte Situation finden soll:
Man darf zitieren! Schon Wilhelm Keller schlägt vor, für das Lied, das den Stier Ferdinand zum Stierkampf nach Madrid begleiten soll, die allseits bekannte Melodie aus Bizets Oper *Carmen* „Auf in den Kampf..." zu verwenden, sie in der zweiten Liedhälfte mit der Melodie von „Oh, du lieber Augustin, alles ist hin" zu verbinden[12], um damit den Zwiespalt zu symbolisieren, der auf dieser Szene lastet. Verbunden mit einem neuen Text erhält das Lied (für erwachsene Zuschauer...) dann eine doppelte Botschaft:

---

[12] Keller, W. (1975): Minispectacula, S. 49

Die Spielelemente

Im Spiel „Wo die wilden Kerle wohnen" können wir lediglich durch den Austausch eines einzigen kleinen Wörtchens einen bekannten Kanon einsetzen, den das ganze Publikum – an entsprechender Stelle dazu aufgefordert – mitsingen kann:

Wild zu sein be - darf es we - nig und wer *wild* ist, ist ein Kö - nig!

Bei der Inszenierung vom „König Drosselbart" erinnerten wir uns an das bekannte Lied vom Spielmann und seiner „Violin" und dichteten es entsprechend unserer Bedürfnisse um:

Ein Spiel-mann, der bin ich, bin arm, a - ber froh...

Aus dem Originaltext kann man oftmals ganze Passagen für die Erstellung eines Liedtextes heranziehen, muss gegebenenfalls kürzen, rhythmisieren und das eine oder andere Reimwort ausfindig machen (hier hilft ein Reimlexikon!) und kann dann schon bald zum „Tönesetzen", also zur Melodiefindung, schreiten. Einige besonders gelungene Beispiele aus verschiedenen Produktionen finden sich im Rahmen der Spielskizzen sowie auf der beiliegenden CD (Nr. 5, 11, 13, 16, 24, 26)

Fassen wir zusammen
- Lieder übernehmen im Spielverlauf unterschiedliche Funktionen, die es in der Planungsphase zu entdecken gilt.
- Es können bekannte Lieder, die vom Inhalt her passen, verwendet werden, manchmal mit lediglich kleinen textlichen Änderungen, manchmal mit völlig neuem Text – dann erhält die Verwendung einer bestimmten Melodie symbolischen, oft witzigen Charakter.
- Lieder können (müssen oft) völlig neu getextet und vertont werden. Nur Mut – und lassen Sie sich von Gruppenmitgliedern dabei helfen!

3.2 Mit Sprache spielen und gestalten

Allgemeine Hinweise
Das Sprechen – den Sprechklang der Stimme – setzen wir im EMT immer wohl überlegt und vor allem aus folgenden Gründen und in den vorgeschlagenen Formen (und deren individuellen Variationen) ein:
- Der Sprechklang steht für Sachlichkeit der Informationsvermittlung.
- Sprechend schimpft, ruft und jammert es sich überzeugend – besonders in der Form von kurzen Ausrufen.
- Wir verstellen, „verkleiden" die Sprechstimme als eine Form der Musikalisierung, indem wir Tierstimmen imitieren, mit „Zwergen- oder Riesenstimmen" sprechen und weitere Klangvarianten erfinden wie „Robotersprachen", „Traumfresserchensprache" u.v.a.m.
- Wir rhythmisieren die Sprache als eine weitere Form der Musikalisierung (durch das Prinzip der Wiederholung in wechselnder Dynamik und verschiedenen Tempi) und setzen sie dann in Form von chorischem Sprechen und Sprechkanons ein.

3. Singen und Sprachgestaltung

- Freimetrische oder rhythmisch-metrisch gebundene Formen des Sprachspiels lassen sich in allen Schwierigkeitsgraden und so für verschiedene Zielgruppen entwickeln.

Maurice Sendak: Wo die wilden Kerle wohnen

1. Erste/r: An dem Abend,
2. Zweite/r: als Max seinen Wolfspelz trug
3. Dritte/r: und nur Unfug im Kopf hatte,
4. Vierte/r: schalt seine Mutter ihn:
5. Mutter: „Wilder Kerl!"
6. Max: „Ich fress dich auf!",
4. Vierte/r: sagte Max
7. Fünfte/r: und da musste er ohne Essen ins Bett.

- Die einzelnen Sätze werden laut einander zugerufen.
- Die Ruferinnen/Rufer stehen im Raum verteilt.
- Das Rufspiel kann auch bereits als 1. Szene gestaltet werden.

Gebrüder Grimm: Rumpelstilzchen

Rumpelstilzen tanzt ums Feuer, hat seine Stimme „verkleidet" und krächzt:	*Ach wie gut, dass niemand weiß, dass ich Rumpelstilzchen heißt!*
Der Wald (alle Bäume zusammen) wiederholt mit rauschender, flüsternder Stimme **im Chor**:	*Ach wie gut, dass niemand weiß, dass es Rumpelstilzchen heißt!*
Einige Tiere des Waldes wiederholen **solistisch** in ihren „Sprachen" und verkünden **nacheinander**:	*Ach wie gut, dass niemand weiß, dass es Rumpelstilzchen heißt!*
Der Wald nimmt den Spruch auf – aber diesmal variieren die Bäume **individuell** und sprechen **durcheinander**:	*Ach, wie gut, wie gut, wie gut! Niemand weiß, wie es heißt! Es heißt Rumpelstilzchen, Rumpelstilzchen!*
Rumpelstilzchen schließt die Szene ab, tanzt und spricht den Spruch wieder im Original:	*Ach wie gut, dass niemand weiß, dass ich Rumpelstilzchen heißt!*

Sprechstücke und Sprachgestaltungen können ohne genaue Notation wie oben eher Verabredungen sein, die vom natürlichen Sprachfluss ausgehen, vom Atem und der freien Entscheidung der Spielerinnen und Spieler getragen sind, kürzere oder längere Pausen einzulegen. Sie können aber auch rhythmisch genauer gefasst und auch entsprechend notiert werden. Das wiederum verlangt musiktheoretische Kenntnisse. In den Spielskizzen finden sich wieder einige ausnotierte Beispiele, die anregen können, selbst kreativ zu werden, aber durchaus auch – wenn sie von einer Spielgruppe in dieser oder in adaptierter Form erlernbar sind – Verwendung finden können.

Fassen wir zusammen

- Reine Sprechstellen sind sorgfältig zu planen!
- Auch ohne musiktheoretische Kenntnisse lassen sich Verabredungen für unterschiedlich schwierige Sprachspiele und -gestaltungen treffen.
- Rhythmisierungen, ausgehend vom natürlichen Sprachfluss, sind besonders zu empfehlen.
- Material ergibt sich aus Namen und zentralen Aussagen, die das intensive Textstudium liefert.

3.3 Singendes Erzählen

Im Vorfeld bereits als „Königsdisziplin" bezeichnet, wollen wir uns Zeit nehmen, um dieser spezifischen Ausdrucksform des EMT auf den Grund zu gehen. Ausschlaggebend für ein Gelingen sind hier in besonderem Maße die Einstellung, die die Spielleiterin und der Spielleiter dem Singenden Erzählen persönlich entgegenbringt, und ein modellhaftes Verhalten, das darüber entscheidet, ob die Mitwirkenden nach anfänglicher Unsicherheit Mut und Spaß entwickeln, sich in dieser Ausdrucksform zu erproben, oder ob es ihnen eher peinlich ist und nur wenige sich schließlich bereit erklären bzw. sich um des lieben Friedens willen am Ende „opfern"...

Warum soll überhaupt „singend" erzählt werden? Warum kann ich nicht einfach sprechen? Diese Fragen werden oft auf Fortbildungsveranstaltungen gestellt und ich nehme mir viel Zeit, um sie gewissenhaft zu beantworten – so auch hier:

Wann sprechen wir, wann singen wir?
Die Sprechstimme ist unsere Alltagsstimme. Mit ihr begrüßen wir einander, erkundigen uns nach dem Weg, erklären jemandem den Gebrauch der Waschmaschine, beschweren uns...

Die Singstimme ist besonderen Situationen vorbehalten. Neben dem Singen als hohe Kunst, die Einzelne nach einer langjährigen Ausbildung beherrschen, kennt unsere Kultur viele Situationen, in denen wir alle gelegentlich singen und dafür auch meist die passenden Lieder kennen – allerdings nicht unbedingt auch können. Wir singen einem Kind ein Schlaflied vor, wir erinnern uns an Spiel-, Bewegungs- und Tanzlieder aus unserer Kindheit, die wir entweder auf der Straße oder bereits in Kindergarten und Schule gelernt haben. In der Kirche ist der Ablauf des Gottesdienstes teilweise durch Lieder gegliedert, die nur Kirchgänger kennen, aber wir alle sind mit Weihnachtsliedern vertraut. In besonders feierlichen Momenten lassen wir in unserer Gesellschaft auch singen, zu Trauerfeiern ebenso wie zu freudigen Anlässen. Wir hören dem Chorgesang zu und sind auf unterschiedliche Weise und Intensität davon berührt.

Auch alleine singen fast alle Menschen gelegentlich. Kleine Kinder kann man beobachten, wie sie ins Spiel vertieft vor sich hersingen, oft ihr Spiel damit kommentierend. Zufriedene Menschen, die sich unbeobachtet fühlen, singen und summen vor sich hin, bekannte Melodien, aber auch im Moment erfundene Tonreihen. Jugendliche imitieren die Songs ihrer Stars.

Alle Menschen, die in der Lage sind, Laute von sich zu geben, können auch Singlaute erzeugen, viele Erwachsene behaupten dennoch von sich, sie könnten nicht singen!

„Du singst ja falsch – du kannst nicht singen!"
Das hören Kinder oft von anderen Kindern, auch Mütter oder Väter müssen sich das vielleicht sagen lassen und schweigen dann beschämt. Aber stimmt das eigentlich? Ja und nein – muss hier die Antwort lauten:

„Ja" – wenn es sich um den Versuch gehandelt hat, ein allseits bekanntes Lied nachzusingen und dabei nicht alle Töne in der vorgeschriebenen (komponierten) Weise getroffen werden. Dann kann zu recht behauptet werden, dass die Melodie falsch wiedergegeben wurde.

„Nein" – wenn jemand eine eigene Melodie erfindet. Hier stimmt jeder Ton und von falschem Singen oder gar vom Nicht-Singen-Können kann keine Rede sein!

„Richtig" singen hat viel mit Hörerfahrungen zu tun. Dabei kommt es vor allem darauf an, dass ich mich auch selbst hören kann. Malen, tanzen, turnen, die Trommel spielen können wir auch alleine ausprobieren – das Alleinesingen kommt oftmals zu kurz. Gesungen wird oft nur in der Gruppe und dabei

können wir unsere eigene Stimme nicht mehr gut hören. So merken wir manchmal lange nicht, dass wir nicht „richtig" singen. Wenn wir es herausfinden oder es uns jemand vorwirft, verstummen wir: Schade, wir können leider nicht singen, wir sind unmusikalisch...
Im EMT sollen alle Beteiligten oft die Gelegenheit erhalten, ihre eigene Stimme sprechend und singend gut kennen und mögen zu lernen!

Unsere Singstimme ist Ausdruck unserer Persönlichkeit

Wird irgendwo gesungen, horchen wir auf. Die Menschen wissen in allen Kulturen um die fast magische Anziehungskraft der Singstimme. Alte Mythen und Märchen sind voll davon! Hier geht es nicht um erlernte Technik, sondern um das ganz individuelle Timbre, die Farbe einer Stimme, die leise oder laut, hoch oder tief, rauh oder klar in ihrer unverwechselbaren Eigenart zu einem Menschen gehört wie seine Augenfarbe. Und so wie wir oft einen intensiven Blick eines Menschen für beredter halten als „tausend Worte", so offenbart uns ein singender Mensch meist mehr von seinem inneren Wesen, als wenn er mit uns spricht. Diese starke persönliche Ausdruckskraft finden wir beim dreijährigen Kind bereits ebenso wie beim Erwachsenen und vor allem bei allen singenden Laien! Denn hat man erst eine gewisse Gesangstechnik erlernt, kann der Profi kontrolliert und bewusst alle Gefühlsfacetten steuern und der unmittelbare – sozusagen ungeschminkte – individuelle Ausdruck ist nicht mehr vorhanden.

Was ist „Singendes Erzählen"?

Statt zu sprechen, singen wir den Text, der erzählt werden soll auf einem Hauptton. Nur bei besonders wichtigen Wörtern wechseln wir auf einen anderen Ton oder „verzieren" das Wort singend. Dazu stehen uns einige Möglichkeiten zur Verfügung, die wir sprechend nur bedingt oder gar nicht haben:
- wir dehnen ein Wort, um es wichtiger, größer zu machen
- wir singen ein Wort lauter, leiser
- wir verwenden viele Töne auf einer Wortsilbe, wickeln eine „Tongirlande" herum (in der Fachsprache nennt man das ein Melisma oder auch eine Koloratur. Die Königin der Nacht aus Mozarts „Zauberflöte" ist berühmt dafür geworden und auf unserer CD kann man auch ein Beispiel hören – Nr. 19).

Warum erzählen wir singend?

- Die Singstimme hebt sich vom „Alltagsgebrabbel" ab, man horcht auf und gerne zu.
- Sie ist unmittelbarer, individueller Ausdruck meiner selbst.
- Singend kann ich nicht stottern und nicht leiern.
- Singend lasse ich mir oft mehr Zeit, bin konzentrierter und präsenter.
- Die Singstimme trägt weiter und der gesungene Text ist somit besser verständlich.
- Die singenden Erzählerstellen sind begehrte Soloaufgaben und lassen sich auf mehrere Sängerinnen und Sänger aufteilen.

Übungen zum Einsingen und zur Ausdrucksschulung

„Der Hummelflug"

- *Variante für Jüngere:* Die Gruppenleiterin oder der Gruppenleiter hält eine imaginäre Hummel in der geschlossenen Faust gefangen. Öffnet sich die Faust, fliegt die Hummel brummend und summend herum, schließt sie sich wieder, hört man nichts mehr! Auch Kinder können die Hummel fliegen lassen und wieder einfangen.

- *Variante für Ältere:* Die Gruppenleiterin oder der Gruppenleiter summt mit geschlossenen Lippen einen Ton in mittlerer Lage und „hält" ihn mit waagerecht gehaltener Hand in der Luft „fest". Alle versuchen, sich bei diesem Ton summend zu treffen. Dann bewegen alle ihre Hände auf und nieder, beschreiben damit den Weg der fliegenden Hummel summend, entsprechend auf- und absteigend, mit – bis die Gruppenleiterin oder der Gruppenleiter mit der Hand zum Stillstand kommt und sich alle wieder auf dem gemeinsamen Ton treffen.

„Der Fahrstuhl"
„Alles einsteigen...", ruft jemand und los geht's im Fahrstuhl rauf und runter (auf verschiedenen Silben im Glissando) und beide Hände zeigen mit. Mal will jemand aussteigen und hält irgendwo an – so treffen sich alle auf einem Ton – dann geht es wieder weiter, jetzt vielleicht bis in die Tiefgarage... Es können auch zwei Fahrstühle gleichzeitig losfahren – aber ihre Fahrt wird sich voneinander unterscheiden, was man natürlich nicht nur sieht, sondern auch hört!

„Kaugummitöne"
Jemand zieht einen Ton wie ein Kaugummi auf einer gut singbaren Silbe (mu, do, ba, ni...) aus seinem Mund heraus und beginnt ihn mitzeigend singend zu verändern. In Bögen, Wellen und Schleifen – solange der Atem reicht! Rechtzeitig, bevor einem die Puste ausgeht, gibt man seinen Ton weiter an die Nachbarin oder den Nachbarn – ohne dass eine Pause eintreten soll, wird der Ton weiter gesungen und weiter verändert...

Mit jüngeren Kindern kann man auch einen Ton aus einer kleinen Schachtel ziehen, die man sogar sehen kann: In der Schachtel ist ein Knäuel Wolle verborgen, durch ein kleines Loch zieht man einen Faden und singt solange man zieht. Dann wird der herausgesungene Tonfaden abgeschnitten, man kann ihn vor sich auf den Boden (oder auf den Tisch) legen, ihn gerade oder in Kurven und Wellen legen und die Formen absingen.[13]

„Minimelodien zu Verschenken!"
Hier geht es um genaues Hinhören und Nachsingen, aber auch um erstes bewusstes Zusammenstellen von Tonfolgen zu kleinen Motiven, die wiederholbar sein sollen. Als Gruppenleiterin oder -leiter beginnt man und gibt der Gruppe einige Beispiele, bevor einzelne es selbst probieren. Die Minimelodien können auf wechselnden Silben gesungen werden, z.B.:

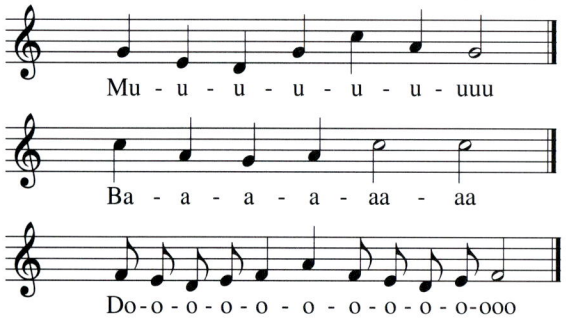

---

[13] Dieses und viele weitere Spiele für den Umgang mit der Stimme finden sich auch bei Haselbach/Nykrin/Regner (1986) im Lehrerkommentar 1 zu „Musik und Tanz für Kinder" für die Musikalische Früherziehung. Schott, S. 371 ff

3. Singen und Sprachgestaltung

„Ach, wem gehört denn dieser wunderschöne Wald?"
Jetzt üben wir uns an einem Text bei einem gesungenen Dialog. Im bekannten Märchen vom König Drosselbart kommt es zu einem Gespräch zwischen dem König Drosselbart, der als Spielmann verkleidet die stolze Prinzessin geheiratet hat und sie nun zu sich nach Hause führt. Die beiden kommen dabei durch einen Wald, über eine Wiese und zu einer Stadt. Der folgende Dialog wiederholt sich also insgesamt dreimal:

Prinzessin: *„Ach, wem gehört denn dieser wunderschöne Wald (...Wiese, Stadt)?"*
Spielmann: *„Der gehört dem König Drosselbart, hättest du ihn genommen, so wär er dein."*
Prinzessin: *„Ich arme Jungfer zart! Ach, hätt' ich genommen den König Drosselbart!"*

Es kommt darauf an, bei dieser Übung immer wieder neue Dialogpaare zu bilden, um so viele Varianten singend und hörend zu erleben. Je länger man singen lässt, umso musikalisch reichhaltiger werden die Dialoge ausfallen, denn die Gruppenmitglieder werden immer mutiger und findiger werden und vor allem auch voneinander lernen!

„Traumfresserchen, Traumfresserchen"
In der bekannten Geschichte vom „Traumfresserchen" von Michael Ende kommt am Schluss eine lange Textstelle vor, die für den Verlauf sehr wichtig ist. Die kleine Prinzessin mit dem Namen Schlafittchen kann endlich von ihren bösen Träumen befreit werden – aber sie *muss* das Traumfresserchen dazu einladen. Folgender Text muss zur Gänze von der Prinzessin vorgetragen werden und dazu hat das Traumfresserchen dem König den Text aufgeschrieben, d.h. in diesem Fall kann die Darstellerin der Prinzessin diesen langen Text ruhig wirklich von einer großen Papierrolle ablesen – aber der Wichtigkeit des Augenblicks angemessen, wird der Text mit vielen Tönen reichlich verziert und ausgeschmückt und als große „Arie" vorgetragen:

„Traumfresserchen, Traumfresserchen!
Komme mit dem Hornmesserchen!
Komm mit dem Glasgäbelchen!
Sperr auf dein Schnapp-Schnäbelchen!
Träume, die schrecken das Kind,
die lass dir schmecken geschwind!
Aber die schönen, die guten sind mein, drum lass sie sein!
Traumfresserchen, Traumfresserchen,
dich lad' ich ein!"

„Es war einmal..."
– so beginnen viele Märchen und jede/r entscheidet sich für einen Märchenanfang, ein bis zwei Sätze reichen für unsere Übung, die aus drei Durchgängen besteht:

1. **Durchgang:** Alle singen ihren Satz gleichzeitig auf einem beliebigen Ton, ganz beharrlich. Das klingt zwar wie ein sehr moderner Chorgesang, aber so braucht sich niemand zu genieren und alle können das singende Erzählen ausprobieren!
Alle bleiben dem einen Ton treu, wechseln nicht, auch am Ende nicht, z.B.:

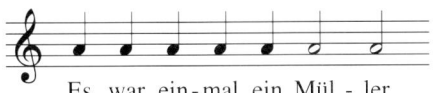
Es war ein-mal ein Mül-ler

Die Spielelemente

2. Durchgang: Alle bedenken Wort für Wort den Text ihrer Wahl; welche Wörter sind besonders wichtig für den Inhalt, welche vertragen eine besondere Betonung. Diese Wörter können jetzt durch die Hinzunahme eines weiteren Tones hervorgehoben werden, auch Dehnungen oder Lauter-singen als zweites und drittes Element der Hervorhebung können schon zum Einsatz kommen, z.B.:

Es war ein-mal ein Mül-ler

3. Durchgang: Wieder betrachten alle in Gedanken die Wörter ihres Märchenanfangs: Welches Wort verlangt nach mehr als einer bloßen Betonung, welches verlangt eine regelrechte üppige Verzierung? Nun können neben der Dehnung, der Lautstärke und des Tonwechsels auch noch das Melisma, die Koloratur hinzu genommen werden! Nun „glitzern" einzelne Wörter – fast wie silberne Girlanden auf dem Weihnachtsbaum... z.B.:

Es war ein-mal ein Mül - - - - ler

Das Singende Erzählen wird nicht bei allen Gruppenmitgliedern und ihren Leiterinnen und Leitern sofort auf Zustimmung oder gar Begeisterung stoßen. Dennoch lohnt es sich, diese Ausdrucksmöglichkeit kennen zu lernen, sich damit zu befassen und sie den Spielerinnen und Spielern anzubieten. Sicher steht und fällt Akzeptanz oder Ablehnung mit der Einstellung und dem Selbstverständnis der Leiterin oder des Leiters, sich selbst singend zu präsentieren. Am besten öfter mal zwischendurch vom Sprech- in den Sington wechseln, und dabei ohne viele Erklärungen vermitteln, dass es sich um eine Gestaltungsmöglichkeit handelt, die sich alle gleichermaßen zutrauen können!

Fassen wir zusammen

- Das Singende Erzählen ist eine künstlerische Ausdrucksform, die leichter erlernbar ist und auf Zuschauer unmittelbarer und überzeugender wirkt als das freie ausdrucksvolle Sprechen.
- Beim Singenden Erzählen können und sollen alle ihren ganz persönlichen Stil entwickeln und darin bestärkt werden.
- Jede Stimme (besonders die von Kindern und anderen Laien) ist geprägt von einer individuellen Farbe (Timbre), von einer eigenen Dynamik, von einem Umfang, in dessen Rahmen sich die Sängerin oder der Sänger in der Regel gerne und gelöst bewegt.
- Um aber den Zugang zur eigenen Stimme überhaupt zu erlangen, müssen Kinder und Laien viele Möglichkeiten zum spielerischen Umgang mit der Stimme erhalten. Die Situationen, in denen gelöst und lustig mit der Stimme experimentiert wird, müssen behutsam geschaffen und betreut werden.
- Zum Singenden Erzählen sollen sich Spielerinnen oder Spieler immer freiwillig melden.
- Wertende Kritik oder gar Spott sind grundsätzlich – eigentlich immer, aber besonders bei Singversuchen – fehl am Platz!

4. Bühnengestaltung

Mit der Bühnengestaltung wollen wir dem EMT in jeder Hinsicht einen angemessenen Rahmen geben. Ganz wesentlich dabei ist, dass jede Spielgruppe in der Lage sein sollte, ohne allzu viel professionelle Hilfe von außen die Materialien für die Bühnengestaltung selbst zu besorgen (zu finanzieren) und zu bearbeiten! Denn damit ist auch gewährleistet, dass allen Mitwirkenden die gestaltete Bühne vertraut ist, dass sie sich natürlich in den selbstgefertigten Kulissen bewegen. Auch wird im Verlauf der Erarbeitung rasch deutlich, welches Bühnenelement vielleicht nur im Weg steht oder so labil ist, dass es ständig droht umzufallen, was die Darstellerinnen und Darsteller dann erheblich in ihrem Bewegungsfluss stören kann! Im folgenden werden einige Ideen zur Bühnengestaltung beschrieben und auch wieder mit entsprechenden Abbildungen aus verschiedenen Produktionen illustriert.

4.1 Wo ist der Thronsaal? – Zur Bühnenhintergrundgestaltung

Fast ohne Ausnahme bildet der Halbkreis, in dem alle Mitwirkenden ihren Platz haben, den natürlichen Bühnenhintergrund für alle EMT-Produktionen (vgl. S. 25). In diesen Halbkreis können nun aber Bühnenelemente integriert werden, damit die Spielfläche möglichst frei von größeren Gegenständen bleiben kann, da wir während des Stückes keine Änderung des Bühnenaufbaus vornehmen wollen, um Brüche im Spielablauf zu vermeiden.

In vielen Stücken gibt es Orte, die immer wieder im Verlauf der Szenen angespielt werden und auch für die Zuschauer ständig präsent sein sollen:

Das Bett und der Schreibtisch von König Hupf

Die Spielelemente

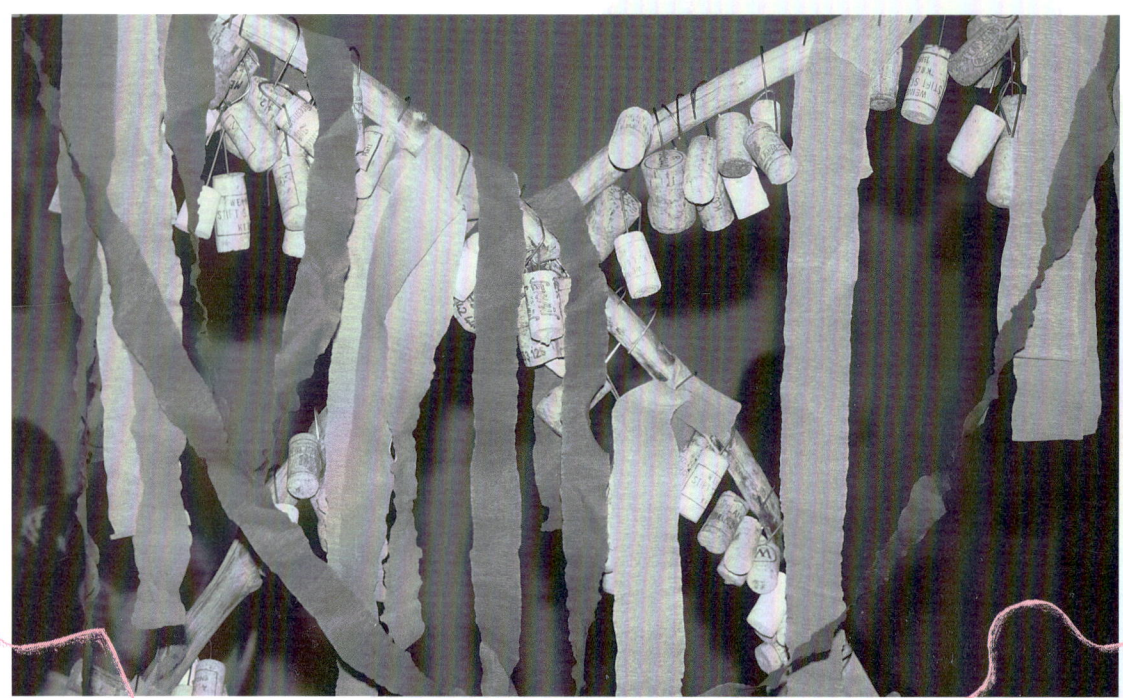

Die Korkeiche von Stier Ferdinand

Das traumumtobte Bett von Schlafittchen im „Traumfresserchen"

4. Bühnengestaltung

Die Räuberhütte bei den „Bremer Stadtmusikanten"

Hinter den Spielerinnen und Spielern sollten die Wände neutral gehalten werden. Wenn nötig, können große einfarbige Tücher aufgehängt werden, aber auch großformatige Bilder, die zum Stück entstanden sind, schmücken und gestalten den Hintergrund:

„Clownsgeschichten"

Die Spielelemente

...böse Träume hinter Schlafittchens Bett!

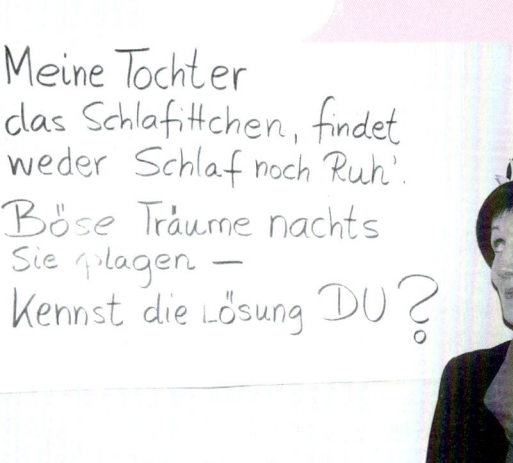

(Lied-)Texte zum Mitlesen für das Publikum

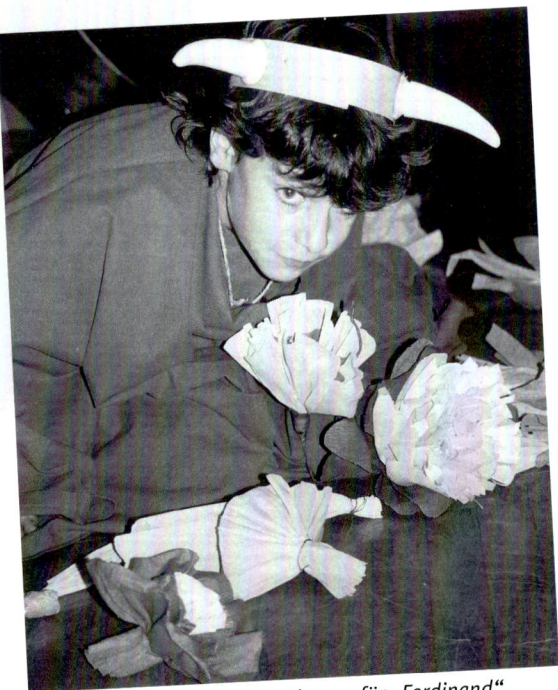

und viele gebastelte Blumen für „Ferdinand"

4.2 Das Schlüsselloch in der Hand ersetzt die Tür – Einsatz von Gegenständen

Viel Platz haben wir in Schulen, Kindergärten, Bildungs- und Freizeiteinrichtungen für unsere Spiele zumeist nicht. Eine echte Bühne kann teilweise sogar unpraktisch und viel zu beengt sein und gelegentlich ist es daher günstiger, die Zuschauer auf die Bühne zu setzen und den freigeräumten Zuschauerraum zur Spielfläche umzufunktionieren.

Jedenfalls wollen wir – wie oben bereits ausgeführt – auf allzu viele Bühnenbauten verzichten und müssen daher oft mit Phantasie und Mut zu ungewöhnlichen Lösungen greifen:

- Schaut jemand durch ein *Schlüsselloch*, so brauchen wir nicht die ganze Tür dazu.
- Geht jemand durch eine *Stadt*, einen *Wald*, über eine *Wiese*, verwandeln sich alle Spielerinnen und Spieler aus einer Situation in die nächste.
- Treffen sich Räuber im Wald in einer Hütte, reichen ein kleiner Tisch und drei Hocker. Einen selbstbemalten Pappbaum und eine Papphütte aus einem großen Karton hängen wir an die Decke, damit sie da sind, aber nicht stören und vor allem auch Rollstühle freie Fahrt haben! (vgl. die Abb. „Bremer Stadtmusikanten" auf S. 75)
- Wenn alle Bewohner des Landes fest schlafen („Traumfresserchen"), brauchen sie dann unbedingt alle ein Bett? Nein! Es reicht eine weiche Schulter oder der Rücken eines anderen Schläfers, vielleicht noch mit einem Kissen dazwischen...

„Der neugierige Minister schaut durch das goldene Schlüsselloch"

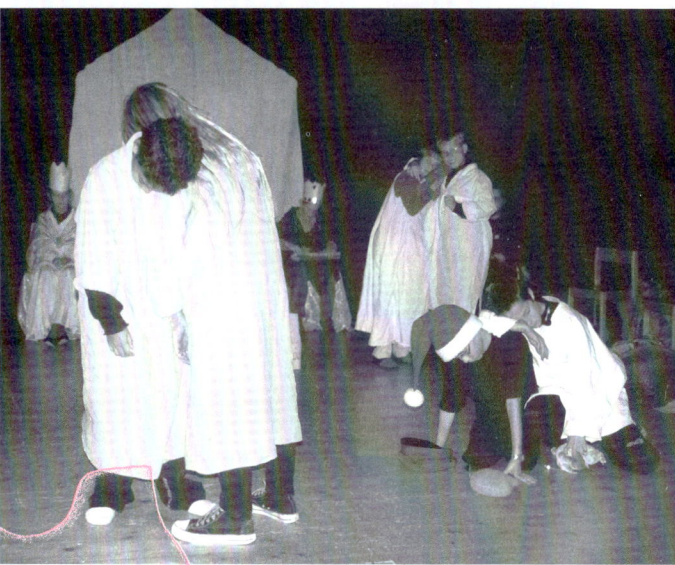

„Die guten Schläfer in Schlummerland"

Die Spielelemente

- Müssen wir ein Schloss bauen, ein Schiff, eine Zugbrücke? Müssen wir einen Turm bauen, wenn wir ein Turmfenster brauchen, oder ein Bett, wenn zwei Bettpfosten sich unterhalten? Wohl kaum! Denn eine Miniatur tut es auch und die Zuschauer haben etwas zum Schmunzeln, wenn ein wunderschönes Schloss auf einem Silbertablett präsentiert wird, ein Schiffchen vom Rand der Spielfläche an einer Schnur auf die andere Seite „segelt", eine Zugbrücke von zwei Spielerinnen kunstvoll dargestellt wird und dabei von einem „Waldteufel" ganz schrecklich knarrend begleitet wird! Die Bettpfosten werden von zwei „aufrechten" Spielerinnen verkörpert und ein Fenster zu bauen und mit weißen Gardinen aus Tortenpapier zu verzieren bedeutet recht wenig Aufwand!

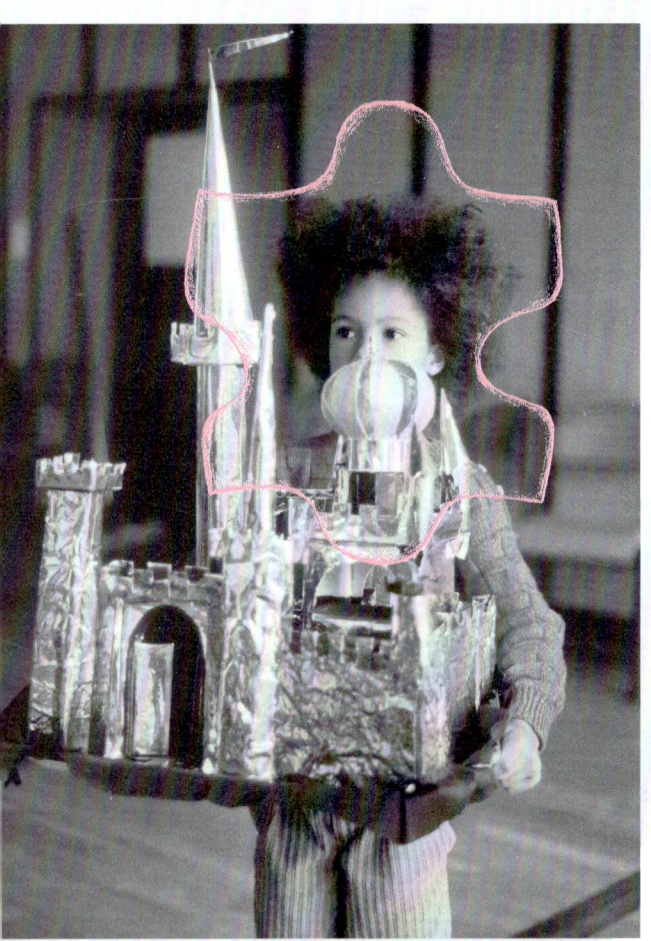

Das Traumschloss aus „König Hupf"

Der Prinz am Turmfenster hält nach einer Prinzessin Ausschau

4.3 Berge, Höhlen und andere Verstecke – Einsatz von Stellwänden, Podesten, Vorhängen

Ist eine Schule oder eine andere Institution besonders reichhaltig ausgestattet, dann sollten sich Spielerinnen und Spieler für die Bühnengestaltung durchaus von dem Vorhandensein von Stellwänden, Podesten und Vorhängen anregen lassen. Wieder sei betont: Wir können auch einen vollständig leeren Raum bespielen, nützen aber immer alle Mittel, die Mensch oder Materie bieten bzw. die wir als Gruppe auch ohne maßgebliche Hilfe von außen und ohne zusätzliche Kosten handhaben können!

Vorhänge in verschiedenen Farben
...können sehr stimmungsvoll wirken. Auf Vorhängen können Sterne für die Nacht, Fische und Wasserpflanzen für eine Unterwasserlandschaft, Planeten und Raumschiffe für ein Spiel im Weltall befestigt werden; ähnlich lassen sich Stellwände einsetzen. Vorhänge und Stellwände können auch unauffällig, sozusagen „von Geisterhand" bewegt werden, können auftauchen und verschwinden. Verbunden mit Klängen und Bewegungen auf der Szene, können solch bewegliche und variable Bühnenelemente also dramaturgisch von hohem Reiz sein und die Spannung steigern.

Podeste, groß oder klein
...bieten die Möglichkeit, sich auf verschiedenen Ebenen zu bewegen. Sie sind statische Bühnenelemente und so sollte vorher klar sein, wo sie das ganze Stück über stehen können, da man vermeiden sollte, sie während des Spielverlaufes verschieben oder gar abtransportieren zu müssen!

Podeste sind meist innen hohl, können also auch „badewannenähnlich" eingesetzt werden, können hochkant oder längs aufgestellt sein. Sie lassen sich zum Sitzen, Liegen und Stehen verwenden. So können sie mal ein Gebirge, mal eine Felswand mit Höhle oder Felsspalt darstellen, wo man sich verstecken und unvermittelt auftauchen kann.

Sie können bei kleineren Gruppen den sonst üblichen Halbkreis als „Zuhause" aller Spielerinnen und Spieler teilweise oder ganz ersetzen, weil dann (fast) alle auf, neben, unter oder hinter den Podesten ihren Stammplatz einnehmen können, um von dort aus zu agieren. Folgende Abbildungen und Skizzen geben einige Beispiele:

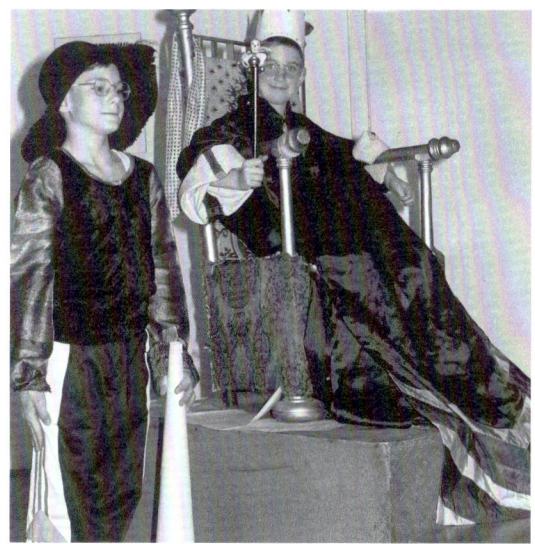

„...und hoch oben thront der König!"

„Ober- und Unterwelt..."

Die Spielelemente

„Dahinter verstecken"

„Drüber auftauchen"

4.4 Wenn es dunkel wird... – Einsatz von Licht und Projektionen

Natürlich ist es besonders reizvoll, wenn wir verschiedene Lichtquellen zur Verfügung haben! Nicht nur Scheinwerfer können Stimmungen herbeizaubern, besonders durch den Einsatz von Farbscheiben, auch bereits die Verwendung von Overhead- und Diaprojektoren erweitert unseren Gestaltungsspielraum. Der Hintergrund unserer Spielfläche bzw. einer Bühne muss dann zu einer großzügigen Projektionsfläche umfunktioniert werden können, die Aufstellung der Apparaturen muss flexibel handhabbar sein, damit mit unterschiedlichen Entfernungen zwischen Projektor und Projektionsfläche experimentiert werden kann. Außerdem darf die Verwendung von Apparaten selbstverständlich für die Zuschauer weder eine optische noch eine akustische Behinderung darstellen!

Einsatz von Scheinwerfern

Vorsicht ist beim Einsatz von elektrischem Equipment in jedem Fall geboten und es ist sicher vernünftig, sich beraten und helfen zu lassen! Für eine sichere Aufstellung bzw. Aufhängung der Scheinwerfer ist immer zu sorgen! Bei der Verwendung von Farbscheiben sollten wegen der Hitzeentwicklung von Scheinwerferlampen nur Theaterfolien zum Einsatz kommen.
Jeder geplante Lichtwechsel will geübt sein! Der Einsatz eines Lichtmischpultes oder die Verwendung eines Lichtcomputers braucht fachliche Beratung bzw. Handhabung.
Der Einsatz von Effekten, wie z.B. spezielle Lichtspots oder eine Sternenkugel, kann von einzelnen Mitspielerinnen oder Mitspielern auch während des Spiels unauffällig über spezifische Schalterkonstruktionen betreut werden. Ein Verfolgerscheinwerfer aber braucht eine Beleuchterin oder einen Beleuchter von außen. All diese Effekte können auch über ein Lichtpult bzw. einen Lichtcomputer von außen gesteuert werden.

Einsatz von Overhead- und Diaprojektoren

Bemalte Folien und farbige Folien aus dem Schreibwarenbereich – auch mit einem Rollenmechanismus verbunden – können den Hintergrund immer wieder neu gestalten, oder Texte, die mitgelesen werden sollen, werden auf die Rückwand oder seitlich projiziert. Recht wirkungsvoll, aber heute eher selten im Einsatz, sind bemalte Glasdias. Natürlich eignen sich in bestimmten Szenen auch Dias mit fotografierten Landschaften oder Gebäuden als Bühnenhintergrund.

Wo Licht ist, ist auch Schatten!

So steht einem Schattentheater im besten Fall nichts mehr im Wege, eine Darstellungsform, die oft gewinnbringend in unseren Projekten eingesetzt werden kann (vgl. Abb. und die Beschreibung in der Spielskizze auf S. 179). Wie allseits bekannt sein dürfte, muss die Lichtquelle im Falle eines Schattentheaters *hinter* der Schattenwand stehen, d.h. dass die Spielfläche bzw. die Bühne genügend Tiefe aufweisen (zwischen 2 und 4 Metern, je nach Größe der Schattenwand und der Art der Lichtquelle wie z.B. Overheadprojektor, Theaterscheinwerfer, Halogenarbeitsleuchte) und der Raum entsprechend verdunkelt werden muss.

In der Hütte des Spielmanns bei „König Drosselbart"

Fassen wir zusammen

- Jede Erweiterung unserer Gestaltungsmöglichkeiten ist generell zu begrüßen, falls für sachgerechte Aufstellung und Betreuung gesorgt ist!
- Je mehr Material und Apparaturen im Einsatz sind, umso größer auch die Abhängigkeit davon. Also heißt es hier besonders: Vor- und Nachteile gewissenhaft abwägen!
- Der Umgang mit der Bühnentechnik darf nicht so viel Zeit und Energie kosten, dass für die Erspielung und Erprobung mit Bewegung, Musik und Sprache zu wenig Zeit bleibt...
- Die faszinierendste Lichtregie ist wenig überzeugend, wenn sich darin nicht mehr viel Substantielles abspielt!

5. Kostüm- und Requisitenerstellung

Weniger ist mehr! Das gilt hier ebenso wie schon oben bei der Bühnenausgestaltung. Oftmals reichen bereits originelle Andeutungen, sodass die wichtigste Frage an alle Spielerinnen und Spieler lautet: Was brauchen wir unbedingt? Die Liste, die in einer ruhigen Minute angefertigt wird, wenn alle sich nach einer der ersten Proben noch etwas Zeit gönnen, wird im Laufe der darauffolgenden Wochen nach und nach zusammengekürzt. Dann erst bleibt übrig, was wir tatsächlich unbedingt brauchen...

Bevor es an die Herstellung von Kostümen, Masken und Requisiten geht, erhalten alle Gruppenmitglieder die Aufgabe, zu Hause ausgiebig in den eigenen Schubladen und Schränken, Kellern und Dachböden zu stöbern (vgl. auch die Beispiele für Anschreiben an Eltern mit der Bitte um eine diesbezügliche Mithilfe auf S. 135-138). Fast in jedem Haushalt gibt es eine Verkleidungskiste, einen Koffer mit Faschings- und Karnevalkostümen und -utensilien. Darüber hinaus werden ja auch oft Gegenstände des täglichen Lebens benötigt, wie Geschirr, Spiegel, Bücher, Kissen u.v.a.m.
Erst nach Ausschöpfung aller privaten Schätze der genannten Art gehen wir daran, einfache Materialien zu besorgen. Dabei sollten wir bemüht sein die Kosten, die entstehen, so niedrig wie möglich zu halten und sie durch alle Mitglieder zu teilen, falls sie nicht von der Institution getragen werden.

5.1 Nebelschwaden und Blütenzauber – Die Verwendung von Tüchern und Stoffresten

Tücher aus verschiedenen Materialien gehören heute zur Grundausstattung vieler Institutionen. Da finden sich kräftige Baumwolltücher in den Grundfarben oftmals ebenso wie die feinen, durchsichtigen Chiffontücher oder Tücher und Schals aus Seide oder seidenähnlichem Material. Drüber hinaus finden sich manchmal Fallschirme und große Tücher, mit denen man etwas abdecken kann.
Mittelgroße Tücher oder Stoffreste von ein bis zwei Meter Länge und Breite verwenden wir je nach Farbe, Muster, Material und Größe für dekorative Ergänzungen von Kostümen, dadurch entstehen:

- große, eindrucksvolle Kragen
- Schärpen
- Gürtel
- Schleier
- Schleppen
- Umhänge

Tücher, über den Kopf gehängt, können Spielerinnen und Spieler rasch verändern, so entstehen im Handumdrehen:

- Blumen mit bunten Tüchern
- Bäume mit grünen und braunen Tüchern
- Unheimliche Gestalten mit schwarzen, dunklen Tüchern
- Gespenster mit weißen, hellen Tüchern
- Feuer, Flammen mit roten, orangenen und gelben Tüchern

Tücher werden mit in eine Bewegungsgestaltung genommen, dann versinnbildlichen die verschiedenen Farben z.B.:

- Blau, türkis: Wellen und Wasser
- Rot, orange, gelb: Feuer und Flammen
- Weiß, grau: Nebelschwaden
- Schwarz, dunkelblau: Nacht
- Blau-weiß-grau-schwarz gemischt: Sturm
- Gelb: (Sonnen)Hitze oder Wärme

„Baum in Nacht und Nebel"

„Ferdinand im 'Deckenkarren'"

5.2 Gesetzesrolle und Manschetten – Mit Krepppapier & Co.

Mit Papier kann man fast all das herstellen, was man nun noch braucht! Vor allem, wenn man die vielen verschiedenen Sorten im Auge hat, die man dann für die Herstellung der verschiedensten Requisiten, Bühnenelemente und Kostümteile verwenden kann, wie z.B.:

Krepppapier in vielen Farben
- Blumen und Blüten
- Kragen und Kochmützen
- Blätter

Packpapier in großen Bögen
- Plakate
- Großflächige Verkleidungen (z.B. für Mauern)

Tonpapier in vielen Farben
- Kronen
- Schnäbel
- Ohren

Zeitungspapier
- Pappmaché für Masken
- als Requisit selbst
- Hüte

Tortenpapier in verschiedenen Farben und Formen
- Spitzenhäubchen
- Spitzenschürzen
- Spitzengardinen

Geschenkpapier in vielen Mustern und Stärken
- Blümchengardinen
- Verzierung von anderen Gegenständen (z.B. Fächer)
- Verkleidung von Kartons

Elefantenpapier
- Gesetze
- Dokumente
- alter Brief

„Blumen, Blumen hinten ... – ... und vorne!"

„Das Anti-Hüpf-Gesetz!"

„Steht in der Zeitung ein Mittel gegen böse Träume?"

Die Spielelemente

Seidenpapier
- Rüschen
- Blüten
- Verzierungen aller Art

Tapetenrollen (Reste)
- für große Gesetzesrollen
- für Zeichnungen, die den Bühnenhintergrund gestalten
- für Texte, die aufgehängt werden sollen

Makulaturpapierrollen (Reste)
- Verwendung wie bei Tapetenrollen, allerdings breiteres, aber dünneres Papier (Reste aus der Zeitungsherstellung)

Alufolie
- Schmuck
- Spiegel
- Verkleidung eines Pappkartons zur Schmuckschatulle oder Schatztruhe

Pappreste
- Masken
- Schilder
- Fensterrahmen
- Schlüsselloch (mit goldenem oder gelbem Papier beklebt – vgl. Abb., S. 77)

„Wilde Kerle – selbstgemacht"

5. Kostüm- und Requisitenerstellung

5.3 Gut behütet – Der Wert von Kopfbedeckungen

Eine Hutsammlung, die mit den Jahren wachsen kann, ist allen Spielleiterinnen und -leitern wärmstens ans Herz zu legen! Aus meiner eigenen Sammlung habe ich schon so manches Stück komplett ausstatten können, und wenn uns die Zeit fehlte, kam an Ausstattung nicht viel dazu... Viele Kopfbedeckungen können auch sehr einfach und schnell selbst hergestellt werden, wie z.B.

- Kochmützen
- Chinesenhüte
- Spitzenhäubchen
- Spitze Zauberhüte
- Kronen aller Art
- Doktorhüte („Gelehrtendeckel")

Neben Hüten aller Art sollten auch Kappen, Mützen, Hauben in allen Formen, Farben und Materialien gesammelt werden und alles in einem großen Koffer verstaut und stets griffbereit sein. Denn – wie weiter hinter genauer ausgeführt (vgl. S. 94-95) – schon in der Phase der Erspielung können verschiedene Kopfbedeckungen einen animierenden Anreiz darstellen!

In einen Hut kann ich als Spielerin oder Spieler mit meiner Rolle geradezu hineinwachsen. Allerdings ersetzt jedwede Kopfbedeckung nicht meine körperliche Darstellung, sondern ergänzt sie bestenfalls. Dieser Umstand muss allen Beteiligten klar sein und auch während des Spielens oder Probens immer mal wieder bewusst gemacht werden.

5.4 Lange Ohren und rote Nasen – Masken, auch geschminkt

Besonders für Tiere und Fantasiegestalten aller Art werden wir Masken herstellen. Für die technisch-handwerkliche Seite ist hier nicht der Ort, dazu gibt es andere Veröffentlichungen, aus denen man sich diesbezüglich viele Anregungen holen kann. Je nach Alter und Fähigkeiten der Gruppenmitglieder können die Masken von sehr einfach bis hochkompliziert gestaltet sein, allerdings müssen sie für den Einsatz im Rahmen von EMT-Projekten einigen grundlegenden Kriterien entsprechen:

- Verwende ich Vollmasken, wird die Stimme von Maskenträgern gedämpft und ihr Gesichtsfeld meist etwas bis stark eingeschränkt. Ich muss also die reduzierten Ausdrucksmöglichkeiten der Maskenträger entsprechend berücksichtigen.
- Für alle, die verständlich sprechen oder singen sollen, sind daher Halbmasken zu empfehlen, die den Mund frei lassen. Gerade für Tierdarstellungen sollte das keine Probleme bereiten, da bei diesen vor allem Ohrenform und Nase (= obere Schnauzen- oder Maulhälfte) maßgeblich sind.
- Wollen die Maskenträger sich heftig und auch raumgreifend bewegen, müssen die Masken den „Rüttelschütteldrehundspring-Test" bestehen. Dabei dürfen weder Beteiligte noch Unbeteiligte zu Schaden kommen – im Notfall ist der Test rechtzeitig abzubrechen...

Keine Probleme der oben angeführten Art habe ich bei Schminkmasken, für deren Herstellung ich mir vielleicht Hilfe holen muss oder fantasievoll selbst experimentiere bzw. von den Gruppenmitgliedern experimentieren lasse.

Die Spielelemente

"Schminken will gelernt sein!"

5.5 Klingende Kostüme und selbstgebaute Instrumente

Klingende Kostüme, Tanzschmuck, allerlei selbstgebaute Klangerzeuger und der Einsatz von klingenden (Alltags-)Materialien bereichern ein EMT-Projekt und können es auf aufsehenerregende Weise von gängigen Schulaufführungen abheben und so einige „Aahs" und „Oohs" im Publikum hervorrufen!

Was den Selbstbau von Instrumenten betrifft, sei an dieser Stelle ebenfalls auf das Literaturverzeichnis ab S. 255 verwiesen. Als Anregung zur Herstellung von Tanzschmuck und klingenden Kostümen können die folgenden Hinweise und Abbildungen dienen.

Wir sammeln, organisieren und besorgen uns:
- Kugelschellen verschiedener Größen
- Gardinenringe aus Holz oder Metall
- alte Schlüssel
- Bambusstücke, ca. 15 cm lang (von Blumenstangen)
- Ketten, Armreifen (Modeschmuck, der aus der Mode gekommen ist...)
- breites Gummiband
- dicke Wollreste, um Kordeln zu drehen
- alte Gürtel, Handschuhe (auch einzelne!), Stirnbänder
- Haarreifen

Und das kann beim Basteln herauskommen:

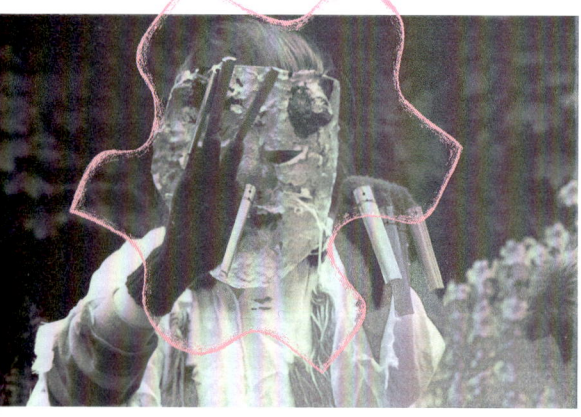

"Klappernde Fingernägel..."

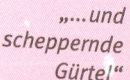

"...und scheppernde Gürtel"

Selbstbauinstrumente und klingende Materialien können ganz bestimmte Szenen und Momente auf eine Weise verklanglichen und so treffend charakterisieren, dass man sich kein „gekauftes" Geräusch stattdessen vorstellen könnte!

5. Kostüm- und Requisitenerstellung

Hier ein paar Beispiele mit Abbildung und Bauanleitung:

- Der Waldteufel[14] lässt die alte Schlosstür knarren.

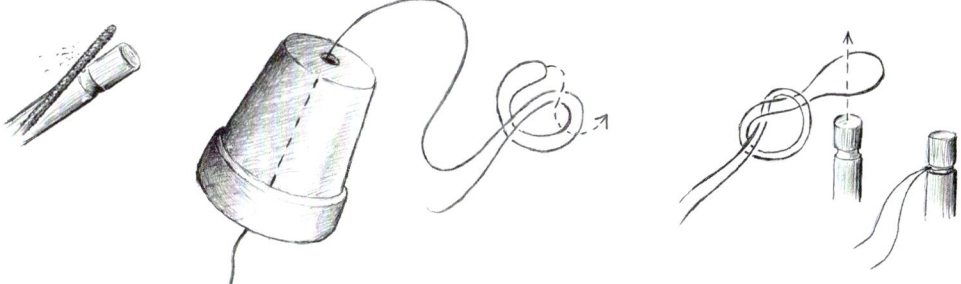

Beim Waldteufel wird der (Joghurt-)Becher in einer Hand, das Holzstück in der anderen Hand gehalten, die Schnur muss gespannt sein, dann dreht man an dem Holzstück, damit sich die Reibung der Schnur in der Holzrille (durch Kolophonium oder Kreide aufrauhen) über die gespannte Schnur auf den Becher (Resonanzkörper) überträgt und durch diesen verstärkt wird – dann knarrt es laut! Man kann auch den Becher über dem Kopf drehend durch die Luft wirbeln – dann knarrt und schnarrt es ohne Pause!

- Viele Summerbrummer[15] bringen eine Wiese zum Leben.

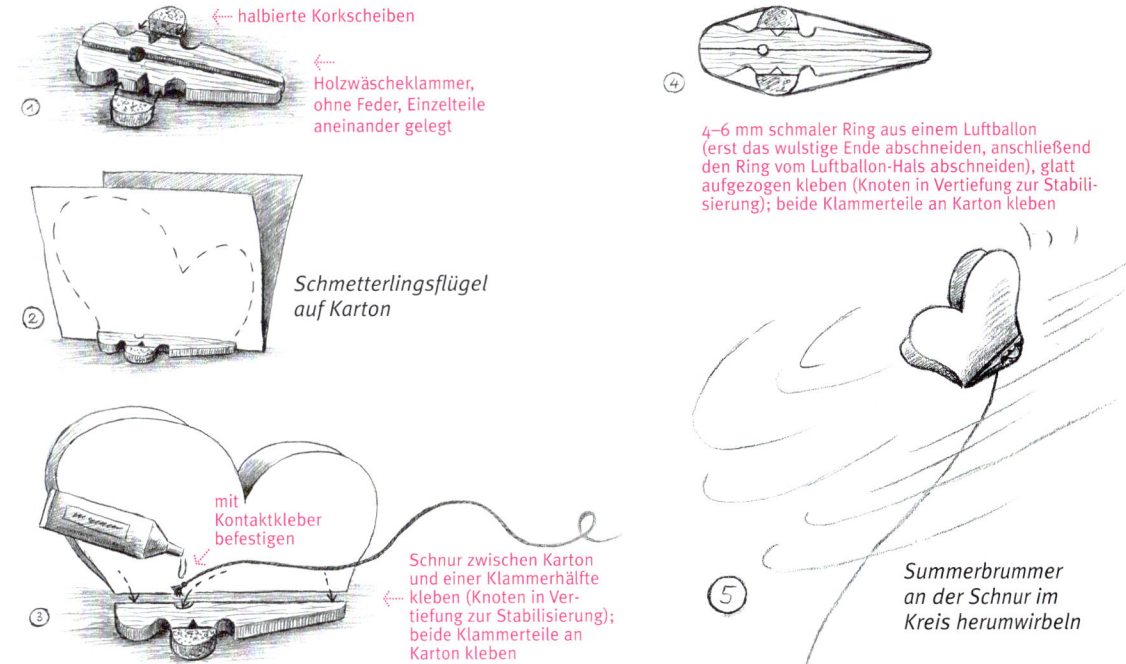

① halbierte Korkscheiben
Holzwäscheklammer, ohne Feder, Einzelteile aneinander gelegt

② Schmetterlingsflügel auf Karton

③ mit Kontaktkleber befestigen
Schnur zwischen Karton und einer Klammerhälfte kleben (Knoten in Vertiefung zur Stabilisierung); beide Klammerteile an Karton kleben

④ 4–6 mm schmaler Ring aus einem Luftballon (erst das wulstige Ende abschneiden, anschließend den Ring vom Luftballon-Hals abschneiden), glatt aufgezogen kleben (Knoten in Vertiefung zur Stabilisierung); beide Klammerteile an Karton kleben

⑤ Summerbrummer an der Schnur im Kreis herumwirbeln

[14] Grafik von Joachim Schuster, aus: Musik und Tanz für Kinder – Musikalische Grundausbildung, Lehrerkommentar, Schott 1990, S. 405
[15] Abb. (Joachim Schuster), Idee (Ernst Wieblitz), aus: Musik und Tanz für Kinder – Musikalische Grundausbildung, Kinderbuch, Schott 1990, S. 40/41

Die Spielelemente

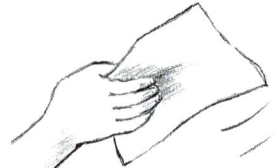

- Einfache Papierblätter leicht hin- und herbewegen – Blätterrascheln im Wald

- „Umrühren" in einem Karton mit angeschlagenem Geschirr – Scherbenmusik

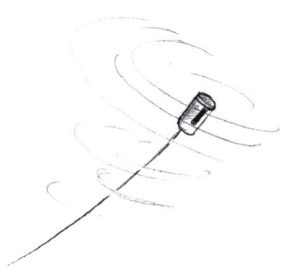

- Filmdöschen-Zwitschervögel-Frühlingserwachen...
  Präparieren Sie ein Filmdöschen folgenderweise: Schneiden Sie einen 2-3 mm langen Schlitz in das Döschen, durchbohren Sie den Boden des Döschens mit einer (über einer Flamme) heißgemachten Nadel und führen Sie eine Schnur durch das Loch. Wirbelt man nun die präparierte Filmdose durch die Luft, entsteht ein zwitscherndes Geräusch. Für einen höheren Zwitscherton kann man Knetmasse in den Boden drücken.

Fassen wir zusammen

- Zuallererst: Weniger ist mehr – UND – was haben wir zu Hause?
- Einfachen Materialien den Vorzug geben, weil dann in der Regel alle Gruppenmitglieder an der Beschaffung, Finanzierung und Herstellung von Kostümen und Masken beteiligt werden können.
- Beim Einsatz aller Kostüme, Masken und Selbstbauinstrumente immer die „Spielprobe" machen: Fliegen mir oder meinen Mitspielerinnen und Mitspielern die Bestandteile um die Ohren, muss nachgebessert werden!
- Noch einmal: Alle Gegenstände und Materialien, die den bewegungsmäßigen, musikalischen und sprachlichen Ausdruck steigern helfen, sind willkommen.

Der Entwicklungsprozess

Jetzt wird es ernst! Dabei wollen wir aber natürlich nicht den Spaß an der
Sache verlieren, sondern uns vielmehr Kompetenzen aneignen, die uns in die Lage versetzen, die Vielschichtigkeit eines EMT-Projektes in den spielerischen Griff zu bekommen. Dafür brauchen alle Beteiligten Zeit zur Vorbereitung: die Spielerinnen und Spieler in Form von allerlei Spielen und Übungen, die Leiterinnen und Leiter in Form von Anregungen über die erste Analyse des Spielstoffes bis hin zu Modellen für die Dokumentation der szenischen Arbeit. Abgerundet wird das Kapitel mit der exemplarischen Beschreibung eines „idealtypischen" Ablaufs eines EMT-Projektes im Rahmen der Grundschule, wobei immer wiederkehrende Fragen behandelt werden:

- Wie lange kann man sich mit einem EMT-Projekt befassen?
- Wie und wann werden endgültig die Rollen und Aufgaben zugeteilt?
- Wie viele Zusatztermine (Proben) müssen eingeplant werden?
- Wie sieht die Mitarbeit der Eltern aus?
- Wie kann sich die Zusammenarbeit mit Kolleginnen und Kollegen gestalten?
- Was kann man machen, wenn man nicht ganz fertig wird, der Aufführungstermin aber nicht verschoben werden kann?

Ich hoffe, dass Sie als Leserin oder Leser dieses Buches nach diesem Kapitel die Sicherheit erworben haben, sich ein EMT-Projekt mit Ihrer Klasse oder Gruppe zuzutrauen! Seien Sie gewiss: Die Fragen, die dennoch offen bleiben, werden Sie gemeinsam mit den Mitgliedern der von Ihnen betreuten Spielgemeinschaft lösen können, wenn Sie bereit sind, Ihre Unsicherheit oder Unzufriedenheit mit der Gruppe zu teilen. Sie werden überrascht sein von den guten Ideen und hilfreichen Vorschlägen und lernen, die Entlastung zu genießen, die immer dann eintritt, wenn man sich als Leiterin oder Leiter einer Gruppe nicht mehr für alles und alle allein verantwortlich fühlt.

„Und was meint ihr dazu?"

---

[1] vgl. hierzu auch die vielen Spielanregungen in Widmer, M. (1994): Sprache spielen, die sich vor allem für jüngere Kinder eignen.

Der Entwicklungsprozess

1. Erspielung

Einerseits dienen die Spiele und Übungen dieses Abschnitts als 1. Phase eines EMT-Projektes, andererseits können sie zunächst ohne jede Absicht, ein konkretes Spielprojekt daraus zu entwickeln, über einen längeren Zeitraum ungezielt und zweckungebunden eine Gruppe mit musikalisch-szenischen Spielansätzen bekanntmachen[1]. Die methodischen Hinweise sind so gestaltet, dass jede Gruppenleiterin und jeder Gruppenleiter sie ohne viel Aufwand an die eigene Situation anpassen kann.

1.1 „Etüden" – Allerlei Spiele zum Rollenschlüpfen

Die im folgenden beschriebenen Spiele dauern teilweise nur wenige Minuten, mit einigen kann man sich aber auch eine ganze Spieleinheit von 45 Minuten und länger beschäftigen, wenn man alle Varianten ausprobiert und in Gruppenarbeit umfassend gestalten lässt. Gruppenarbeit kann mit Kindern ab 8 Jahren durchgeführt werden, wenn sie klare und nicht zu umfangreiche Aufgaben erhalten. Wenn in altersgemischten Gruppen auf eine sinnvolle Zusammensetzung geachtet wird, ist Gruppenarbeit immer möglich und auch 3-Jährige oder Menschen mit besonderen Bedürfnissen können ins Spiel integriert werden.

„Fantasie und Fantadu"
So heißt es auch bei Helme Heine[2] und weiter heißt es: *Schließe beide Augen zu – stell dir mal vor, du bist ein...* Einige Ideen aus dem Buch lauten:

- *„Stell dir mal vor, du bist Musik.* Da möchtest du am liebsten dein eigenes Orchester sein und dein eigener Dirigent. Dein Radio könntest du dann verkaufen."
- *„Stell dir mal vor, du bist ein Hund.* Deine Freunde sind die anderen Hunde von nebenan, deine Feinde die Katzen und der Briefträger. Und wenn dich ein Floh hinter dem Ohr beißt, dann musst du dich mit dem Zeh kratzen."
- *„Stell dir mal vor, du bist ein Springbrunnen.* Den ganzen Tag darfst du mit Wasser spritzen und gurgeln und plätschern. Und manchmal schenkt die Sonne dir einen kleinen Regenbogen."

Und nun kann man sich auch eigene ungewöhnliche, lustige, schwierige, einfache, ernste oder banale Aufgaben ausdenken, wie z.B.:

- *„Stell dir vor, du bist ein Kaugummi!* Bist zunächst noch ein flaches Stück, von Papier umwickelt, wirst ausgepackt, in den Mund gesteckt, oftmals durchgekaut. Eine Kaugummiblase wird aus dir, die vielleicht platzt... Was kann noch mit dir passieren, wenn du ein Kaugummi wärst?"
- *„Stell dir vor, du bist ein Schneemann!* Du stehst steif und starr mitten im Winter, kannst dich nicht rühren. Dann aber wird die Sonne allmählich immer wärmer und du wirst immer weicher, beginnst zu tropfen, zu schmelzen, ganz und gar zu zerfließen. Was bleibt von dir übrig?"
- *„Stell dir vor, du bist eine Seifenblase!* Vorsichtig entstehst du, geformt vom warmen Atem eines Kindes, das dich behutsam in die Luft entsendet, dich anbläst, damit du eine Weile schweben kannst, wieder und wieder, aber dennoch naht bald schon dein Ende – wie sieht das aus?"

---

[2] Heine, H. (1979): Fantadu, Middelhauve

1. Erspielung

Alle können solche Aufgaben erfinden und die Durchführung anleiten. Die Spielerinnen und Spieler stehen gut im Raum verteilt, schließen die Augen, wenn es gefordert wird und hören sich die Aufgabenstellung genau an. Dann ertönt ein Beckenschlag als Zeichen, dass die Verwandlung begonnen hat. Alle dürfen nun natürlich die Augen wieder öffnen, weil es ja auch lustig sein kann, die anderen dabei zu beobachten, wenn aus ihnen gerade eine dicke Kaugummiblase wird...

„Kriechen, schleichen, stolpern..."
Der große Kinderbuchautor Josef Guggenmos hat eine hervorragende Aufgabe für uns formuliert, er schreibt:
> *„Wir gehen durchs Leben, wir schreiten, wir kriechen, wir schleichen, wir springen, wir stolpern, wir rennen... ich dachte an eine Folge von Szenen, die Urformen der Bewegung zum Hauptmotiv haben sollte!"* [3]

- Wir sammeln neben den oben genannten noch weitere Bewegungsarten, die uns aus verschiedenen Situationen bekannt sind und die wir bei Menschen und Tieren beobachtet haben: stolzieren, schlendern, schlurfen, hinken, hasten, balancieren, taumeln, tänzeln, hüpfen, waten...
- Alle Bewegungsarten schreiben wir auf Kärtchen[4], mischen sie gut durch und verteilen sie an Kleingruppen (zwischen drei und sechs Personen).
- Aus dem zufällig gezogenen Bewegungsmaterial können nun kleine Szenen entstehen, kurze Begegnungen. Einzige Regel: Die Minigeschichte soll einen klaren Anfang und ein deutliches Ende haben.
- Eine reizvolle Variante kann darin bestehen, zusätzlich zu den Bewegungskärtchen die Gesichter des Mimikwürfels auf Kärtchen[5] zu übertragen, und jede Gruppe zieht einige davon. Jetzt können die Gefühle, die die Gesichter ausdrücken (Freude, Trauer, Ärger, Begeisterung, Langeweile, Staunen/Angst), mit den Bewegungen verbunden werden – so erweitern sich die Möglichkeiten für die Szene erheblich. Na dann: Auf zur Szenenbastelwerkstatt!

---

[3] Guggenmos, J. (1974): Theater Theater! Österreichischer Bundesverlag, S. 8
[4] auch als Kopiervorlage zur Ergänzung auf S. 92
[5] auch als Kopiervorlage auf S. 93

Der Entwicklungsprozess

Bewegungsarten zum Kopieren (ggf. Vergrößern), Ausschneiden (und Ergänzen)

Stolpern	Schlendern
Schreiten	Stolzieren
Trippeln	Taumeln
Schlurfen	Rennen
Kriechen	Waten
Hinken	Schleichen
Torkeln	Humpeln
Hasten	Sprinten
Hüpfen	Torkeln

1. Erspielung

Die Mimikkärtchen[6]

[6] nach einer Idee von Hajo Bücken, weitere Spielideen und Vertrieb des Mimik-Würfels: Arbeitsstelle für Neues Spielen, Am Dobben 109, 28203 Bremen

Der Entwicklungsprozess

Mein Lieblingstier
Was ist mir an dem Tier meiner Wahl lieb und wichtig? Wie bewegt es sich, wie verhält es sich, was gibt es für Laute von sich, wie lebt es? Was hat es für Freunde, welche Feinde hat es? Welches Instrument wünsche ich mir zur Begleitung? Zu grundsätzlichen Fragen der Tierdarstellung wurde im 3. Kapitel Wesentliches ausgeführt. Zunächst aber sollen bei diesem Spiel nur wenige Regeln und Vorgaben die Darstellung der Spielerinnen und Spieler einschränken. Es geht vor allem um eine vielseitige Ideensammlung und um eine erste Ausdrucksschulung mit dem Ziel die Spiel- und Darstellungslust anzufachen.

- In einer ersten Spielrunde stellen sich alle Tiere vor. Können die anderen ohne Erklärung erkennen, um welches Tier es sich handelt?
- Nach den ersten offenen Darstellungsversuchen können wir gemeinsam charakteristische Bewegungen und Laute, aber auch Begleitungen auf Instrumenten aussuchen und einmal alle Katzen, Fische, Pferde oder Schlangen sein.
- Daraus können sich Tiertänze entwickeln oder Begegnungen zwischen gleichen, aber auch verschiedenen Tieren. Wir gestalten gemeinsam mit der ganzen Gruppe oder paarweise und in Kleingruppen und geben den Begegnungen und Tänzen Titel, wie
  - Gleich und gleich gesellt sich gern
  - Wie Hund und Katze
  - Katz und Maus
  - Gegensätze ziehen sich an
  - Tanz der wilden Pferde

Diverse Hüte...
...und andere Kopfbedeckungen stehen zur freien Wahl. Habe ich einen bestimmten Hut auf, verändert sich meine Haltung, mein Gang, meine Mimik, meine Gestik. Ich habe Erinnerungen, Assoziationen, die mitbestimmen, in welche Rolle ich mit dem Hut auf dem Kopf schlüpfe. Was können die folgenden Bilder alles erzählen?[7]

 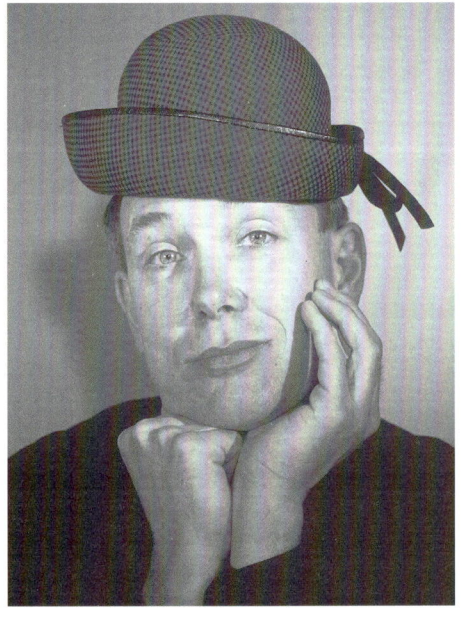

7 Die Abbildungen zeigen Michel Widmer in seiner Kindertheaterproduktion „Alles wird Hut" (www.theaterausdemkoffer.at)

1. Erspielung

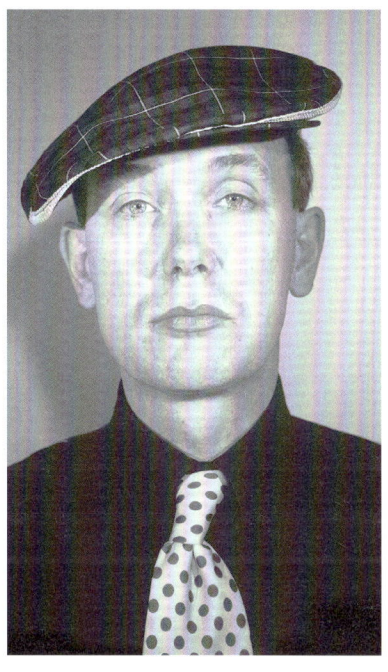  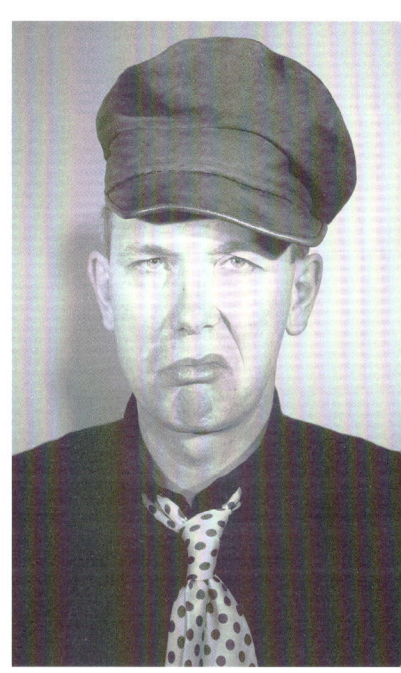

Interessante Requisiten...

...stehen zur Wahl, die mich drängen, in eine Aktion zu kommen. Wieder bestimmen Erinnerungen, Assoziationen, Erfahrungen mein Handeln und meine Rollengestaltung.

Ein Regenschirm
Was für ein Wetter! Es stürmt, blitzt und donnert, der Regen prasselt nieder und mittendrin ein armer Mensch mit seinem Regenschirm. Er kämpft gegen das Unwetter an, stemmt sich dagegen, klammert sich an den Schirm, duckt sich...

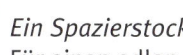

Ein Spazierstock
Für einen edlen Herrn als Modegegenstand? Für eine alte Dame als Gehhilfe? Um damit zu spielen wie Charlie Chaplin? Um einen lästigen Hund zu verjagen? Wer weiß, was den Spielerinnen und Spielern sonst noch einfällt!?

Ein Schwert
Ein Zauberschwert vielleicht, mit dem man jemanden nur leicht berühren muss, um ihn in seiner Bewegung erstarren zu lassen? Oder ein sehr schweres Schwert aus purem Gold, dass man mühsam nur mit beiden Händen hochheben kann? Muss ein Kampf mit einem unsichtbaren Geist bewältigt werden, bei dem der Kämpfer oder die Kämpferin wild herum springt und rundum heftig die Luft in Stücke haut, um dabei möglicherweise auch den Geist zu erwischen?

Der Entwicklungsprozess

Ein Zauberstab
Für dessen Verwendung braucht man natürlich mindestens einen guten Zauberspruch, sonst geht gar nichts! Wenn man außerdem noch einen Gehilfen oder eine Gehilfin hätte, würde alles noch leichter gehen... Ob man nun schreckliche oder schöne Dinge zaubert, hängt davon ab, ob man eine böse oder liebe Hexe, einen gehässigen oder gütigen Zauberer darstellen will!

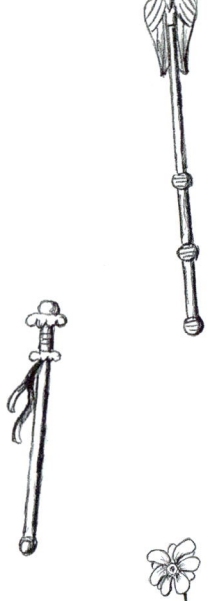

Ein Zeremonienmeisterstab
Ein würdevoller Gegenstand, der für einen Zeremonienmeister viel Verantwortung mit sich bringt. Klopft dieser dreimal laut und deutlich auf den Boden, wissen alle, es wird etwas sehr Wichtiges zu verkünden sein. Dazu muss der Zeremonienmeister seine Stimme erheben und laut und kräftig – am besten rufend oder singend – deklamieren, was der König ihm aufgetragen hat. Das kann das Volk erfreuen – *„Alle sind eingeladen zum großen Fest im Schloss!"* – oder auch in Verzweiflung stürzen – *„Der König lässt verkünden, dass das Hüpfen im Bett jedenfalls und für alle Zeiten verboten wird!"*

Ein Zepter
Ein deutliches Machtzeichen für einen König oder eine Königin. Wird es erhoben, zittern alle, vor Angst oder Vorfreude, je nachdem... (s.o.).

Eine Blume
Wer verschenkt eine Blume, wer hat eine erhalten? Und warum? Mit einer Blume in der Hand lassen sich unzählige kleine Geschichten erfinden. Dazu braucht es keine Worte, mit Gestik, Mimik und Körperhaltung, mit einem Gang durch den Raum kann schon viel erzählt werden!

Ein Fächer
Dahinter kann man sich verstecken, nur über den Rand schauen, ihn unentwegt aufgeregt oder nervös auf- und zuschlagen. Man kann unruhig hin- und hergehen und dabei ständig hektisch fächeln und dazu stöhnen. Man kann ihn zornig in die flache Hand schlagen oder als einen verlängerten Zeigefinger benützen, um auf jemanden zu zeigen.

Ein dickes Buch
Eventuell in Verbindung mit einer Brille spielt jemand den großen Gelehrten, der „lateinisch" vor sich hin murmelt und auf der Suche nach Erkenntnis rastlos wandelt... Immer wieder wird mit großer Geste die nächste Seite umgeblättert. Die Mimik und Gestik wird zeigen, ob es etwas Erfreuliches oder Enttäuschendes, etwas ganz und gar Neues oder aber Altbekanntes ist, was da – vielleicht teilweise mühsam – entziffert wird.

Eine altertümliche Papierrolle
Mühsam und vorsichtig wird sie entrollt, sicher enthält sie ein wichtiges Gesetz, das allen mit entsprechendem Ernst verkündet werden muss. Nicht jeder ist berufen, das zu tun! Ein hochrangiger Minister vielleicht, oder gar der König selbst?

Ein Handspiegel
„Spieglein, Spieglein an der Wand..." (oder in der Hand...) – in vielen Märchen spielt ein Spiegel eine wichtige Rolle. Man kann sich selber sehen, sich an dem Anblick freuen, sich erschrecken oder ärgern; man kann etwas anderes sehen, etwas Vergangenes oder Zukünftiges oder jemand anderen...

Ein edler Kelch
Vorsichtig oder heftig, vor lauter Durst an die Lippen geführt – was mag darin sein? Tut es mir gut oder wird es mich krank machen? Auf alle Fälle ist da viel Spielstoff drin!

Eine Handtasche/ein Koffer
Unerschöpflich ist dieses Requisit, denn jede Spielerin und jeder Spieler kann wieder etwas anderes in dem Koffer oder der Handtasche „finden". Denn was sie oder er entdeckt, muss den Zuschauenden einzig und allein durch die Reaktion darauf deutlich gemacht werden!

Eine Lupe
Was wird gesucht, was wird entdeckt, was wird gefunden und genauestens untersucht?

Ein Fernglas, Fernrohr
Hilft, ferne Länder zu entdecken oder den Feind zu beobachten und auszumachen – vielleicht werden aber auch seltsame Wesen und Gebräuche entdeckt?

Ein Globus
Auch als aufblasbarer Wasserball erhältlich, kann er viele Funktionen erfüllen. Mit dem Finger kann man schnell Meere und Kontinente durchqueren und sich so – ohne viel Aufwand – auf eine Reise um die Welt begeben...

Ein Telefon/ein Handy
Ein zeitgemäßes Requisit, das viel Improvisationsstoff bietet! Denn niemand weiß, wer am anderen Ende spricht, wenn es plötzlich klingelt und eine Spielerin oder ein Spieler abhebt... Wieder werden wir das nur erfahren, wenn wir einen erstaunten Aufschrei, ein freudiges Lächeln, ein zorniges *„Mit dir rede ich nicht mehr!"* zu hören und zu sehen bekommen.

Der Entwicklungsprozess

Instrumentalklänge...
...unterschiedlicher Klangfarben werden dynamisch und vom Tempo her variantenreich gespielt.
- Eine Kleingruppe von Instrumentalisten bereitet ein bestimmtes Klangbild zu einem selbst gewählten (oder auch gestellten) Thema vor.
- Mehrere Kleingruppen mit Darstellern hören sich das Klangbild an, besprechen sich kurz, schlüpfen in eine passende Rolle und gestalten das Klangbild.
- Anschließend werden die Vorstellungen der Musiker und der Darsteller miteinander verglichen. Wo herrschte Übereinstimmung, wo Diskrepanz?

Mögliche Themenstellungen:
- Tief, tief im tiefsten Tannenwald
- Fünftausend Meilen unter dem Meer
- Raumschiff Enterprise auf Weltraumexpedition
- Mir ist sooooooo langweilig!
- Das Jahrhundertunwetter
- Afrikanischer Tanz
- Chinesischer Tanz
- Zu Besuch bei Jack Frost im Eispalast

„Nomen est omen"
Namen sind *nicht* Schall und Rauch! Ob es sich um die berühmte Schildkröte „Tranquilla Trampeltreu" handelt oder um „König Hupf"; ob um „Prinz Prahlschnalle" oder „Prinzessin Pfiffigunde"; ob der Hofnarr „Springklingerli" oder „Stolperchen" heißt – egal: Der Name einer Person gibt uns oft Hinweise auf ihren Charakter und damit für ihre Gestaltung.
- Namen von erfundenen Gestalten oder aus einer Geschichte werden auf Kärtchen geschrieben und in kontrastreichen Kombinationen verteilt.
- Die Kleingruppen (oder Paare) sollen sich einen ersten Auftritt ihrer Charaktere überlegen in Verbindung mit einer Bewegungsbegleitung, eventuell auch in Verbindung mit einem Spruch oder Sprachspiel, das den Namen mitverarbeitet.
- Dieses Spiel kann zum Kennenlernen aller Figuren einer Geschichte, die gespielt werden soll, fungieren.

Manager Habssehreilig	**König Sandfloh**
König Hupf	**König Fettkloß**
König Bohnenstange	**Minister Oberwichtig**

III.1

1. Erspielung

Traumfresserchen	Prinz Prahlschnalle
Spielzeugprinzessin	Hofnarr Springerli
Prinzessin Pfiffigunde	Hofnarr Stolperchen

Abbildungen von Typen aus Geschichten

Die folgenden Aufgaben sind ebenfalls gut geeignet, um als direkte Vorübungen und Einstimmung in einen Stoff durchgeführt zu werden, der dann in der Folge als Basis für ein EMT-Projekt dienen soll. Aber auch hier kann die Aufgabenstellung zunächst nur zum Zwecke der Information ein Spektrum spielbarer Typen aller Art vorstellen (Menschliches, Tierisches und Fantastisches...). Die Abbildungen sind unterschiedlichen Büchern entnommen, die nicht alle an dieser Stelle näher behandelt werden. Wer Interesse an den kompletten Geschichten hat, kann sich an den entsprechenden Literaturangaben orientieren.

- Für alle Spielerinnen und Spieler gibt es ein Kärtchen (hier sollen, wie auch bei der „Spielstraße" auf S. 101, 102, die Abbildungen mehrfach vorhanden sein).
- Wieder finden sich die Kleingruppen (oder Paare) nur durch gegenseitige Beobachtung.
- Die Kleingruppen (oder Paare) haben zunächst die Aufgabe, sich mit dem Charakter des abgebildeten Wesens eingehend zu befassen und seine Bewegungsart, Haltung, Mimik, Gestik und instrumentale Begleitung festzulegen.
- Anschließend kann eine erste Zwischenvorführung aller Gruppen vorgenommen werden.
- Die zweite Aufgabe besteht nun darin, sich vorzustellen, in welcher Geschichte dieses Wesen eine Rolle spielen könnte und eine kurze Szene zu erfinden. Dafür können nun auch weitere Rollen oder Aufgaben entwickelt und an die Kleingruppenmitglieder verteilt werden.
- Die Abschlussvorführung stellt die erfundenen Szenen zur Diskussion.
- Hat man Charaktere aus einer Geschichte gewählt, die man nun als Spielstoff vorstellen möchte, kann es zu einigen Überraschungen, zu Erstaunen und Erheiterung führen, dann die „richtige" Geschichte kennenzulernen!

Der eitle Matador

Der Entwicklungsprozess

Das hungrige Traumfresserchen

Der besessene Stier

1. Erspielung

Die wilden Mondanbeter

Der neugierige Minister

„Auf der Spielstraße"

- „Wer findet seinen Spielfreund?" – Auf Karten sind Personen abgebildet, die verschiedenen Aktivitäten nachgehen; jede Karte ist mindestens zwei- oder auch mehrfach vorhanden. Die Karten werden verteilt, niemand zeigt seine Karte. Jeder probiert seine kleine Darstellung aus, dabei ist weniger mehr: eine Geste, Haltung, Schrittart durch Wiederholung zum Motiv werden lassen. Ggf. können einzelne Utensilien verteilt werden und die Darstellung unterstützen (z.B. eine Kopfbedeckung, ein Tuch, ein bestimmter Gegenstand wie ein Stock, ein Schirm usw.) Die Partner, die dieselbe Karte gezogen haben, werden sich bald gefunden haben!

- „Auf der Spielstraße" – Die Spielstraße wird gemeinsam vorbereitet. Klebeband, Seile u.ä. können die Ränder markieren; es reicht aber auch, wenn sich alle Mitspieler so aufstellen (oder setzen), dass zwischen ihnen eine Gasse entsteht. Wir wählen diese Raumaufstellung, um der Darstellung nicht nur eine klare Raumorientierung zu geben, sondern auch, um durch den Weg hin und zurück Zeit zu gewinnen – denn die Zeitdauer der Darstellung wird durch den gegebenen Raum gewonnen, aber auch sinnvoll begrenzt!

  - **Zum ersten Durchgang** treffen sich nun nacheinander jeweils die Paare (oder Kleingruppen), die sich gefunden haben, und können nun den anderen auf der Spielstraße – mindestens einmal hinauf und einmal hinunter – ihre Rolle präsentieren. Die Zuschauer beschreiben, was sie sehen, und bitten um detailliertere Darstellung, wenn die Rolle nicht erkannt werden kann.

  - **Zum zweiten Durchgang** wählen sich alle Spieler ein bis zwei Instrumente und verteilen sich am Spielstraßenrand. Es wird nach und nach versucht, für die Bewegungen der einzelnen Darstellungen Klänge, Geräusche, Rhythmen, Melodien zu finden – dabei gilt es darauf zu achten, dass nicht immer jedes Instrument spielen muss, sondern nur dann zum Einsatz kommt, wenn es zur Bewegung, zur Stimmung oder zur Atmosphäre des Dargestellten passt (vgl. hier auch die Hinweise zur Bewegungsbegleitung auf S. 58)!

- „Die Jokerkarte" (Variation für ältere Spielerinnen und Spieler) – Es gibt leere Karten, sogenannte „Joker". Wer eine Jokerkarte gezogen hat, denkt sich eine eigene Bewegung, eine eigene Rolle aus, er bleibt Solist und die anderen versuchen herauszubekommen, was oder wen er darstellt.

Der Entwicklungsprozess

Seiltänzerin mit Schirmchen in der Hand

Stolzierender König mit Krone und Zepter, huldvoll grüßend

Spaziergänger im stürmischen Regenwetter

Lastenträger mit schwerem Sack auf dem Rücken

Ein Humpelnder mit Gipsbein

Alte Oma mit Stock, zitternd und in gebeugter Haltung

Hüpfendes, lachendes Kind mit nach oben gestreckten Armen

Misstrauisch sich umschauender Anschleichender

Fassen wir zusammen

- Die Übungen und Spiele zur Vorbereitung können zielorientiert zur Einführung eines Spielstoffes eingesetzt werden.
- Sie können aber auch zum Warmwerden und Gewöhnen an das szenische Gestalten und zur allgemeinen Information von allem „Spielbaren" Verwendung finden.
- Alle Vorschläge sind als Modelle zu verstehen – wirklich lebendig werden die Spiele erst mit eigenen Ideen aus der jeweiligen Spielgruppe!
- Alle Spiel- und Darstellungsversuche – auch die allerkleinsten und vorsichtigsten – bekommen IMMER Applaus und NIEMALS abwertende Kritik, was nicht bedeutet, dass nicht stetig und konsequent an einer Steigerung des Anspruchsniveaus und somit an der Qualität der Darstellung gearbeitet werden kann!
- Das Spiel- und Darstellungsniveau allgemein wird besonders durch den Einsatz vieler Varianten desselben Themas, zusammengefasst z.B. in folgenden Fragen, die so oder so ähnlich zum Standardrepertoire der Gruppenleiterin oder des Leiters gehören sollten: „Was noch?", „Wie geht es weiter?", „Was war vorher?", „Gibt es was ähnliches?" – und in der Aussage gipfeln können: „Ich bin immer neugierig auf mehr!"
- Die „Spielstraße" (oder auch der „Laufsteg") ist unsere bevorzugte Darstellungsfläche für die meisten Übungen und Spiele. Der Kreis ist hierfür eher ungeeignet, da sein Raum(weg)angebot unpassend ist: Entweder läuft die Spielerin oder der Spieler rasch auf den Kreismittelpunkt zu, macht eine Bewegung vor und rennt wieder zurück, oder aber ein „Einschwenken in die Kreisbahn" führt zu einer „ewigen", nicht enden wollenden (könnenden) Bewegung...

1.2 „Kleine Formen" – zur Vorbereitung und zum Rollenschlüpfen

Nach den „Etüden" wollen wir uns nun bereits kleinen Geschichten zuwenden, die uns kürzer oder länger beschäftigen können – ganz nach Art und Intensität der Ausgestaltung. Vom spontanen Mitmachspiel, das nach zehn Minuten vorbei ist, bis hin zum Wochenprojekt in aller Ausführlichkeit ist alles drin. Entscheiden Sie selbst!

Drei Bewegungsgeschichten

Hier legen wir den Schwerpunkt auf die Bewegungsgestaltung. Musikalisches und sprachliches Spiel brauchen aber nicht ganz zu fehlen! Bewegungsgeschichten kann man sich selber ausdenken, oder man greift auf geeignete Bilderbücher oder Geschichten zurück. Eric Carles weltberühmte Geschichte von der kleinen Raupe Nimmersatt[8] ist ein besonders gutes Beispiel, weitere Hinweise finden Sie im Literaturverzeichnis.

Die hier als Vorbilder aufgeschriebenen Bewegungsgeschichten sind zum spontanen Miterleben gedacht. Es ist nicht notwendig, sie Wort für Wort auswendig aufzusagen! Vielmehr kann die Erzählerin oder der Erzähler mit Lust am Fabulieren die Erzählung bereits zum Erlebnis werden lassen. Einige Instrumente sollen gut erreichbar aufgestellt werden, um hin und wieder durch Geräusche, Klänge, Rhythmen und Melodien das Gesagte zu illustrieren und die Bewegung zu begleiten. So entsteht bestenfalls ein lebendiges Wechselspiel von Bewegung und Wort, Gefühl und Stimmgeräusch, von Aktion und Klang.

---

[8] Carle, E. (1969): Die kleine Raupe Nimmersatt, Stalling

Der Entwicklungsprozess

Wenige Spielhinweise sollten hier ausreichen, um – angepasst an die eigene Situation und Gruppe – diese Geschichten „ins Spiel zu bringen" und „in Szene zu setzen".

„Der Flaschengeist" (von Manuela Widmer)	*Spielhinweise*
Es war einmal ein kleiner Flaschengeist, der hockte bereits seit 100 Jahren tagein, tagaus am Boden einer bauchigen Flasche, die mit einem Korken fest verschlossen war, und langweilte sich.	• klein zusammengekauert • gelangweilte Mimik, Gestik und Sitzhaltungen • eintönige, sich wiederholende Klänge • klagende Laute
Immer wieder versuchte er, sich ein wenig Bewegung zu verschaffen, aber das war weitaus leichter gesagt als getan! Dennoch brachte er es nach und nach zu großer Fertigkeit und fand hundert verschiedene Arten auf dem Boden seiner Flasche zu sitzen – eine für jedes Jahr seines Aufenthaltes!	• die „100" verschiedenen Sitzversuche werden durch Klangimpulse ausgelöst.
Manchmal versuchte er auch ein Bein oder einen Arm ganz lang zu machen und in Richtung Korken auszustrecken... Er streckte und reckte sich, dass einem angst und bange werden konnte – aber weder mit seiner ganz nach oben ausgestreckten Fußspitze noch mit dem äußersten Ende seines längsten Fingers konnte er den Korken erreichen.	• die Streck- und Reckversuche werden klanglich begleitet, z.B. durch Streich- oder Blastöne (Lotosflöte).
Ganz verzagt und erschöpft sank er auf dem Boden der Flasche in sich zusammen. Ganz klein und rund kugelte er ein wenig von Flaschenwand zu Flaschenwand, drückte sich dann wieder mit dem Rücken an die gläserne Rundung und wechselte noch einmal die Stellung seiner Beine...	• traurige Stimmung wird durch eine entsprechende Melodieimprovisation ausgedrückt.
...da erfasste ihn plötzlich ein kalter, heftiger Luftzug und gleichzeitig blendete ihn schmerzhaft ein greller Lichtstrahl. Seine Behausung schwankte zudem gefährlich hin und her – ja war denn das möglich? Die Flasche war offen, der Korken gezogen!	• ein Beckenschlag kann die Befreiung symbolisieren.

Überaus rasch konnte sich der kleine Flaschengeist erinnern, was nun zu tun war. Immer schon hatten die Flaschengeister ein Sprüchlein aufgesagt, wenn sich ihnen ihre Flaschen öffneten:

*Susa simm saus,
heraus mit Gebraus,
wendig als Rauch,
heraus aus dem Bauch!*

- der Spruch wird vorgesprochen – die Flaschengeister in ihren Flaschen sprechen ihn nach (eventuell auch Zeile für Zeile – je nach Alter).

Und als wunderschöne weiche wendige Rauchsäule entkam der kleine Flaschengeist seinem Gefängnis, freute sich unbändig seiner wiedergewonnenen Freiheit und flog und tanzte, drehte und wirbelte so glücklich durch die Lüfte, dass er gar keine Zeit hatte, sich zu fragen, wer ihn da eigentlich befreit hatte...

- zur Bewegungsbegleitung oder einer passenden eingespielten Musik wird die Geschichte mit dem wundersamen Flaschengeisttanz abgeschlossen.

Aber das ist eine andere Geschichte.

„Die Geburt des Schmetterlings"
(von Manuela Widmer)

Spielhinweise

Jedes Kind weiß, was da passiert. Dieses kleine, weiße, runde Ei ist zuerst da und aus dem kugelrunden, kullerigen, kleinen weißen Ei schlüpft diese grüne, kleine, länglich sich schlängelnde, krümmende bewegliche – und wie manchmal erzählt wird, überaus hungrige – kleine Raupe.

- winzigklein und kugelrund liegen die Eier, bevor – schwuppdiwupp – auf ein Signal hin die kleinen Raupen ausschlüpfen.

Aber diese bekannte Geschichte will ich gar nicht erzählen, weil sie sowieso jeder kennt. Unsere Raupe ist natürlich auch hungrig, aber vor allem ist sie neugierig und sie hat viele Brüder und Schwestern, mit denen sie gemeinsam ihre kleine Welt erkundet.

- aus der runden wird eine längliche Haltung und eine schlängelnde, sich krümmende Raupenbewegung.

Der Entwicklungsprozess

Oben drüber, über alles, worüber man sich schieben kann; unten durch, unter allem, unter dem man sich durchquetschen kann, ja und manchmal geht es auch einfach nicht weiter, dann dreht unsere Raupe eben um oder rutscht zur Abwechslung rückwärts, was ein wahres Kunststück für eine so kleine Raupe ist! Manchmal rollen sich alle Raupenkinder auch einen Hang hinunter. Unten angekommen kann es passieren, dass sie alle übereinander kullern und einen regelrechten Raupenhaufen bilden…

- oben drüber schieben
- unten durch quetschen
- rückwärts kriechen
- rollen und einen Raupenhaufen bilden…

Mit der Zeit werden die Raupenkinder ausgewachsene dicke, fette Raupen und niemand findet sie mehr niedlich! Ihre Zeit ist um, sie beginnen sich einzuspinnen, immer rundherum, rundherum, rundherum verpuppen sie sich und bleiben schließlich reglos liegen. Lange passiert rein gar nichts.

- alle kleinen Raupen wachsen zusammen zu einer einzigen dicken, ausgewachsenen Raupe. Die lange, dicke Raupe geht langsam rundherum eine Spirale – enger und enger – und setzt sich am Ende – verpuppt – hin.

Aber da – da – da noch mal – und da – knackt was – schau nur, wie sie so neu geboren ihre Flügel glätten, auseinander falten, ausdehnen und ausstrecken, die Schmetterlinge. Da flattert der erste davon, und da der zweite! Schon folgt ihnen der dritte und der vierte und auch der fünfte lässt nicht lange auf sich warten. Nun sind sie alle ausgeschlüpft, sie torkeln noch ein wenig unbeholfen über die Wiese, aber das wird schon!

- jedes einzelne Raupen(mit)glied hatte vorher bereits zwei bunte Tücher versteckt gehalten. Jetzt schlüpfen die Schmetterlinge nach und nach aus und fliegen über die Wiese.

"Die Reise auf den Mond"
(von Manuela Widmer)

Darstellungshinweise

Wenn wir könnten, wie wir wollten, wären wir schon längst mal auf den Mond geflogen! Ab in eine Rakete und los geht's – pfeilschnell schießen wir durch das Weltall, mit Lichtgeschwindigkeit, lautlos, schwerelos, endlos. Wenn wir die Augen schließen und so vor uns hinträumen, können wir alles ganz deutlich vor uns sehen: wie die Erde immer kleiner wird, wie dunkel es um uns wird, wie wir die Berge auf dem Mond schon immer besser erkennen können – ja und da sind wir auch bereits gelandet!

- diese Reise wird wirklich mit geschlossenen Augen erlebt – viele Geräusche vermitteln eine besondere Stimmung.
- auch eine geeignete „Konservenmusik" kann hier zum Einsatz kommen.

Nun stecken wir in Raumanzügen und haben diese unförmigen Helme auf dem Kopf und Bleischuhe an den Füßen, damit wir auf unserem Mondspaziergang nicht allzu große Sprünge machen... Vorsichtig setzen wir Fuß vor Fuß – nur nicht zu viel Kraft einsetzen! Zur Sicherheit breiten wir die Arme aus, es sieht ein bisschen so aus, als hätten wir gerade erst Laufen gelernt.

- diese besonderen Bewegungen erproben wir – durch die Erzählung geleitet – Schritt für Schritt, Fuß vor Fuß setzend.

Nach ein paar Schritten werden wir schon mutiger, ja einige von uns sind gar übermütig genug, bereits kleine Sprünge zu wagen. Hoffentlich geht das gut! Aufgepasst, schau nur, da strauchelt jemand, fuchtelt mit den Armen, um das Gleichgewicht nicht zu verlieren – rasch, so rasch es eben geht, versuchen wir alle, rechtzeitig bei ihm einzutreffen, um ihn vor einem Sturz zu bewahren, denn das könnte gefährlich werden!

- wer wird der Mutige, Übermütige sein? Wir wissen es nicht, wir müssen einander gut beobachten und in der Situation entsprechend reagieren – strauchelt da etwa einer, droht jemand das Gleichgewicht zu verlieren? Nichts wie hin! Aber vorsichtig!

Gerade noch konnten wir ein Unglück verhindern, den Rest des Mondspazierganges legen wir diszipliniert zurück, geduldig Fuß vor Fuß setzend, so als hätten wir gerade erst laufen gelernt...

- Klänge für die Rückkehr auf die Erde können die Geschichte beschließen.

Der Entwicklungsprozess

Drei Kurzgeschichten

Die folgenden drei Geschichten sind hinlänglich erprobt und eignen sich besonders gut zur Vorübung, um den Mut für ein umfangreicheres EMT-Projekt zu finden. Die „Räubergeschichte" fand auch bereits Aufnahme in Hermann Urabls Musizier- und Übebuch für Stabspiele „Von Räubern, Riesen und Getier"[9], für das er ein reizvolles Räuberlied schrieb, das im Zusammenhang mit der Geschichte sehr gut zum Einsatz kommen kann.

„Die Geschichte vom Wecker im Wald" wurde schon von Wilhelm Keller in seinen „Minispectacula" aufgenommen. An dieser Geschichte können alle Beteiligten nach wie vor viel lernen! „Die Tänzerin" kann als Vorlage für ein spontanes Mitspieltheater (ähnlich wie die Bewegungsgeschichten) dienen, aber auch – und gerade mit älteren Kindern oder altersgemischten Gruppen – ausführlich musikalisch-tänzerisch-sprachlich gestaltet werden. Die Spielhinweise gehen eher in die letztere Richtung.

„Eine Räubergeschichte" (von Hanna und Rolf Hanisch)[10]	Spielhinweise
Es ist dunkle Nacht. Nichts ist zu sehen.	**Die Nacht...** ...ein Tremolo auf einem Bassstab (Bassxylophon)
Drei Räuber stapfen durch den Wald.	**Der Wald...** ...ein Schallmosaikspiel
Der erste heißt ZACK.[11] Der zweite heißt ZACK-ZERACK. Der dritte heißt ZACK-ZERACK-ZEROMINI.	**Die Räuber...** ...können ihren Namen entsprechend sich selbst rhythmisch begleiten. Ihre Namen weisen auch auf mehr oder weniger Entschlossenheit und Mut hin:
	ZACK ...ist der Mutigste und geht voran, Schritt für Schritt...
	ZACK ZERACK ...zweifelt schon etwas an der Mission – er geht einen Schritt vor – aber auch zwei kleinere wieder zurück...
	ZACK ZERACK ZEROMINI hingegen wollte eigentlich überhaupt nicht mitkommen – er geht zwar auch einen Schritt vorwärts, pendelt dann unschlüssig hin und her, dreht sich schließlich blitzschnell und will lieber Reißaus nehmen...

ZACK – der Mutige!

ZACK-ZERACK – der Zögernde

ZACK-ZERACK-ZEROMINI – der Ängstliche

---

[9] Urabl, Hermann (1994) Schott-Verlag, Mainz
[10] aus: „Das Kinderjahr", Heft 14 (1976) Deutscher Theaterverlag, Weinheim
[11] Vereinfacht können die Räuber die Namen ihrer „Unfälle" bekommen: Zack heißt dann ZACK-BUMM, Zack-Zerack heißt dann ZACK-HOPPLA, Zack-Zerack-Zeromini heißt dann ZACK-PLATSCH

1. Erspielung

Sie stapfen durch den dunklen Wald.
Sie suchen einen Schatz. Und wo steckt der Schatz?
Der Schatz steckt im alten Schloss. Und wo liegt das Schloss?
Das Schloss liegt im Wald. Dort!

Im undurchdringlichen Wald!

Die Räuber stapfen darauf zu.
Die Räuber ducken sich.
Sie schleichen mit leisen Schritten.
Sie schieben die Zweige zur Seite.
Sie stehen vor dem Schloss.

Sie klopfen an das Tor. Sie schauen durch ein Fenster.
ZACK stößt mit dem Kopf an die Scheibe.
Es klirrt. Klirrrrrrrrrrrrrrrrr...
Das Schlossgespenst kichert. Hihihihihihihi.

Da kriegen die Räuber einen Schreck und rufen: „HILFE!"
Sie laufen davon.

ZACK stößt gegen einen Baum. BUMM!
ZACK-ZERACK stolpert über einen Stein. HOPPLA!
ZACK-ZERACK-ZEROMINI plumpst in einen Bach. PLATSCH!
Das Schlossgespenst lacht. Hohohohohoho.
Die Räuber ziehen wieder ab.

- ...außerdem stapfen, schleichen und bücken sie sich, schieben die Zweige zur Seite...

- **Die Bäume** bilden einen dichten Wald, verzweigen ihre Äste, wiegen sich im Wind, setzen sich den Eindringlingen zur Wehr... Sie werden von den Räubern angerempelt und „geknickt" und dennoch ist es nicht leicht für die Räuber, einen Weg durch das Dickicht zu finden...

- **Die Räuber** staunen

- **Die Räuber** erstarren vor Schreck, rufen um Hilfe, stolpern und stoßen sich auf der Flucht, fallen, rappeln sich wieder auf, jammern und humpeln davon...

- **Gespenster** erschrecken die ungebetenen Besucher durch gespenstische Tänze und Laute – durch Kreisen und Drehen, Wachsen und Schrumpfen, Zappeln und Wackeln, Kichern, Johlen, Plappern und Lachen...

Manuela Widmer *Spring ins Spiel* © Fidula

Der Entwicklungsprozess

Die folgende Geschichte kann als „Prototyp" eines EMT-Stoffes bezeichnet werden. Sie vereinigt alle wesentlichen Charakteristika, die wir von einer spielbaren Geschichte erwarten:

- Viele unterschiedliche Rollen (keine ausgeprägte Hauptrolle!), die an die jeweilige Gruppensituation anpassbar sind (statt zwei können auch drei oder mehr Mäuse auftreten; wollen die Kinder ein schlaues Fuchspärchen zum Wecker schicken, ist auch das denkbar).
- Eine ausbalancierte Mischung aller Spielformen ist möglich:
  - Bewegungsgestaltung und -begleitung für die Tiere
  - Instrumentalmusik für den Wald
  - Sprachspiel für den Wecker
  - Lied(er) für den Wecker, die Tiere, den Wald
  - Gesungene Dialoge
  - Solo- („Uhuarie") und Tutti-Aufgaben („Sprechchor")
- klarer dramaturgischer Aufbau (Reihenform mit wiederkehrenden Refrainteilen)
- wenig Text, viel Bewegung, einfache Raumgestaltung, einfache Ausstattung

„Die Geschichte vom Wecker im Wald" (von James Krüss)[12]	Spielhinweise
Mitten in einem Wald stand ein Wecker, den eine Ausflugsgesellschaft dort vergessen hatte. Obwohl er für niemanden mehr die Zeit anzeigte, zählte er brav die Sekunden, wie es sich für einen ordentlichen Wecker gehört. Er machte „schnick", wenn eine halbe, und „schnack", wenn eine ganze Sekunde um war und ließ sich dabei von niemandem stören.	- Waldmosaikspiel - Der Wecker: ein „Wesen", das aus mehreren höchst aktiven „Teilen" besteht und das – ohne sich vom Platz zu bewegen – dennoch einen lebendigen Eindruck vermitteln soll!
Nun kamen zwei Mäuse vorbei, die sahen den Wecker. Sie blieben erstaunt stehen und sagten: „Guten Tag, Verehrtester!"	- Bewegungsdarstellung der Mäuse mit entsprechender Bewegungsbegleitung.
„Schnick-schnack, schnick-schnack!", tickte die Weckeruhr. Die Mäuse sahen sich an, und dann fragte die erste Maus: „Sind Sie vielleicht eine Pflanze?"	- Raumweggestaltung - Singende Dialoggestaltung
„Schnick-schnack, schnick-schnack!", tickte die Weckeruhr. „Sind Sie dann vielleicht ein Tier?", fragte die zweite Maus. „Schnick-schnack, schnick-schnack!", tickte die Weckeruhr. Da fragten die beiden ängstlich: „Fressen Sie vielleicht Mäuse?"	- Chorischer Auftakt für den Weckerprotest: - „Nun wurde dem Wecker die Fragerei zu bunt!"

[12] In: Lepman, J./Schmitthenner, H.-J. (1976): Die schönsten Gutenachtgeschichten (Ullstein TB 172)

1. Erspielung

Nun wurde dem Wecker die Fragerei zu bunt, denn sie störte ihn im Sekundenzählen, und er hielt diese Tätigkeit für sehr wichtig. Deshalb begann er zu rasseln und zu schnarren und gewaltig zu läuten.

Da bekamen die beiden Mäuse einen fürchterlichen Schreck. Sie rannten davon und riefen:
„Im Walde steht ein Mäusefresser!
Im Walde steht ein Mäusefresser!
Im Walde steht ein Mäusefresser!"

Das hörten zwei Falken, die über dem Wald ihre Kreise zogen.
„Ein Mäusefresser?", rief der erste Falke. „Den muss ich sehen!" „Ich auch!", sagte der zweite Falke.
Die beiden stießen hinunter in die Bäume und landeten genau vor dem Wecker auf dem Nadelboden. Sie sagten: „Guten Tag, Verehrtester, fressen Sie vielleicht Mäuse?"
„Schnick-schnack, schnick-schnack!", tickte die Weckeruhr.
Die Falken sahen sich an und sagten: „Mäuse frisst er nicht!"
„Können Sie vielleicht fliegen?", fragte der erste Falke.
„Schnick-schnack, schnick-schnack!", tickte die Weckeruhr.
„Legen Sie vielleicht Eier?", fragte der zweite Falke.
„Schnick-schnack, schnick-schnack!", tickte die Weckeruhr.
„Können Sie überhaupt etwas anderes als ‚schnick-schnack' sagen?"

Nun wurde dem Wecker die Fragerei zu bunt, denn sie störte ihn im Sekundenzählen, und er hielt diese Tätigkeit für sehr wichtig. Deshalb begann er zu rasseln und zu schnarren und gewaltig zu läuten.

Da lachten die beiden Falken und riefen: „Gackern kann er auch noch. Also ist er ein Huhn und dumm!"
Sie drehten sich voller Verachtung um, flogen wieder in die Luft und schrien:
„Im Wald steht ein dummes eisernes Huhn!
Im Wald steht ein dummes eisernes Huhn!
Im Wald steht ein dummes eisernes Huhn!"

- RIESENGETÖSE ...und das lauteste Instrument (meist das Becken als Läutwerk) erhält die Aufgabe durch sein Aufhören den Wecker wieder zum Schweigen zu bringen!

- Als erste Reaktion ERSTARREN die Mäuse! Erst NACH dem Krach verkünden sie laut rufend ihre Erkenntnis in drei verschiedene Richtungen laufend...

- Falkenbewegungen
- Falkenbegleitung
- Dialog mit dem Wecker

- Chorischer Auftakt für den Weckerprotest:
- *„Nun wurde dem Wecker die Fragerei zu bunt!"*

- RIESENGETÖSE

- Auch die Falken warten das Getöse ab, bevor sie sich wieder in die Lüfte schwingen und ihre Sicht der Dinge verkünden...

Das hörten zwei Igel, die im Walde als Einsiedler lebten.
„Ein dummes eisernes Huhn?", rief der erste Igel.
„Das muss ich sehen!" „Ich auch!", sagte der zweite.
Sie krochen durch die Bäume zum Wecker und sagten:
„Guten Tag, Verehrtester, sind Sie vielleicht das dumme eiserne Huhn?"

„Schnick-schnack, schnick-schnack!", tickte die Weckeruhr.

Die Igel sahen sich an und sagten: „Ein dummes eisernes Huhn ist das nicht!"

„Halten Sie die Igel für dumm?", fragte der erste Igel.

„Schnick-schnack, schnick-schnack!", tickte die Weckeruhr.

„Halten Sie die Schnecken für klug?",
fragte der zweite Igel.

„Schnick-schnack, schnick-schnack!", tickte die Weckeruhr.

Da fragten die beiden Igel ehrfurchtsvoll:
„Sind Sie vielleicht ein weiser Mann?"

Nun wurde dem Wecker die Fragerei zu bunt, denn sie störte ihn im Sekundenzählen, und er hielt diese Tätigkeit für sehr wichtig. Deshalb begann er zu rasseln und zu schnarren und gewaltig zu läuten.

Da bekamen die Igel einen Heidenrespekt vor dem Wecker. Sie krochen unter vielen Verbeugungen rückwärts davon und murmelten:
„Im Walde lebt ein weiser Mann!
Im Walde lebt ein weiser Mann!
Im Walde lebt ein weiser Mann!"

Ein alter Uhu, der mit seiner Frau auf einem Baume saß, hatte alles beobachtet und sich seine Gedanken darüber gemacht.

Nun sagte er zu seiner Frau:
„Die Tiere des Waldes tun diesem Sekundenschnurrer da unten viel zu viel Ehre an. Das ist kein Mäusefresser, wie die Mäuse glauben. Er ist auch kein dummes eisernes Huhn, wie die Falken meinen. Er ist schon gar kein weiser Mann, wie die Igel sagen. Er ist etwas viel Schlimmeres: Er ist ein Störenfried bei uns im Walde und ganz unnötig."

- Mit den Igel wiederholt sich das Geschehen ein drittes Mal...

- Chorischer Auftakt für den Weckerprotest:
- *„Nun wurde dem Wecker die Fragerei zu bunt!"*

- RIESENGETÖSE

- Rasch hatten die Igel sich zum Schutz gegen den Krach zu einer Stachelkugel gerundet, aus der sie nun vorsichtig wieder ihr Schnäuzchen hervorstrecken, um den Waldbewohnern klar zu machen, wer sich ihrer Meinung nach „wirklich" hinter diesem Wesen verbirgt...

- Der Uhu, der ja nun tatsächlich weise ist, ist da allerdings ganz anderer Meinung und die verkündet er in einer großen Arie.
Im Anschluss daran weiß er den Weg, um dem Spuk endgültig ein Ende zu machen...

1. Erspielung

Nach diesen Worten flog der alte Uhu auf und ließ ein weißes Kleckschen fallen, das genau auf das blanke Läutwerk des Weckers platschte und ihn so erschreckte, dass er nur noch ein einziges Mal „schnick" machte – und dann wurde es totenstill im Wald.

Ein Waldmosaikspiel schließt das Spiel ab – diesmal aber ohne „schnick schnack"-Geräusche!

Der Wecker hatte aufgehört, die Sekunden zu zählen.

Folgende Kärtchen können zum Kennenlernen der Rollen verwendet werden:

Der Entwicklungsprozess

Die letzte Geschichte führt uns in eine andere Welt und so werden wir uns mit Interesse Bilder von indischen Tänzerinnen und Tänzern, Musikern und Musikinstrumenten anschauen und indische Musikbeispiele anhören.

- Besondere Aufmerksamkeit wird im indischen Tanz dem Zusammenhang von Bewegung, Musik und Gefühlshaltung der Tänzerin und des Tänzers geschenkt[13]. Aber man unterscheidet auch rein rhythmische von expressiven Tänzen, wobei der rhythmische Tanz nicht etwa in modernem Sinn abstrakter Tanz ist, sondern durch „bloße Schönheit" beim Zuschauer einen heiteren Gefühlszustand hervorrufen soll. Demgegenüber erzählt der expressive Tanz poetische oder mythologische Handlungen nach und übermittelt deren Sinn[14].
- In den Tänzen, die die Tänzerin in Gibrans Geschichte präsentiert, überwiegt die poetische Ausdrucksform und unsere Fantasie darf sich über kulturelle und zeitliche Grenzen hinwegheben, wenn sie tanzend und darstellend herauszufinden trachtet, wie ein Flammentanz zu gestalten ist, ein Sternentanz oder gar ein Tanz des Universums...
- Da der indische Tanz ganz besonders stark von unglaublich differenzierter Handgestik geprägt ist, seien als Anregung eine Auswahl einhändiger und beidhändiger Handgesten abgebildet (vgl. S. 115)[15].

„Die Tänzerin" (von Khalil Gibran)	Spielhinweise
An den Hof des Fürsten Birkasha kam einst eine Tänzerin, von Musikanten begleitet.	- Feierlicher Einzug des Fürsten und seines ganzen Hofstaats mit Musik.
Sie erhielt die Erlaubnis aufzutreten und tanzte vor dem Fürsten zu der Musik von Laute, Flöte und Harfe. *(Das Instrumentarium für die Tanzmusik wird den Fähigkeiten der Spielerinnen und Spieler angepasst: Auch reine Klang- und Rhythmusspiele mit Cymbeln, Schellen und Trommeln sind vorstellbar. Aber auch freie Melodieimprovisationen auf einfachen Saiteninstrumenten wie Zupf- und Streichpsalter können zum Tanz begleiten.)*	- Die Tänzerin – durchaus auch eine ganze Gruppe von Tänzerinnen und Tänzern – in Begleitung von Musikern und Musikerinnen wird vom Zeremonienmeister angekündigt.
Den Flammentanz tanzte sie und den Tanz der Schwerter und Speere; sie tanzte den Sternentanz und den Tanz des Universums. Und schließlich tanzte sie den Tanz der Blumen im Wind.	- Der Text ist voll von Anregungen für verschiedene Tänze und Darstellungen. Neben selbstgestalteter Musik und Klangspielen, können hier Originalbeispiele indischer Musik zum Einsatz kommen.

---

[13] Vgl. Baldissera/Michaels (1988): Der indische Tanz. Köln, S. 44 ff
[14] a.a.O., S. 50 f
[15] a.a.O., S. 53 ff

Danach stand sie vor dem Thron des Fürsten und verneigte sich. Der Fürst bat sie näher zu treten und sprach zu ihr: „Schönes Weib, du Tochter von Anmut und Wonne, woher stammt deine Kunst? Wie kommt es, dass alle Kräfte der Natur in deine Bewegungen und deine Lieder fließen?"

Wieder verneigte sich die Tänzerin vor dem Fürsten und antwortete: „Mächtiger und gütiger Herrscher, ich kenne die Antwort auf deine Frage nicht. Ich weiß nur dies: Des Philosophen Seele wohnt in seinem Haupt, die des Dichters in seinem Herzen; die Seele des Sängers hält sich irgendwo in seiner Kehle auf, doch der Tänzerin Seele fließt in ihrem ganzen Körper."

○ Das Gespräch mit dem Fürsten könnte auch Inhalt eines Liedes werden, in dem Tänzerin und Fürst solistisch je eine Strophe singen und die anderen Tänzerinnen und Tänzer, Musikerinnen und Musiker sowie die Hofgesellschaft einen Refrain übernehmen[16].

Eine Auswahl indischer Handgesten:

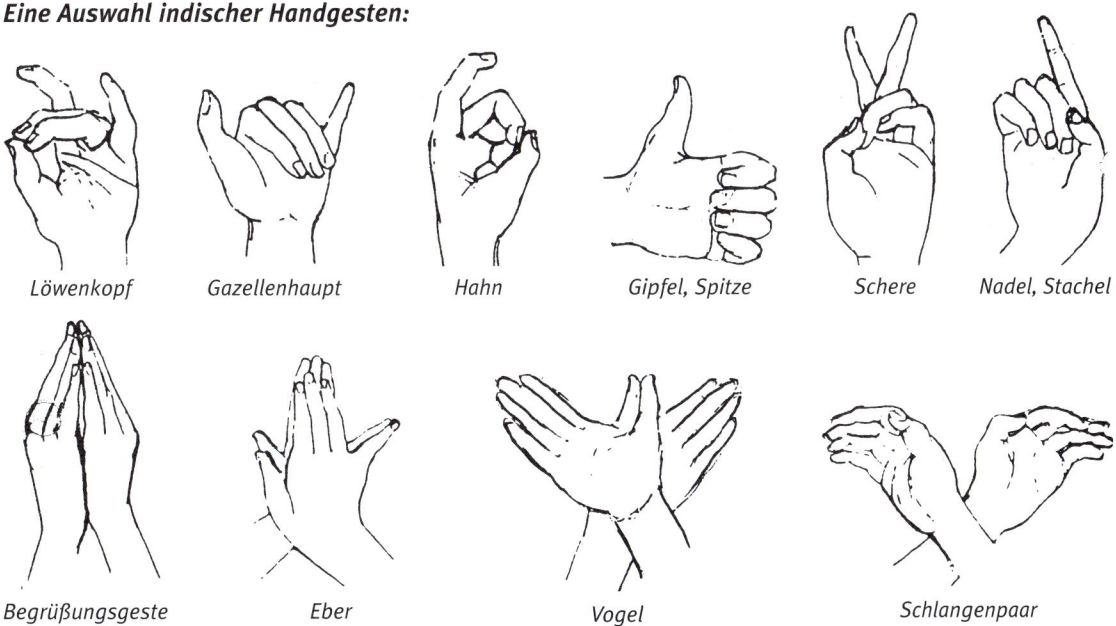

Löwenkopf | Gazellenhaupt | Hahn | Gipfel, Spitze | Schere | Nadel, Stachel

Begrüßungsgeste | Eber | Vogel | Schlangenpaar

---

[16] vgl. die weiteren Spielanregungen in meinem Beitrag „Tanzende Hände" in: musikpraxis Nr. 98 (2003), Fidula, S. 2 - 7

Der Entwicklungsprozess

Konzentriertes Spiel – konzentrierte Bewegung!

Fassen wir zusammen

- Material für Kurzformen in der Gestalt von Liedern, Sprüchen, Gedichten und Kurzgeschichten gibt es in Hülle und Fülle, es gilt in jedem Fall, das Bewegende, Klingende, Singende, Tanzende, Spielende mit Fantasie hervorzulocken!
- Wie später im „großen" EMT ist auch bereits bei diesen „Vorspielen" auf die Ausgewogenheit der Spielelemente zu achten, wenn auch gewisse Schwerpunktsetzungen aus verschiedenen Gründen bei großen wie bei kleinen Spielen durchaus Sinn machen können.
- Die angeführten Beispiele bieten Material für eine oder Teile einer Spieleinheit (von 10 bis zu 45 Minuten) wie auch für etwas ausgedehntere Projekte von bis zu drei Spieleinheiten.

1.3 Kennenlernen des Stoffes

Sie haben sich nach vielen Vorübungen und -spielen sowie nach ausführlicher Lektüre quer durch alte und neue Geschichten schließlich für einen Stoff entschieden. Vielleicht hat die Gruppe auch ihr eigenes Stück geschrieben – in diesem Fall ist der Stoff hinlänglich bekannt und dieser Abschnitt kann getrost übersprungen werden. Für die anderen folgen einige Vorschläge, wie Sie die Spielgruppe in den Stoff einführen können.

„Eine Rolle so benannt wird nur durch dein Spiel gebannt"[17]

- In Anlehnung an unser Vorspiel „Nomen est omen" werden die Rollen und Spielaufgaben des geplanten Stückes auf Kärtchen geschrieben und unter den Spielerinnen und Spielern verteilt. Neben „König" oder „Frosch", „Diener" oder „Tischler" werden aber auch Kärtchen mit „Brunnen" oder „Wald", „Schiff" oder „Schloss" an Paare oder Kleingruppen vergeben mit dem Hinweis eine Möglichkeit zu finden, um Zuschauern ohne Worte klarzumachen, was dargestellt werden soll.
- Nachdem die einzelnen Darstellungen bewundert und identifiziert wurden, setzen sich alle mit ihren Kärtchen zusammen und versuchen, sich einen Reim zu machen auf das, was vielleicht in der Geschichte so alles passieren könnte...
- Schließlich wird die Geschichte erzählt oder vorgelesen.

„Dieses Bild so wunderschön, will ich nun lebendig sehn"

- Auch dieses Spiel kennen wir bereits. Bilder, die die Geschichte illustrieren, werden aus dem Buch kopiert und auf Pappe geklebt, um sie stabiler zu machen. Gibt es keine Bilder (oder nicht genug), versucht man sich selbst im einfachen Skizzieren von Personen, Tieren, Dingen und Situationen oder sucht passende Fotos aus Zeitschriften.
- Die Kleingruppen, die der Abbildung entsprechende Bewegungen und Klänge gefunden haben, versuchen sich in der Darstellung erster kleiner Szenen, die wieder im Anschluss an die Vorführung in Beziehung miteinander gesetzt und mit der Originalgeschichte verglichen werden.

„Die Geschichte kennen wir – doch das Ende suche dir!"

- Die Geschichte wird vorgelesen (auch Abschnitt für Abschnitt im Kreis weiter geben und lesen lassen), aber auf dem Höhepunkt des Geschehens wird unterbrochen und alle (die schon schreiben können) werden mit dem Auftrag weggeschickt, aufzuschreiben, wie die Geschichte weiter- und ausgehen könnte. Wer noch nicht schreiben kann, kann vielleicht ein Bild dazu malen – von einem möglichen Ende wie auch von dem Teil der Geschichte, der schon bekannt ist.

„Vom Anfang bis zum Ende – malen wir behände..."

- Besonders für kleine Spielerinnen und Spieler bedeutet es einen intensiven Einstieg, zunächst zur Geschichte, die gerade vorgestellt wurde, ein oder mehrere Bilder zu malen.
- Möchte ich ein besonders ausdrucksstark illustriertes Bilderbuch verwenden, bietet es sich an, erst nur die Geschichte zu erzählen und die Gruppenmitglieder durch Zeichnen und Malen den Figuren und Situationen ihre eigene Visualisierung zu geben. Dieses Bildmaterial kann

---

[17] vgl. die Kärtchen für die „Geschichte vom Wecker im Wald" auf S. 113

Der Entwicklungsprozess

später auch die Grundlage für Masken und Kostüme, Bühnengestaltung und Requisiten bilden. Ob man in jedem Fall die Originalbilder später noch zeigt, kann jeder selbst entscheiden.

„Viele Dinge braucht unser Stück – finde sie, versuch dein Glück!"
- Überall im Raum sind Gegenstände, Requisiten, Kopfbedeckungen und Kostümteile versteckt (mehr oder weniger auffällig). Alle machen sich auf die Suche und schleppen alles, was sie für mitspielenswert erachten, in die Mitte des Raumes.
- Dort wird gemeinsam sortiert und betrachtet und ein erstes Konzept erstellt, was und wer in der Geschichte vorkommt (s.o.).
- Erste Spiele mit den Dingen können sich anschließen (vgl. auf S. 95-97 die Vorschläge bei den Vorspielen).

„Schau und horche ganz genau – mach dich schlau!"
- Kommen im ausgewählten Stück andere Länder, andere Kulturen, andere Zeiten und der Spielgruppe ganz unvertraute Situationen vor, kann auch ein eher sachorientierter, informativer Einstieg gewählt werden.
- Dazu können Abbildungen, Filme, Originalgegenstände, Musik, Gedichte u.v.a.m. dienlich sein, um Neugierde zu wecken und Orientierung für ein fremdes, neues Terrain zu geben.
- Wird die Geschichte dann vorgelesen, ist ein anderes Verständnis zu erwarten.

„Mach doch darum jetzt kein Wesen – einfach lesen, einfach lesen!"
- Aber ja – natürlich kann die Geschichte, das Bilderbuch einfach vorgelesen werden und gemeinsam beginnt man mit der ersten Szene oder alle versuchen, wie ein König zu schreiten. Der Sinn der vorangegangenen Einführungsspiele liegt darin, dass wir so rasch wie möglich ins Spiel kommen wollen und wenig Zeit und Energie mit theoretischen Vorüberlegungen vergeuden wollen, die in der Regel bereits im Vorfeld von der Leiterin oder dem Leiter geleistet werden müssen (vgl. die Hinweise auf S. 21-24). Das Motto lautet „Spring ins Spiel" und auch dafür soll im Anschluss noch ein Beispiel gegeben werden.

„Spring ins Spiel"
- Die weithin bekannte Geschichte von Max und den wilden Kerlen[18] kann in einem rasanten Mitmachspiel kennen gelernt werden. Dabei verbindet sich das Vorlesen und Bekanntwerden mit der Geschichte mit einem unmittelbaren Sprung mitten hinein ins Spiel – vergleichbar dem berühmten „Sprung ins kalte Wasser"...

---

[18] Sendak, M. (1967): Wo die wilden Kerle wohnen, Diogenes

1. Erspielung

1. Teil – „An dem Abend..."
Die Leiterin/der Leiter regt den Ausgangspunkt der Geschichte an:
Alle Gruppenmitglieder bilden auf dem Boden liegend oder sitzend die Wände eines Zimmers. Der Anfang der Geschichte wird erzählt und Satz für Satz auf Einzelne verteilt. Dabei werden auch die Rollen von Max und der Mutter besetzt. Während Max und seine Mutter sich ein Nachlaufspiel rund um die Wände des Zimmers liefern, rufen aus der Runde die verschiedenen Erzählerinnen und Erzähler, Max und die Mutter den folgenden Originaltext:

(1) „An dem Abend..."
(2) „als Max seinen Wolfspelz trug..."
(3) „und nur Unfug im Kopf hatte..."
(4) „schalt seine Mutter ihn:"
    Mutter (bleibt stehen): „Wilder Kerl!"
    Max (bleibt stehen): „Ich fress dich auf!"
(5) „sagte Max..."
(6) „und da musste er ohne Essen ins Bett."

2. Teil – „Im Zimmer wächst ein Wald..."
Es wird erzählt, was als nächstes passiert, und einige Gestaltungsmöglichkeiten werden gleich ausprobiert.
   - Alle wählen sich einen beliebigen Ton und singen gemeinsam (das ist dann ein „Cluster-Klang"): „Genau in der Nacht wuchs ein Wald in seinem Zimmer..."
   - Alle flüstern geheimnisvoll: *„Genau in der Nacht..."*
   - Alle fangen flüsternd an und werden immer lauter: *„Genau in der Nacht..."*
   ...und die Wände des Zimmers verwandeln sich wachsend zu Bäumen und begleiten mit ihren Stimmen das Knacksen und Knarren dabei.
Und Max freut sich!
Die Leiterin/der Leiter erzählt weiter:
„...der wuchs und wuchs bis die Decke voll Laub hing und die Wände so weit wie die ganze Welt waren."

3. Teil – „Und da war ein Meer..."
Alle flüstern (singen, sprechen) sehr deutlich:
„Und plötzlich war da ein Meer mit einem Schiff nur für Max..."
...und die Bäume verwandeln sich in Wellen und zwei Spielerinnen oder Spieler umschließen Max mit ihren Armen und bilden so ein Schiff für ihn – und begleiten sich dabei mit „schsch" für Wind- und Wellengeräusche.
Und Max freut sich!
Die Leiterin/der Leiter erzählt weiter:
„...und er segelte davon, Tag und Nacht und wochenlang und fast ein ganzes Jahr bis zu dem Ort, wo die wilden Kerle wohnen."

Manuela Widmer Spring ins Spiel © Fidula

Der Entwicklungsprozess

4. Teil – „…und ein Ort, wo die wilden Kerle wohnen"
…und die Wellen verwandeln sich zu WILDEN KERLEN, die mit schrecklichen Grimassen und unglaublichem Schnauben, Knurren und Grunzen aus dem Meer auftauchen – aber:
Max hat überhaupt keine Angst und so wird er zum König aller wilden Kerle gemacht und alle feiern ein Fest, singen das Lied (auch als Kanon) „Wild zu sein bedarf es wenig…" (vgl. S. 66) und tanzen zu einer rhythmisch-wilden Musik…

5. Teil – „…den Tanz der wilden Kerle"
Die Leiterin/der Leiter schlägt auf ein Becken und ruft „Schluss jetzt!" und erzählt weiter:
„…und Max, der König aller wilden Kerle, war einsam und wollte dort sein, wo ihn jemand am allerliebsten hatte."

6. Teil – „Die Heimkehr"
Die Leiterin/der Leiter erzählt weiter:
„Und die wilden Kerle verschwinden wieder im Meer und da sind die Wellen und auch das Schiff für Max und es brachte ihn zurück – und da verwandeln sich auch schon die Wellen wieder in Bäume und die Bäume wieder in eine Zimmerwand… und da wartet das Abendessen auf ihn – und es ist noch warm! Und Max freut sich!"

2. Erarbeitung

Auch in der Erarbeitungsphase bleiben wir im Spiel! Denn das Spiel als eine Aktivität, in dem sich „wesentliche Teile kindlichen Lernens und kindlicher Lebenserfahrung vollziehen"[19] ist unsere Arbeitsform und bildet – auch für jugendliche und erwachsene Spielerinnen und Spieler – das tragfähige Fundament für die Bereitschaft und die Energie, die im Rahmen von EMT-Projekten von allen Mitwirkenden erwartet wird.
Ist ein Text (ein Stoff) ausgewählt (vgl. S. 21-24), sollte sich die Leiterin oder der Leiter ausgiebig damit befassen, um Einstiegshilfen in Form von durchdachten Arbeitsschritten zu entwickeln. Je nach Alter der Gruppenmitglieder und Zielrichtung des Spielprojektes kann noch einmal in die „Schatzkiste" der Erspielungsphase zurückgegriffen oder gleich sehr konkret bezogen auf Konzepterstellung sowie Rollen- und Aufgabenfindung zur Sache gekommen werden.
Die eigene Analyse bietet uns den sicheren Boden, um darauf aufbauend *jeder* Gruppe die Möglichkeit zur Mitsprache, Mitgestaltung und Mitentscheidung in dieser Erarbeitungsphase anzubieten. Damit schaffen wir die notwendige Identifikation für alle, um persönliche Verantwortung für das Gelingen des EMT-Projektes zu übernehmen.

2.1 Vorarbeit: erste Analyse des Textes

Welche Anregungen bietet der Originaltext?
Wenn entschieden wurde, einen bestimmten Text in ein EMT umzusetzen, muss ich dem Originaltext noch einmal meine ganze Aufmerksamkeit schenken, auch wenn ich meine, dass ich ihn gut kenne.

---

[19] Flitner, A. (1986, 8. Auflage), Spielen – Lernen, Piper, S. 9

2. Erarbeitung

Wenn ich ihn das erste Mal in ein Spiel umsetze, geht es darum, Textpassagen ausfindig zu machen, die ich direkt übernehmen kann. Dabei verfolge ich nach und nach verschiedene Spuren:

- Erzählerstellen markieren: was muss unbedingt gesagt/gesungen werden?
- Eine Zeile, eine bestimmte Wendung sticht ins Auge: vielleicht eignet sie sich für ein Sprachspiel, ein rhythmisches Sprechstück?
- Eine längere Textpassage soll in ein Strophenlied umgewandelt werden. Finde ich Wortfolgen, Beschreibungen, einzelne Begriffe, die mich zum Dichten anregen?
- Dialoge lassen sich schnell aus einer Umwandlung von erzählenden Textstellen in die direkte Rede bewerkstelligen.
- Ist ein Text ganz und gar in Reimen verfasst, muss ich aufpassen! Einige Reime können Strophen eines Liedes werden, die an markanten Stellen der Geschichte gesungen werden; vertone ich allerdings den Gesamttext, habe ich ein Singspiel produziert. Eine durchaus legitime und brauchbare Spielform, aber kein EMT in unserem Sinn.
- Habe ich dagegen einen sehr umfangreichen Prosatext ausgewählt, muss ich systematisch ans Kürzen gehen! Hier gilt es vor allem, ganz genau zu lesen und herauszufinden, welche Textpassagen sich im Bewegungsspiel „auflösen" werden und welche in musikalischen Darstellungen, welche rhythmisch geformt als Sprachspiele gestaltet werden können und welche als Prosatexte dem Singenden Erzählen vorbehalten bleiben.

Was steht zwischen den Zeilen?

Nicht nur bei kargen Texten, auch bei ausführlichen Beschreibungen steht immer noch etwas „zwischen den Zeilen", das für die Inszenierung wichtig und brauchbar sein könnte! Einige Beispiele sollen dieses Phänomen verdeutlichen – bei drei „Königlichen Geschichten" wollen wir einmal untersuchen, was zwischen den Zeilen der jeweils ersten Sätze der Geschichten zum Vorschein kommt:

1. *„König Hupf"* (Helme Heine)

...was wir im Originaltext lesen	...*was wir zwischen den Zeilen lesen*
„Es war einmal ein König.	...jeden Morgen trat er auf seinen Balkon und grüßte das Volk.
Er lebte in einer mächtigen Burg	...mit vielen, vielen Bediensteten, Hofdamen und Hofherren, die sich mit Musik und Tanz vergnügten.
in einem großen Land.	...mit Bewohnern, die mit ihren Sorgen und Bitten zu ihm kamen, und seinen Ministern...
Er hatte so viel Arbeit,	...die Berge von Akten brachten!
dass er nie Zeit für Spaß und Spiele fand..."	...und auch zum Tanzen blieb kaum Zeit!

Der Entwicklungsprozess

2. „Das Traumfresserchen" (Michael Ende)

...was wir im Originaltext lesen	...was wir zwischen den Zeilen lesen
„In Schlummerland ist das wichtigste für alle Leute das Schlafen. Deshalb heißt das Land so.	...und deshalb gibt es ein Schlummerlied, das alle Kinder bereits in der Schule lernen und das jeden Abend in allen Häusern und auf allen Markplätzen gesungen wird!
Dabei kommt es ihnen aber nicht so sehr darauf an, wie viel oder wie lange einer schlafen kann, sondern wie gut..."	...und deshalb können Schlummerländer auch in allen Lebenslagen schlafen, im Stehen ebenso wie im Sitzen, im Liegen natürlich sowieso! Oft stützen sie sich dabei gegenseitig und legen ihre Köpfe einander auf die Schultern.

3. „Die Zweite Prinzessin" (Hiawyn Oram)

...was wir im Originaltext lesen	...was wir zwischen den Zeilen lesen
„Es waren einmal zwei Prinzessinnen, die Erste Prinzessin und die Zweite Prinzessin.	...schon beim morgendlichen Spaziergang durch den königlichen Garten, gab es den ersten Streit: ein ständiges Gerangel, wer die Erste hinter den Eltern sein durfte...
Die Erste Prinzessin war sehr gerne die Erste, aber der Zweiten Prinzessin gefiel es überhaupt nicht, die Zweite zu sein..."	Wurde dann das Frühstück serviert, bekam die Erste Prinzessin das größere Stück Kuchen und für die Zweite Prinzessin hatte der Diener kaum Zeit...

Wie „lese" ich die Bilder (Illustrationen)?
Das Vorhandensein von Bildern erleichtert den Einstieg in die Erarbeitungsphase erheblich. Gemeinsam mit den Gruppenmitgliedern oder als Gruppenaufgabe werden die Darstellung von Figuren der Geschichte, Situationen oder Begegnungen auf ihre Gestaltbarkeit hin untersucht. Dabei können wir uns an folgende Checkliste halten:

- Was lesen wir aus der Haltung, der Mimik, der Gestik der abgebildeten Figur?
- Welche Stimmung vermittelt die Farbgebung oder die Strichführung?
- Kann man den Charakter von Begegnungen aus der räumlichen Konstellation heraus erkennen?
- Gibt es brauchbare Hinweise auf die Ausstattung?

Nicht nur im Gespräch kann die Gestaltbarkeit der Illustrationen festgestellt werden, sondern auch im aktiven Spiel, wie bereits weiter oben in den Hinweisen zur „Erspielung" ausgeführt wurde (vgl. S. 99-101). Hier sind die Übergänge zwischen Spielen und Erarbeiten erneut fließend.

2.2 Alle probieren alles – viele Ideen sammeln

Aus den vielen Beispielen zum Thema „Erspielen" ist bereits deutlich geworden, dass Spielen nur durch Spielen zu erlernen ist. Es kommt also einer Zusammenfassung gleich, wenn hier unter einem eigenen Abschnitt noch einmal ausdrücklich betont wird, dass so weit als möglich (so es die Gruppenmitglieder selber wünschen und die Spielsituation es zulässt), alle Rollen und alle Aufgaben von allen ausprobiert werden sollten. Es erleichtert der Spielleiterin oder dem Spielleiter die Arbeit, dass zumeist die jüngeren Mitglieder einer Gruppe mit großer Lust ein Spiel mehrfach spielen wollen. In dieser Freude an der Wiederholung liegt die Chance, ohne sich unzählige weitere Spiele und Variationen von Spielen ausdenken zu müssen, vielen Beteiligten die Möglichkeit zur eigenen Erprobung einer Rolle oder Aufgabe zu geben.

Trotzdem fragen viele (besonders jüngere) Gruppenmitglieder schon sehr bald, welche Rolle sie denn nun tatsächlich bekommen. Reagieren Sie besonnen! Lassen Sie sich Zeit mit der endgültigen Rollenverteilung und versprechen Sie nicht zu früh der einen oder dem anderen ganz bestimmte Aufgaben. Beobachten Sie vielmehr in einer zwei- bis vierwöchigen „Vorspielphase", wie sich die Mitglieder der Spielgruppe verhalten, welche Vorlieben oder Abneigungen, Hemmungen oder Darstellungsbereitschaft sie zeigen. Führen Sie Gespräche über weitere Freizeitbetätigungen und erkunden Sie dadurch verdeckte Fähig- und Fertigkeiten wie Musikinstrumente-Spielen, Stepptanztanzen, Jonglieren, Jodeln... Was alles bereits in der ersten Phase erarbeitet werden kann, ohne dass Rollen und Aufgaben schon fix vergeben sind, wird weiter unten ausführlich behandelt.

Durch das Wandern der Rollen und Aufgaben von einem zum anderen kommen viele Ideen zusammen. Das betrifft die Bewegungsgestaltung einer Person oder eines Tieres ebenso wie die klangliche Umsetzung einer wortlosen Szene. Auch in den Gruppen- oder Einzelgespräche können sich alle Beteiligten ungewöhnlichen Überlegungen öffnen. Aber in dieser Phase des spielenden Erarbeitens sind unsere Gedanken noch viel freier! Wir dürfen fantasieren, was die Ausstattung betrifft, die Rollen, die wir dazu erfinden wollen, den Schluss, der unserer Gruppe passend erscheint – und alles, alles wird notiert und in einem dicken „Ideenordner" für alle immer einsehbar und erweiterbar abgeheftet. Erst später werden wir uns (mit Sicherheit!) von einer ganzen Reihe von Ideen wieder verabschieden müssen – aber jetzt ist alles erlaubt und jeder – auch noch so utopische Gedanke – notierenswert!

2.3 Gemeinsam den Spielplan erstellen – Rollen und Aufgaben finden

Nun gehen wir daran, alle bisher gewonnenen Erkenntnisse und Erfahrungen rund um unseren Spielstoff schriftlich festzuhalten, ihnen eine Struktur zu geben und dadurch den Überblick zu gewinnen, was wer wann und wie tun will. Dazu bietet die Spielleiterin oder der Spielleiter folgende Überschriften an, die auf einer Tafel oder großen Papierbogen (Flipchart) für alle sichtbar präsentiert werden. In guter Kenntnis des Spielstoffes wird gemeinsam Spalte um Spalte gefüllt und im Falle einer Tafelanschrift anschließend auf Papier übertragen, damit auch in den darauffolgenden Tagen noch weitere Eintragungen vorgenommen werden können. Hier soll am Beispiel der Bremer Stadtmusikanten gezeigt werden, wie einfach und für alle Beteiligten ein- und übersichtlich so ein Spielplan erstellt werden kann. Hier sei auch eine ganz einfache Vorstufe angeführt, die eine erste Materialsammlung für den weiter unten ausgeführten Spielplan darstellt:

Der Entwicklungsprozess

WO	WER	WIE	WANN
Mühle	Müller + Esel	„Schimpf-Soli"	Am Morgen
Forsthaus	Jäger + Hund(e)	„Jammer-Konzert"	
Erster Bauernhof	Bäuerin + Katze(n)	„Marsch-Musik"	Am Tag
Zweiter Bauernhof	Bäuerin + Hahn	„Wander-Lied"	
Wald	Bäume, Nebel	„Wald/Nacht/Nebel-Klänge"	Am Abend
Räuberhaus	Räuber	„Räuber-Lied + Tanz"	In der Nacht

Szenenfolge (mit Titel)	*Rollen*	*Aufgaben*	*Spielelemente*	*Ausstattung (Bühne/Kostüme)*
1. „Das Leben ist schwer..."	Erzähler(in) Esel + Müller Hund(e) + Jäger Katze + Bäuerin Hahn + Bäuerin	Musiker/-innen Chor	- Singendes Erzählen - evtl. Lied - evtl. Sprachgestaltung - Bewegungsgestaltung - Bewegungsbegleitung	Tiermasken Kostümteile für die Menschen
2. „Auf Wanderschaft" „Gleich und gleich gesellt sich gern..."	Erzähler(in) Esel Hund(e) Katze(n) Hahn	Musiker/-innen Chor	- Singendes Erzählen - Wander-Lied	
3. „Bei Nacht und Nebel"	Erzähler(in) Mond Nebelschwaden	Musiker/-innen Chor	- Singendes Erzählen - Bewegungsgestaltung - Klanggestaltung - evtl. Lied	Diverse Tücher Mondscheibe (evtl. Lichtwechsel)
4. „Lustig ist das Räuberleben!"	Räuber „Schlau" Räuber „Raps" Räuber „Stier" Räuber „Mola"	Musiker/-innen	- Räuberlied - Räubertanz - Bewegungsbegleitung	Räuberhaus
5. „Ende gut – aber nicht für die Räuber..."	Alle Tiere Alle Räuber	Musiker/-innen Chor	- Singendes Erzählen - Bewegungsgestaltung - Bewegungsbegleitung - Freudentanz der Tiere - Räuberjammergesang	Räuberhaus

Besonders hervorzuheben ist an dieser Stelle die Bedeutung von aussagekräftigen Titeln für die einzelnen Szenen! Diese helfen später, den Ablauf besser im Gedächtnis zu behalten, und lediglich die Nennung des Titels reicht bei fortgeschrittener Erarbeitungsphase, dass die Spielerinnen und Spieler orientiert sind, auf was sie sich in der folgenden Arbeitsphase einzustellen haben.
Die Eintragungen in der Spalte „Ausstattung" bilden teilweise die Basis für Elterninformationen (vgl. Beispiel auf S. 136-138) und teilweise „Einkaufslisten" für Materialien und (erschwingliche) Besonderheiten, die die Spielleiterin oder der Spielleiter besorgen will oder lässt.

2.4 Zuallererst: alles, was viel Übung braucht

Egal, wie viel Zeit ich für ein EMT-Projekt vorgesehen habe, es gilt immer, an den Gestaltungselementen möglichst bald zu arbeiten, die besonders arbeitsintensiv sind.
Das betrifft vor allem
- Lieder, die selbstständig und auswendig gesungen werden sollen
- Instrumentalstücke, deren unterschiedliche Stimmen musikalisch zusammenklingen sollen
- Sprechstücke (vor allem Kanons), an deren rhythmisch-melodischer Sicherheit niemand am Ende mehr zweifeln soll
- Bewegungsgestaltungen und Tänze, deren Qualität am Grad des vertrauten Miteinander zu beobachten sein wird.

Unabhängig vom Szenenablauf werden Lieder wiederholt, Einzelstimmen mit allen geübt, Tänze in Abschnitten gelernt. Manchmal nur für wenige Minuten einer Probeneinheit wird so das Material immer besser kennen gelernt und der kompetente Umgang damit gefestigt. Schritt für Schritt werden die Mitglieder der Gruppe dabei immer sicherer und selbstständiger agieren. Wichtig ist es, von Anfang an die entsprechenden musikalischen Vorspiele nicht zu vergessen, sodass auch zunehmend die Unabhängigkeit von der Gruppenleiterin oder dem Gruppenleiter zur Selbstverständlichkeit wird!

2.5 Vielleicht: Hilfe holen

Im Normalfall wird eine Spielleiterin oder ein Spielleiter die eigenen Fähigkeiten gut einschätzen können und bereits bei der Stoffauswahl und der Spielplanerstellung darauf achten, dass für alle Beteiligten keine unerfüllbaren Anforderungen verlangt sind. Außerdem baut unsere Spielform des EMT ja vor allem darauf, dass die vielen Mitglieder einer Gruppe in der Summe eine Fülle von Fähigkeiten in einen Topf werfen können und so keinesfalls die ganze Verantwortung auf den Schultern einzelner liegen wird. Dennoch kann die Situation eintreten, dass die Gruppe gemeinsam entschieden hat, ganz spezifische Ausdrucksmittel einsetzen zu wollen, für die man eine Expertin oder einen Experten braucht. Dann ist der Zeitpunkt gekommen, sich Hilfe zu holen – hier ein paar Beispiele:
- Wir laden jemanden ein, der uns einen spanischen Tanz zeigen kann.
- Jedes Gruppenmitglied versucht in seinem Bekanntenkreis Begrüßungen aus verschiedenen Ländern zu erfragen.
- Wir wollen ein türkisches Kinderspiel einbauen.
- Wir bitten die Werklehrerin, den Werklehrer, mit uns Masken zu bauen.

- Eine andere Kollegin hat einen Kurs für Schatten- und Schwarzlichttheater besucht und ist bereit, uns eine Einführung zu geben, da wir eine bestimmte Szene mit dieser reizvollen Gestaltungsart hervorheben wollen (vgl. den Einsatz von Schattenspiel-Elementen beim „König Drosselbart", S. 179).
- Arbeite ich als Grundschullehrerin oder Lehrer fachfremd im Bereich Musik (was vielerorts die Regel ist...), finde ich für manche Fragen sicher einen Kollegen oder eine Kollegin, einen Freund oder eine Freundin, die mir helfen können und wollen.

2.6 Immer: alle Ideen und (Teil)Ergebnisse schriftlich dokumentieren

Folgende Struktur für die Erstellung des endgültigen Spielkonzepts hat sich über Jahre hinaus immer wieder bewährt. Alles, was zu sehen und zu hören ist, und alle, die dafür verantwortlich sind, können darin Platz finden und werden nach und nach, zunächst handschriftlich, später – wenn gewünscht – im Computer eingefügt und gespeichert. Auf einen Blick weiß ich: Hier fehlt noch ein Übergang, dort ist eine Aufgabe nicht besetzt, an anderer Stelle wird deutlich, dass die Szene keinen überzeugenden Abschluss findet. Lieder, die von allen gesungen werden, Instrumentalstücke, nach denen getanzt wird, können quer über alle Spalten notiert werden. Oder man vermerkt in der 3. Spalte den Titel des Liedes, des Tanzes oder des Sprechstückes und fügt eine Seite mit der vollständigen Notation bei. Als Beispiel kann uns der Anfang des „Traumfresserchen"[20] dienen:

Darsteller: Aufgabe/Rolle	Bewegung, Tanz und Szene	Klang, Musik und Sprache
Franziska Moritz – „Vorhang"	steht auf „schiebt" einen imaginären Vorhang zur Seite	spielt 3 Beckenschläge
Franziska – 1. Erzählerin		erzählt singend: „In Schlummerland ist das wichtigste für alle Leute das Schlafen. Deshalb heißt das Land so. Dabei kommt es den Leuten aber nicht so sehr darauf an, wie viel oder wie lange einer schlafen kann, sondern wie gut!"
Schlummerlandbewohner 1. Camillo 2. Kim 3. Andreas 4. Christoph 5. Daniela 6. Paula 7. Betini 8. Paul	schlurfen müde, gähnend und sich reckend einer nach dem anderen auf die Spielfläche und nehmen ihre 1. Schlafposition ein.	ziehen in der Reihenfolge ihres Auftritts ihre Spieluhren auf
Franziska		lässt den Wecker klingeln spielt 1 Beckenschlag

[20] Ende, M. (1978): Das Traumfresserchen, Thienemann

2. Erarbeitung

Was ebenfalls gleich zu Beginn zunächst skizzenhaft, später immer ausführlicher festgehalten wird, ist der Sitzplan für den Halbkreis unserer Mitspielerinnen und Mitspieler. Zunächst werden nur leere Felder in der notwendigen Anzahl im Halbkreis angeordnet, nach und nach können die Namen eingetragen werden, wenn sich zunehmend klärt, wer wo sitzt. Dann füllt sich auch der Plan mit Eintragungen für die benötigten Requisiten, Instrumente und größeren Gegenstände. Damit wird zumeist bereits auch ein erstes Bühnen(bild)konzept sichtbar.

Hier ein paar Beispiele für solche Skizzen:

Manuela Widmer Spring ins Spiel © Fidula

Fassen wir zusammen

- Meine Vorüberlegungen bilden die Basis für konkrete Impulse.
- Auf meine Vorüberlegungen kann ich zurückgreifen und sie zur Diskussion stellen, wenn die Gruppe unschlüssig ist oder zuwenig Ideen anbietet.
- Den ausgewählten Text – und die Illustrationen – immer wieder lesen und betrachten, um neben vielen Details auch hinter die Informationen „zwischen den Zeilen" zu kommen.
- Die Lust an der Wiederholung nutzen und durch häufigen Rollentausch am Anfang der Erarbeitung viele Varianten kennen lernen.
- Einen „Ideenordner" anlegen!
- Im gemeinsam erstellten Spielplan allen Szenen einen aussagekräftigen Titel geben.
- Bei Ausstattungsfragen jedwede Budgets (eigene und fremde) immer kritisch im Auge behalten!
- Um Selbstständigkeit im Handlungsablauf, rhythmisch-melodische Sicherheit und vertrauensvolles, soziales Miteinander zu erreichen, brauchen alle Beteiligten genügend Zeit und mit den entsprechenden Inhalten muss rechtzeitig begonnen werden.
- (Fast) niemand ist ein Tausendsassa, der alle Ideen selbst perfekt umsetzen kann. Im Falle eines Falles also keine falsche Scheu, sondern Hilfe holen!
- Das stetig wachsende Spielkonzept immer auf dem aktuellen Stand halten und regelmäßig am Stand der praktischen Erarbeitung überprüfen.

3. Erprobung

Die letzte Phase des Entwicklungsprozesses fordert alle Beteiligten auf unterschiedliche Weise heraus. Der Zeitpunkt der Aufführung oder einer mehr oder weniger öffentlichen Präsentation rückt näher. Es besteht die Gefahr, dass Unruhe, Ungeduld, ja sogar Ängste sich breit machen. Das sollte unbedingt vermieden werden! Daher werden im Folgenden konkrete methodische Ratschläge für die Erprobungsphase angeführt, die helfen können, die Professionalisierung der Spielerinnen und Spieler sowie der Leiterin oder des Leiters weiter zu entwickeln und abzusichern. Fühlen wir uns sicher, orientiert und kompetent für die uns übertragenen bzw. übernommenen Aufgaben und Rollen, werden keine unangenehmen Gefühle aufkommen. Ein natürliches Maß an Lampenfieber gehört zu unserem Metier und schafft die richtige Arbeitsspannung und Bühnenpräsenz!

3.1 Szenisch denken und handeln lernen

Das Lied, der Sprechkanon, das Instrumentalstück, der Tanz, der singende Dialog, das rezitierte Solo – das Material ist oft wiederholt worden, die Aufgabenverteilung geklärt, die Rollen besetzt. Einzelne Spielelemente sind auch bereits kleine szenische Verbindungen eingegangen, damit wurden auch die so ungemein wichtigen Übergänge geschaffen, die immer drei Fragen vollständig abklären müssen:

Der Zeitpunkt meines Auftritts:
Wann (und wie lange) komme ich mit meinem Auftritt, meiner Aufgabe dran?
Der erste zu sein, der durch drei Beckenschläge oder durch einen Eröffnungsklang anderer Art den Beginn des Spiels für alle Zuschauer verdeutlicht, ist nicht schwer, wenngleich eine Aufgabe von großer Bedeutung! Aber alle weiteren Auftritte im Kopf zu behalten, verlangt nach einem schlüssigen Ablauf, wo eine Szene sich sinnvoll aus der vorangegangenen ergibt. An manchen Übergängen haben einzelne Spielerinnen oder Spieler besondere Verantwortung für den Fortgang des Spiels zu tragen. Sie sind dann die „Schlüsselbesitzer" dieser „Schlüsselstellen", wie wir diese schwierigen Übergänge nennen wollen. Ein Beispiel aus der Geschichte des Stier Ferdinands soll das verdeutlichen:

Schlüsselstellen	Verantwortliche/r	Aktion
Ouvertüre **NACHDEM alle bereit sind:**	Florian	Trommelvorspiel „hopp hopp"
Lied – 1. Strophe **NACH Jakobs Gitarrensolo:**	Fabio/Philipp	LiedVOR- und NACHspiel
Blumenwiese/Auftritt **NACH Liednachspiel:**	Fabio/Gregor/Moritz Susi/Sebastian/Elia	Blumeninstrumente zum Auftritt UND Abgang spielen!
Wilde Stiere – Auftritt **NACH Blumenabgang:**	Florian	Trommelvorspiel „hopp hopp"
Die sorgenvollen Eltern **NACH Rückkehr der Stiere:**	Sebastian	Erzähler „Seine Mutter, ..."

Der Entwicklungsprozess

Schlüsselstellen	Verantwortliche/r	Aktion
1. Stierwechsel **NACH Abgang Eltern:**	Susi	3 Beckenschläge (vorher–nachher)
Die Manager aus Madrid **NACH dem Stierwechsel:** **NACH „Ganz nett…"**	Gregor	Erzähler „Eines Tages…" UND SPÄTER: „Ferdinand wusste…"

Der Anfang und das Ende jedes Auftritts wird durch die formende Ausgestaltung des Spielmaterials deutlich:
- Die Länge des Liedes bestimmt die Länge meiner Darstellung.
- Die Trommel spielt viermal, dann beginnt der Tanz.
- Meinen Satz rufe ich dreimal, dann kehre ich auf meinen Platz zurück.

Das Raumkonzept meines Auftritts:
Wie komme ich von meinem Platz zur Spielfläche, wie bewege ich mich dort und wo gehe ich danach hin?
Grundsätzlich gilt – wie schon besprochen (vgl. S. 25, 26) – sobald ich meinen Platz im Halbkreis verlasse, bin ich im Spiel, in meiner Rolle. Das alleine braucht zu Beginn jede Menge Übung, auch losgelöst von der Probe einer bestimmten Szene. Aufwärmübungen („warm up") können folgendermaßen ablaufen:
- „In die Rolle springen": Spielleiterin oder Spielleiter rufen nach und nach alle Rollen auf. Nach einem akustischen Signal (z.B. einem Beckenschlag) springen Einzelne, Paare oder Gruppen „mitten ins Spiel", bewegen sich – noch im Aufstehen – wie bereits erarbeitet, bis das nächste Signal ertönt und alle – bis zum Hinsetzen in der jeweiligen Bewegung verbleibend – zurück auf ihren Platz kehren.
- „In die Szene springen": Spielleiterin oder Spielleiter rufen eine Rolle in Verbindung mit einer spezifischen Situation, die (irgendwann) im Stück vorkommt. Einzelne, Paare oder Gruppen agieren in die Szene hinein und wieder zurück auf ihren Platz oder werden durch ein Signal zurückgeleitet.

Je jünger die Spielerinnen und Spieler, desto eindeutiger muss das Raumkonzept beschaffen sein. Zu Beginn der szenischen Proben können Markierungen die Zielpunkte oder Stationen auf einem Weg sichtbar machen. Auch ein deutlich verlangsamter Bewegungsablauf hilft, sich einen Raumweg einzuprägen. Beide Hilfsmittel müssen allerdings als solche auch wieder beiseite gelassen werden können, damit ein König später nicht mit gesenktem Kopf, seine nächste Markierung suchend, über die Bühne schleicht…

Die Spielpartner meines Auftritts:
Mit wem spiele/tanze/spreche ich gemeinsam?
Neben der zeitlichen und räumlichen Orientierung ist natürlich der soziale Kontakt zu meinen Mitspielerinnen und Mitspielern gleichrangig als dritte Herausforderung zu nennen. Gerade jüngere Kinder neigen dazu, eher für sich selbst zu spielen. Hier helfen wieder vor allem klare Verabredungen und zeitlich-räumliche Strukturen sowie das Aufeinanderbezogensein durch die gestalteten

Spielelemente von Musik, Tanz und Sprache (vgl. die vielen Beispiele dazu im II. Kapitel). In der Erprobungsphase nun sitzen die Spielerinnen und Spieler ja bereits auf ihren endgültigen Plätzen im Halbkreis, sodass Paare oder Gruppen, die gemeinsam etwas spielen, oft auch nebeneinander sitzen und durch die Sitzordnung ein Zusammengehörigkeitsgefühl entwickelt wird.

- *„Szenisch denken und handeln lernen"* heißt zunehmend selbstständiger die eigenen Bewegungsabläufe mit denen der anderen in Zusammenhang bringen und im richtigen Moment danach handeln zu können.
- *„Szenisch denken und handeln lernen"* heißt vorausdenken zu lernen, im Moment des Spiels schon den nächsten Schritt im Auge zu haben, um fließende Übergänge gestalten zu können. Dazu müssen alle benötigten Instrumente, Requisiten, Kostümteile griffbereit und gut organisiert zur richtigen Zeit am richtigen Ort sein.
- *„Szenisch denken und handeln lernen"* heißt darüber hinaus eine zeitlich-räumliche Orientierung zu gewinnen, die es mir ermöglicht, einerseits voll konzentriert mit meinen Spielpartnern zu interagieren und andererseits die Präsenz eines Publikums nicht zu vergessen.
- *„Szenisch denken und handeln lernen"* heißt auch, sich mit seiner Rolle soweit identifiziert zu haben, dass ich in ihr und auf dem kleinen Stückchen Spielfläche zu „leben" beginne und in den Momenten des Spiels mein wirkliches Leben vergessen kann.

3.2 ...und noch einmal, bitte!

...heißt nun vor allem bereit sein, einzelne Abläufe und ganze Szenen auch mehrmals hintereinander zu wiederholen, um Sicherheit zu gewinnen, und aus verschiedenen Variationen die beste auszuwählen und erneut durch Wiederholung abzusichern. Denn proben heißt vor allem wiederholen! Dennoch ist hier von Spielleiterin und Spielleiter ein Balanceakt besonderer Art verlangt:

- Eine Probe soll die absichernde Wirkung einer echten Probe haben und andererseits die schlüssige Dynamik eines guten Unterrichtsverlaufes nicht ganz aufgeben.
- Eine Probe verlangt höchste Konzentration und andererseits muss es Phasen der Entspannung geben, in denen z.B. das Plakat für die Aufführung gestaltet oder die Einladungen geschrieben werden können.
- Muss eine Gruppe von Spielerinnen und Spielern über einige Minuten pausieren, verlassen sie den Spielkreis, setzen sich auf die Publikumsseite und erhalten ggf. kleine Beobachtungsaufgaben.

Wenn die Probenzeit ihrem Ende zusteuert, werden immer mehr Szenen zusammenhängend gespielt, sodass alle Übergänge mit ihren besonderen „Schlüsselstellen" allen Beteiligten völlig klar sind und immer sicherer ablaufen, bis zu guter Letzt ein erster vollständiger Durchlauf aller Szenen – zunächst noch mit kleinen Unterbrechungen und Erinnerungen – möglich wird. Wenn es organisatorisch machbar ist, sollten zwei komplette Durchläufe ohne Unterbrechungen vor der ersten Aufführung durchgeführt werden – also in der Fachsprache des Theaters eine Hauptprobe, in der noch klitzekleine Unterbrechungen erlaubt sind, und eine Generalprobe, die ohne jede Unterbrechung wie eine Aufführung ablaufen sollte. Spätestens zu diesen allerletzten beiden Proben müssen auch alle Kostüme, Materialien und Bühnenelemente zur Verfügung stehen und auch der Raum benutzbar sein, in dem die Aufführung stattfinden soll.

Der Entwicklungsprozess

3.3 Haben wir nichts vergessen?

Während der letzten Proben kann es passieren, dass wir plötzlich feststellen, dass ein schlüssiger Übergang zur nächsten Szene fehlt und wir noch einen Erzähltext einschieben müssen. Besonders bei den Ausstattungsgegenständen stellt man jetzt häufig fest, dass hier noch ein Tuch und dort noch ein Stöckchen fehlt, eine Maske zu Hause vergessen wurde oder noch nicht ganz fertig ist. Nur keine Panik! Meist reichen die ein bis zwei Tage, um das Problem zu beheben. Alle müssen beim allerletzten „Check" mithelfen, denn jede einzelne Spielerin und jeder einzelne Spieler ist verantwortlich für die Instrumente, Gegenstände und Kostümteile, die sie oder er im Verlauf des Stückes braucht – nicht die Spielleiterin oder der Spielleiter! Wenn alle vor Beginn der Aufführung bereits an ihren Plätzen im Halbkreis sitzen, mache ich einen konzentrierten Rundgang und stelle an alle einzeln dieselbe Frage: *„Hast du alles, was du brauchst? Schau zur Sicherheit noch einmal nach – na dann: Toi, toi, toi!"*

Fassen wir zusammen

- Während unserer Proben wollen wir Stress und Unsicherheit so gut es geht vermeiden, indem wir allen Beteiligten möglichst viele Orientierungshilfen anbieten, die zeitliche und räumliche Aspekte ebenso betreffen wie den Umgang mit einem Spielpartner.
- In der Erprobungsphase werden nach und nach die erarbeiteten Einzelelemente miteinander im Spiel verbunden, wobei der Gestaltung der Übergänge von einer Spielsituation zur nächsten besondere Aufmerksamkeit geschenkt wird!
- Rückt der Aufführungstermin auch näher und steigt somit der Grad des Aufgeregtseins, sollen die Proben dennoch emotional ausgeglichen und im Ablauf abwechslungsreich gestaltet und erlebt werden.
- Für die Vollständigkeit des Spielmaterials wie auch der Ausstattung ist spätestens bei der Hauptprobe Sorge zu tragen, damit die Generalprobe bereits öffentlich, wie eine erste Aufführung vonstatten gehen kann.

4. Aufführung

4.1 Wie gestalten wir eine Einladung?

Je nach Spielsituation und Art der Spielgruppe können Einladungen zu einer Aufführung völlig unspektakulär und inoffiziell ausgesprochen werden – alle Spielerinnen und Spieler übernehmen die Benachrichtigung ihrer Eltern, Geschwister und Freunde selbst oder erhalten eine Information über Zeit und Ort der Aufführung von ihrer Lehrerin oder ihrem Lehrer.
Wir können uns aber auch die Mühe machen, sehr persönliche Einladungen zu gestalten. Jedes Gruppenmitglied zeichnet und (oder) schreibt die Einladungen für sein persönliches Publikum selbst. Eine Gruppe kann auch gemeinsam ein großes Plakat verfassen, das dann an geeigneter Stelle aufgehängt wird und alle wichtigen Informationen zur Aufführung enthält. Für die Mitspielerinnen und -spieler haben allerlei Zeremonien rund um die Einladung oftmals eine große Bedeutung. Im Verfassen und Verteilen von Einladungen mischt sich viel Vorfreude auf das kommende Ereignis der Aufführung und es ist besonders Kindern dann ein Vergnügen, ihren Familien, Freunden oder Schulkolleginnen und

-kollegen bereits etwas über das Stück zu erzählen oder aber ein großes Geheimnis darum zu machen, um die Spannung zu steigern: *„Du musst halt kommen und es dir anschauen, es wird ganz toll!"*

4.2 Wie oft treten wir auf?

Wie bereits ausführlich bei der Stoffauswahl begründet, sollten unsere Aufführungen, je nach Altersstufe, Thema und Art der Ausgestaltung, im Durchschnitt 15 bis 45 Minuten lang dauern. Alle haben sich viel Mühe gegeben, ein längerer Erarbeitungsprozess liegt hinter uns. So bedauern oftmals viele Beteiligte, dass nach einer halben Stunde alles vorbei ist, der „Vorhang fällt" (...meist kein wirklicher) und alles sehr plötzlich nur noch Erinnerung ist. Kinder haben damit weniger Probleme als Jugendliche und Erwachsene, denn sie leben intensiv und vorwiegend in der Gegenwart und sind daher häufig auch für das Geschehen im Hier und Jetzt genussfähiger. Kinder schließen daher leichten – aber durchaus erfüllten – Herzens auch mit einer einzigen Aufführung ein EMT-Projekt befriedigt ab. Wenn ich als Leiterin oder Leiter also die Lust verspüre, das erarbeitete Stück mehrfach aufzuführen, so ist das meist mein ganz persönlicher – aber natürlich durchaus legitimer – Wunsch! Finden Sie ein gutes Mittelmaß an Aufführungswiederholungen; auch hier – wie so oft – hat sich die Anzahl DREI bewährt, wobei ich die Generalprobe als erste öffentliche Probe, die ja bereits wie eine Aufführung ablaufen soll, dazuzähle.

4.3 Ein Foto zur Erinnerung!

Neben den gewissenhaften schriftlichen Aufzeichnungen, die in der Summe am Ende ein ausführliches Spielkonzept ergeben, ist es natürlich für alle Beteiligten an einem EMT-Projekt sehr schön, wenn es eine Foto- und ggf. auch eine Videodokumentation gibt, die später allen zugänglich gemacht werden. Bereits bei den letzten Proben kann fotografiert werden und falls ein Projekt sich durch eine besondere Ausstattung, Masken und Kostüme auszeichnet, sollte man auch einige bewusst „gestellte" Aufnahmen machen, wie sie ebenfalls hier zur Illustration von Ideen für den Bereich Kostüme und Requisiten zu finden sind. Meist bieten sich auch Eltern an, Fotos und Videos zu erstellen. Sorgen Sie in jedem Fall dafür, dass für die Videokamera ein passender Platz gefunden wird, von dem aus das ganze Geschehen gut eingefangen werden kann und auch der Ton noch zu verstehen ist!

5. Der „Rote Faden" für ein EMT-Projekt in der Schule

In den meisten Grundschulen arbeiten Lehrerinnen und Lehrer, die für den Musikunterricht nicht speziell ausgebildet wurden. Nur wenige Ausbildungsstätten im deutschsprachigen Raum sehen fachliche Schwerpunktbildungen vor oder bieten ihren Studierenden zumindest eine Art musikalische Grundausbildung an. So besteht landauf und landab das Problem der fachfremd unterrichtenden Lehrerinnen oder Lehrer. Gerade ein EMT-Projekt aber sollten sich alle Grundschullehrerinnen und -lehrer zutrauen – dafür ist dieses Buch nicht zuletzt geschrieben worden, denn die Kinder zwischen 6 und 10 Jahren sind für diese Spielform geradezu prädestiniert! Deshalb ist es mir ein Anliegen, den „Roten Faden" rund um ein EMT-Projekt innerhalb der Schule „auszurollen", um dieser Spielform mehr und mehr ihren angestammten Platz im Schulalltag zu ermöglichen.

5.1 Wie lange kann man sich mit einem EMT-Projekt befassen?

Auf vielen Fortbildungsveranstaltungen war dies eine häufige Frage. Aus meiner Praxis habe ich diesbezüglich eine Reihe wichtiger Erfahrungen sammeln können. Was sich sehr bewährt, ist naturgemäß ein langsames Hineinwachsen in immer umfangreichere Projekte.

- In der 1. Klasse müssen Kinder untereinander und die Lehrerin oder der Lehrer und die Kinder erst zusammenfinden – das gemeinsame Spielen hilft dabei sehr!
  - Ein erstes kleines Spielprojekt, das Anfang November beginnt und vor den Weihnachtsferien den Eltern präsentiert wird, ist ein guter Einstieg. Mehr als etwa vier Wochen sollte man sich mit einem Weihnachts- oder Winterthema dann nicht beschäftigen.
  - Zum Ende des 1. Schuljahres kann man sich durchaus schon etwa sechs Wochen mit einem Spielstoff beschäftigen, der dann vor den Sommerferien nicht nur den Eltern, sondern vielleicht auch bereits den Schulanfängern des kommenden Schuljahres vorgeführt werden kann.
- In der 2. Klasse kennt die Lehrerin, der Lehrer die einzelnen Kinder der Klasse bereits viel besser und auch die Kinder selbst können ihre Fähig- und Fertigkeiten präziser einschätzen und ihre Wünsche und Bedürfnisse besser in Worte fassen.
  - Das Winter-/Weihnachtsprojekt wird etwas vergrößert und kann fünf bis sechs Wochen in Anspruch nehmen.
  - Das Ende des 2. Schuljahres schmückt eine Aufführung, für die wir uns sechs bis acht Wochen Zeit nehmen und die wir – nun schon mutiger geworden – den anderen Klassen und auch den Eltern vorstellen können.
- In der 3. und 4. Klasse haben sich die Kinder bereits an EMT-Projekte gewöhnt und werden schon gleich zu Beginn der Schuljahre wissen wollen, was denn in diesem Jahr gespielt wird.
  - Die Winter-/Weihnachtsprojekte werden jetzt nicht mehr maßgeblich vergrößert und wie bereits in der 2. Klasse fünf bis sechs Wochen Spiel- und Erarbeitungszeit nicht überschreiten.
  - Das Sommerabschlussprojekt allerdings kann sich noch steigern und in der 4. Klasse drei bis vier Monate Spiel-, Erarbeitungs- und Probenzeit umfassen.

5.2 Wie und wann werden endgültig die Rollen und Aufgaben zugeteilt?

Auch hierbei handelt es sich geradezu um eine klassische Frage auf allen Lehrerfortbildungen zum EMT! Weiter oben wurde bereits dargestellt, dass Aufgaben und Rollen vorerst von allen ausführlich ausprobiert werden können, bevor es an die endgültige Rollen- und Aufgabenverteilung geht. Wer schließlich welche Rolle und Aufgabe übernimmt, sollte sich schlüssig und aus dem Spielfluss heraus nach und nach ergeben. Je mehr Zeit man sich dabei lässt, umso spannungsfreier werden Lösungen gefunden werden, ohne dass einzelne traurig oder beleidigt sind, sich übergangen oder falsch eingeschätzt fühlen. Nicht immer allerdings können Konflikte ganz und gar vermieden werden, auch Fehlentscheidungen wird es hie und da geben, aus denen alle lernen können, wenn offen und ehrlich damit umgegangen wird! Wichtig ist, die Kinder so intensiv wie möglich an den eigenen (erwachsenen) Überlegungen teilhaben zu lassen, ihnen auch – ehrlich gemeinte – Fragen zu stellen, wie z.B.

„Was meint ihr dazu, ich habe lange nachgedacht, kann mich aber nicht entscheiden: wer soll die Rolle des Königs jetzt übernehmen – Andreas oder Michael?"

Es gibt aber auch Situationen, in denen sich mit allem guten Willen keine Lösung finden lässt. Dann gibt es drei Möglichkeiten, um die Situation zu retten, die bereits im I. Kapitel zur Dramaturgie des EMT ausführlich beschrieben wurden und an die hier noch einmal erinnert werden soll (vgl. S. 22):

- Rollensplitting
- Rollendoppeln
- Rollenausschmückung

5.3 Wie viele Zusatztermine (Proben) müssen eingeplant werden und wie steht es mit der Mitarbeit der Eltern?

So wenig als irgend möglich! Normalerweise sollte man mit einer (Musik-)Stunde in der Woche auskommen und nur in den letzten zwei Wochen vor der Aufführung zwei- bis dreimal pro Woche kürzere Probenzeiten zusätzlich zur Musikstunde einplanen, in denen einmal nur ein Lied wiederholt, ein Tanz getanzt, eine Szene gespielt wird. Ab der 2. Klasse können Lied- und andere Texte auf große Papierbogen geschrieben im Klassenzimmer aufgehängt werden. Auch der Sitzplan für den Spielhalbkreis mit allen Instrumenten, Requisiten und Kostümteilen, die die Spielerinnen und Spieler brauchen, wird gut sichtbar aufgehängt und nach und nach vervollständigt. Die Kinder werden öfter davor stehen und studieren, was neu hinzugekommen ist, und immer wieder auch die Lehrerin oder den Lehrer auf Fehlendes oder Fehler aufmerksam machen.

Was sich sehr bewährt hat, ist ein zusätzlicher Intensivnachmittag in der letzten Phase (auch etwa zwei bis drei Wochen vor der Aufführung), um alle Kostüme, Requisiten und sonstigen Materialien zu sichten und gemeinsam eine Aufstellung zu machen, wer noch was besorgen kann und will. An diesem Nachmittag können auch einfache Masken oder Instrumente selbst hergestellt werden oder Requisiten und Bühnenhintergrundgemälde. Eltern können, müssen aber nicht unbedingt dabei helfen – auf diese Weise kommen die wirklich Motivierten, die Stimmung ist gut und entspannt, und die Arbeit geht voran!

Unten finden sich drei verschiedene Schreiben, die Kinder und Eltern zum Mitdenken und Mitgestalten einladen. Jede Lehrerin, jeder Lehrer muss einen passenden eigenen Informationsbrief verfassen, der alles Notwendige thematisiert.

Der Entwicklungsprozess

Die Mitarbeit der Eltern bedeutet für mich vor allem, dass sie die Anstrengungen und Bemühungen ihrer eigenen Kinder ernst nehmen und ideell unterstützen! Das zählt mehr als perfekt genähte Kostüme und professionell gezimmerte Bühnendekoration. Es gibt nichts Traurigeres als Kinder, die bei einer Aufführung fehlen, weil die Eltern den Termin vergessen hatten, oder Mütter und Väter, die zu spät zur Aufführung erscheinen. Versuchen Sie, als Lehrerin oder Lehrer vor allem in dieser Hinsicht positiv auf die Eltern einzuwirken, damit die Kinder nicht enttäuscht werden, weil niemand aus der Familie seine Leistungen wahrgenommen hat.

Kostüme, Masken und Requisiten
„Was kann ich mitbringen für unser Treffen am 2. Juni?"

Wir brauchen für die Schlummerlandbewohner:
- Schlafspieluhren zum Aufziehen
- Nachthemden
- Kissen
- **Was fällt euch noch dazu ein?**

Wir brauchen für die bösen Träume:
- dunkelfarbige Stoffreste, Tücher, Kleider, Röcke, Umhänge...
- für einfache Maskenherstellung: mittelstarke Pappe, Wollreste, Krepp
- Papier, Wasserfarben...
- **Was fällt euch noch dazu ein?**

Wir brauchen für die Afrikaner:
- bunte Stoffreste, Tücher, Kleider...
- für einfache Maskenherstellung (siehe oben)
- lange (Modeschmuck-)ketten, Armreifen
- **Was fällt euch noch dazu ein?**

Wir brauchen für die Japaner:
- Kimonos (oder so etwas Ähnliches...)
- Fächer
- **Was fällt euch noch dazu ein?**

Wir brauchen für das Traumfresserchen:
- Silberglänzende Tücher, Perücke, T-Shirt, Modeschmuck
- Großes Salatbesteck aus Plexiglas
- Zur Verzierung: Weihnachtsschmuck aus Silber (Lametta, Girlanden...)
- **Was fällt euch noch dazu ein?**

Zum Herstellen von weiteren Masken und Requisiten:
- Tonpapier (rot, gelb, blau, grün, braun)
- großen Bogen Packpapier
- Alufolie
- Gummiband
- ...**und:** Klebstoff, Schere, Nähzeug, „Tacker" (Klammermaschine)

Eltern, die Lust und Zeit haben mitzuhelfen, sind herzlich willkommen!

Einladung zur Mithilfe
zur Ausstattung unseres Musiktheaters

Liebe Kinder, liebe Eltern,

unten stehen einige Dinge auf zwei Listen, die Requisiten/Gegenstände und Kostüme betreffend, die wir für unser Spiel von der „Zweiten Prinzessin" brauchen. Natürlich müssen nicht alle alles mitbringen!

Liebe Kinder, erzählt euren Eltern, was ihr spielt und was ihr braucht.

Liebe Eltern, haben Sie darüber hinaus einen besonders feinen Hut, besonders schöne Schleier oder ein Silbertablett zu Hause und wollen es für unser Spiel zur Verfügung stellen (es kommt garantiert zurück!), dann geben Sie alle Gegenstände und Kostümteile bitte Ihrem Kind zu unserem Intensivnachmittag am Freitag, den 31. Mai, mit. Auch am Donnerstag, den 30. Mai, werden schon Materialien entgegengenommen und in einem großen Koffer gesammelt!

Bitte kaufen Sie nichts! Wir können uns mit allem gegenseitig aushelfen und werden am Freitag auch feststellen, was uns noch fehlt.

Im übrigen kann ich nur noch einmal darauf hinweisen, wie wichtig es jetzt ist, dass alle Kinder zu allen bekannt gegebenen Terminen auch wirklich kommen, damit unser Stück fertig wird und alle wissen, was es zu singen, zu spielen, zu sprechen und zu musizieren gibt!

Requisiten

Kronen (für König, Königin und 1. und 2. Prinzessin)
„Juwelen" (-artiges)
Wolfsmaske
Bärenmaske(n)
Stoffbären
„Kelch und Kuchen"
silberne Tabletts
Ball
Hofherren
Lametta (und anderer Weihnachtsbaumschmuck)

Kostüme

Königsmantel
Umhänge
„Livree" (-artiges)
schöne Kleider
Küchenschürze
Kochmütze
Felle für Bär und Wolf
Schleier
Kappen, Hüte für Hofgesellschaft
Westen, Jacken für Diener,
grüne Tücher

Mit freundlichen Grüßen!

Der Entwicklungsprozess

Wichtige Information
zur Vorbereitung für unser Musiktheater

Liebe Eltern,

in unserem Musikunterricht bereiten wir gerade wieder ein Musiktheaterstück vor, das zum Ende des Schuljahres aufgeführt werden soll.
Diesmal spielt unser Stück an einem besonderen Königshof. König und Königin lieben die Musik und den Tanz, sie beschäftigen ein Hoforchester und feiern viele Feste. Ihre ganz besonderen Berater – musikbegabte Kater und Katzen – stehen ihnen dabei zur Seite. Aber die Buchhalter des Königs machen sich Sorgen, denn es gibt immer weniger Geld und so entschließt sich der König eines Tages, seine Musiker zu entlassen, um die Löcher im Dach zu flicken. Nicht nur die Musiker verschwinden, auch die Gäste lassen sich nicht mehr blicken und eines Nachts machen sich auch die Katzen auf und davon. König und Königin werden sehr traurig... Natürlich findet die Geschichte dann doch noch ein gutes Ende: Alle Buchhalter lernen auch ein Instrument und Musiker, Katzen, Gäste mit Musik, Tanz und Lebensfreude ziehen wieder in den Palast ein.

Damit unser Musiktheater-Stück ein Erfolg wird, brauchen wir genügend Zeit für die Vorbereitung, und für die Kinder ist es ein besonderes Vergnügen und eine Belohnung für ihre Bemühungen, wenn unser Stück nicht nur einmal aufgeführt wird. Daher möchte ich Sie jetzt schon von einigen Zusatzterminen informieren und hoffe sehr, dass diese für Sie und Ihr Kind möglich gemacht werden können:

Donnerstag, 16. Mai	**16.15 - 18.00 Uhr**	
	Instrumentenbaunachmittag	
	(Eltern sind herzlich eingeladen – nähere Informationen dazu: siehe 2. Blatt)	
Freitag, 14. Juni	**15.30 - 17.00 Uhr**	
	Intensivnachmittag in der Schule	
	(Eltern sind herzlich eingeladen!)	
Donnerstag, 27. Juni	**17.00 - 18.00 Uhr**	
	Schulaufführung zum Jahresabschluss	
Mittwoch, 3. Juli	**8.30 - 10.00 Uhr**	
	Zweite Aufführung im Seniorenheim	

Fragen bezüglich Kostümen, Masken und weiterer Ausstattung klären wir in den nächsten Woche nach und nach gemeinsam mit den Kindern. Wie Sie wissen, betreiben wir in dieser Hinsicht nicht viel Aufwand. Auch diesmal gilt wieder vor allem: schwarze (oder dunkle) leichte Grundkleidung (T-Shirt, leichte Jeans, Leggings oder Gymnastikhosen).
Rechtzeitig erhalten Sie dazu weitere Informationen!

Mit freundlichen Grüßen!

5.4 Wie kann sich die Zusammenarbeit mit Kolleginnen und Kollegen gestalten?

Schon unter dem Abschnitt „Hilfe holen" wurde darauf hingewiesen, dass es in gewissen Situationen sinnvoll ist, sich an (Fach-)Kolleginnen oder Kollegen zu wenden und spezifische Informationen oder praktische Hilfestellungen einzuholen. Diese Zusammenarbeit wird sich auf Gespräche im Lehrerzimmer beschränken, vielleicht einmal einen abendlicher Telefonanruf brauchen und lässt sich so leicht im Schulalltag unterbringen. Etwas mehr Einsatz investiert eine Werklehrerin oder ein Werklehrer, der sich bereit erklärt, einen ganzen Nachmittag seiner Freizeit zu opfern, um mit der Klasse Masken oder andere Dinge zu bauen, zu basteln und herzustellen. Vielleicht nimmt die Kollegin oder der Kollege aber auch gerne das Thema des EMT-Projektes auf und überlegt sich, wie der Bau von Masken, das Malen von Bühnenhintergrundbildern, das Herstellen von Requisiten und Kostümteilen in den regulären Werkunterricht integriert werden kann?
Eine noch intensivere Form der Zusammenarbeit würde in echter Teamarbeit liegen, falls sich zwei Lehrerinnen oder Lehrer entscheiden, mit zwei Klassen gemeinsam ein größeres EMT-Projekt zu gestalten und für die Vorbereitungsarbeiten immer wieder bereit sind, Wochenenden und Abendstunden dafür zu investieren!

5.5 Was kann man machen, wenn man nicht ganz fertig wird oder ein Kind krank geworden ist, der Aufführungstermin aber nicht verschoben werden kann?

Ein Albtraum für viele Lehrerinnen und Lehrer! Aber lassen Sie sich nicht so leicht aus der Ruhe bringen – denn eine Aufführung kann IMMER stattfinden, es gibt eine Reihe kreativer Lösungswege, die ich Ihnen hier gerne zum allfälligen Gebrauch beschreiben möchte:

- Übergänge wackeln, Schlüsselstellen werden von einzelnen Kindern noch nicht selbstständig bewältigt:
  - Es gibt die Möglichkeit eines kurzfristigen Rollen- oder Aufgabentausches – allerdings immer nur mit der ausdrücklichen Zustimmung der Beteiligten!
  - Kinder, die einen guten Überblick haben, übernehmen die Aufgabe, im entscheidenden Moment anderen unauffällig soufflierend weiterzuhelfen.
  - Die Lehrerin/der Lehrer begibt sich – ausnahmsweise – mit in den Spielhalbkreis und gibt so unauffällig wie möglich kleine unterstützende Einsätze.

- Ein Lied, ein Sprechstück, ein Tanz werden teilweise noch etwas unsicher durchgeführt:
  - Die Lehrerin/der Lehrer unterstützt das Singen und Sprechen unmerklich vom Rand des Geschehens aus, indem sie oder er das Lied mit ansingt, damit die richtige Tonlage gefunden wird, oder einen rhythmisch schwierigen Übergang mitspricht – sich dann aber sogleich wieder zurückhält!
  - Texte von Liedern und Sprechstücken werden an das Publikum verteilt und vorher mit allen kurz geübt und gesungen (gesprochen). Die Lehrerin/der Lehrer lädt das Publikum ein, an den entsprechenden Stellen mitzuwirken.
  - Handelt es sich um ein Sing- oder Sprechsolo, das noch nicht ganz sicher ist, wird das einzelne Kind rechtzeitig vor der Aufführung durch die Mitwirkung einiger anderer Kinder unterstützt – das lässt sich meist mit wenig Mühe auch dramaturgisch gut rechtfertigen.

Der Entwicklungsprozess

- Eine ganze Szene ist nicht mehr fertig geworden oder nur teilweise ausgestaltet:
  - Kommt das Spiel an diese Stelle, erklingt ein Beckenschlag, alle Spielerinnen und Spieler auf der Spielfläche erstarren – „der Film wird angehalten" und die Lehrerin oder der Lehrer tritt vor das Publikum und erläutert mit kurzen (vorbereiteten) Worten, was jetzt passiert, aber nicht zu sehen ist. Dann erklingt ein weiterer Beckenschlag und das Spiel geht weiter. Der kurze vorgetragene Text darf durchaus ein bisschen augenzwinkernd humorig sein!
  - Kinder übernehmen die Aufgabe, kurz zu erzählen, was nicht zu sehen ist.
  - Es werden einige durchnummerierte Zettel im Publikum verteilt – die einzelnen Besucher lesen den Text der fehlenden Szene auf diese Weise mit verteilten Rollen.

- Ein Kind fehlt (aus verschiedenen Gründen) bei der Aufführung:
  - Jetzt bewährt sich oft die Arbeitsweise, die es ermöglicht hat, dass immer alle Kinder mitbekommen und teilweise in der Erspielungsphase auch ausprobiert haben, was die verschiedenen Rollen zu tun haben. Ein Einspringen ist für manche Kinder kaum ein Problem, wenn mit vereinten Kräften einige Umschichtungen vorgenommen werden.
  - Ein besonderes Experiment habe ich selbst durchgeführt, als wir wenige Minuten vor Aufführungsbeginn erfuhren, dass eine der tragenden Rollen erkrankt sei. Ich habe mich daraufhin kurz mit den Kindern besprochen, die eine unglaubliche Idee hatten: Zunächst machten sie ziemlich selbstständig eine Art Rollenrotation und dann blieb eine Aufgabe übrig, die nicht sehr schwierig war, da sie immer unter den Fittichen eines anderes Kindes sozusagen „mitlaufen" konnte. Dafür fragten wir, ob im Publikum vielleicht ein mutiges Mädchen sitzen würde, das sich das zutrauen würde. Es meldete sich tatsächlich jemand und es passte ihr sogar das Kostüm der Erkrankten...
  - Wenn es gar keine andere Lösung gibt, kann immer noch die Lehrerin oder der Lehrer eine Rolle oder Aufgabe übernehmen, denn auch sie oder er waren schließlich immer dabei und den Kindern macht das sicherlich einen Riesenspaß!

Spielskizzen

Nun wählen Sie aus, welches Stück Ihnen und Ihrer Gruppe am besten gefällt und welches Sie in Ihrer spezifischen Arbeits- und Spielsituation am leichtesten umsetzen können. Im Folgenden finden Sie vier Spielskizzen. Damit Sie sich rasch einen Überblick verschaffen können, sind die wesentlichen Informationen gleich zu Beginn *Auf einen Blick* zusammengefasst. Die aufgelistete *Szenenfolge* vermittelt den Inhalt des Spiels in Kurzform, der *Handlungsverlauf* die Spannungskurve des Stoffes. Es folgt die ausführliche *Spielskizze* mit allen Hinweisen für die Ausgestaltung und anschließend finden sich *Materialien*, aus denen Sie für Ihre Gruppe eine Auswahl treffen können oder die sie auch nur als Anregung sehen mögen, um selbst dichtend, komponierend und arrangierend tätig zu werden.

Die Lieder, Texte, Sprechstücke und Instrumentalmusiken sind teilweise von vielen Spielerinnen und Spielern im Laufe der vergangenen Jahre bei EMT-Projekten – oft in Koproduktion mit mir oder in Kleingruppenarbeit entstanden. Wo ich es mir notiert hatte, finden sich die Namen der Autorinnen und Autoren, Komponistinnen und Komponisten. Ihnen allen und allen nicht genannten sei an dieser Stelle herzlich gedankt!

1. Königliche Geschichten

Obwohl die ersten zwei Geschichten an einem Königshof spielen, sind sie doch höchst unterschiedlich. In einem modernen und einem klassischen Märchen treffen eine reiche Palette von Charakteren aufeinander und die Rollen und Aufgaben eignen sich für verschiedene Altersgruppen, Gruppengrößen und Gruppenzusammensetzungen. Kinder sind fast immer angetan vom königlich-märchenhaften Ambiente und von diesen Königen und Königinnen, Prinzessinnen und Prinzen kann man sogar noch eine Menge lernen...

„Ein König weiß immer Rat!"

Spielskizzen

1.1 „Der beste Hofnarr" (M.L. Miller/Walter Müller)

Auf einen Blick
Ein Mädchen, das lieber Räder schlägt als schöne Kleider zu tragen, ein königlicher Vater, dessen Vorurteile durch Schlauheit und Können besiegt werden, und vor allem viele Gelegenheiten für lebhafte Auftritte einfacherer (die Boten des Königs schwärmen aus) und komplexerer Art (die Narren und Spaßmacher haben ihren Auftritt).

Für ganze Klassen, andere Großgruppen und Spielerinnen und Spieler ab 6 Jahren geeignet.

Die Stärken des Stoffs
- Variable Aktionen für viele Mitwirkende (Hofstaat, Boten, Narren)
- Hauptrollen, die im „Team" gestaltet werden können (König, die Königin und ihr Zeremonienmeister; Prinzessin und ihre Freundinnen, Narrengruppen)
- Der Text der Geschichte ist leicht reduzierbar, da sich das Hauptverständnis des Geschehens durch das Spiel herstellen lässt.

Die Szenenfolge

Ouvertüre	–	„Fröhlicher Hofstaat"
1. Szene	–	„Warum können Mädchen keine Hofnarren werden?"
2. Szene	–	„Ein neuer Hofnarr muss her!"
3. Szene	–	„Es saßen neun Narren… – die Narren kommen!"
4. Szene	–	„Der Narrenwettbewerb"
5. Szene	–	„Die Rätsel des kleinen Narren"
6. Szene	–	„Die Entscheidung des Königs"
Happy End	–	„Der Sieger ist bunt"

Der Handlungsverlauf

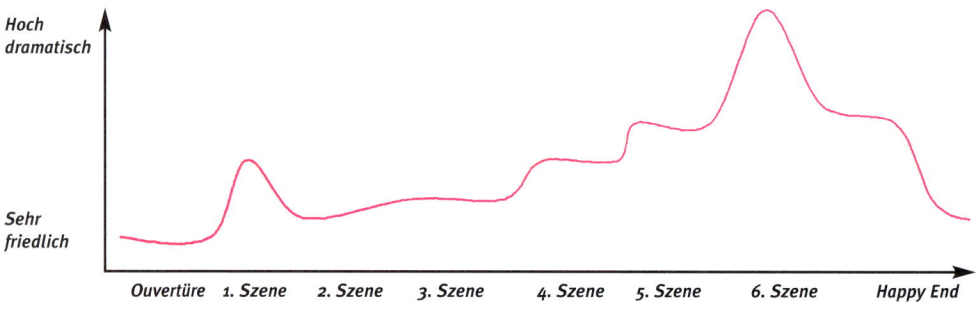

1. Königliche Geschichten

Der Rollenspiegel

Die Rollen	...ihr Charakter	Spezielle Anforderungen
Prinzessin	keck, lebhaft, selbstbewusst, lustig, körperlich geschickt	singt Solostrophen
Hofdamen	verspielt, schwatzhaft, munter, der Prinzessin zu Diensten	singen in der Kleingruppe
König	zunächst streng, störrisch, uneinsichtig, später gutmütig einlenkend	singt Solostrophen
Königin	gütig, ausgleichend, besorgt um die Prinzessin	
Zeremonienmeister	Stets dem König zu Diensten, eifrig bemüht regelt er alles (führt durch die Geschichte).	sprachgewandt – verkündet alles Wichtige „trompetend", rufend und singend
Der alte Hofnarr	Freund und Berater des Königs – unterstützt aber auch die Prinzessin	
Botschafter	wendig und schnell unterwegs, um die Weisungen des Königs im ganzen Land zu verkünden	
Narrenanwärter	Alle Talente gefragt!	...je nach den spezifischen Talenten!

...und tanzende, singende, jubelnde, musizierende Damen und Herren des Hofes

Zur Ausstattung
- Viele Schellen in allen Formen und Größen
- Narrenkappen, -kostüme und -utensilien (mit viel Fantasie und aus Papier erstellen!)
- „Narrenzepter" (Stab mit altem Kasperkopf mit Narrenkappe)
- Großes Kissen (für Königsnarrenzepter)
- „Schöne" Kleider, Schleier, Königsumhänge, Kronen
- Allerlei Glitzerndes (Modeschmuck oder glänzendes Geschenkband)
- (Papp)Trompete (für Zeremonienmeister)
- Botschaftspapierrollen

Spielskizzen

Der illustrierte Spielplan

Ouvertüre – „Fröhlicher Hofstaat"		
Aufgabe/Rolle	*Bewegung, Tanz und Szene*	*Klang, Musik und Sprache*
Zeremonienmeister	tritt vor	*Fanfare mit der Papptrompete, ruft:* Das Spiel beginnt! Musiker und Tänzer macht euch bereit – Musik bitte![1]
König, Königin Hofstaat paarweise (Abb. 1) Hofmusiker (Abb. 2)	- Aufstellung zur Polonaise - Tanz der Polonaise (oder eines anderen Tanzes, z.B. Branle, siehe Material)	*Musik wird eingespielt* – ODER: Livemusik (siehe Material)

Abb. 1: „Aufstellung zum Tanz"

Abb.2: „Hofmusiker"

[1] vgl. CD-Nr. 1, 2, 3

1. Königliche Geschichten

	1. Szene – „Warum können Mädchen keine Hofnarren werden?"	
Aufgabe/Rolle	*Bewegung, Tanz und Szene*	*Klang, Musik und Sprache*
Prinzessin	...holt sich nach dem Tanz einen Stuhl, bleibt alleine auf der Spielfläche...	*...und lässt leise ein Schellenband erklingen*
Hofdamen (Abb. 3)	...kommen von allen Seiten, umschwirren die Prinzessin, schmücken sie mit Schleiern, Tüchern, Schmuck, die Prinzessin versucht sie abzuwehren.	*schwatzend, kichernd rufen sie:* Schau, wie schön! Ganz reizend! Wie kleidsam! Wie hübsch!
		Abb. 3: „Oh, wie reizend!"
Alter Hofnarr	Raumweggestaltung ...humpelt Grimassen schneidend, Pausen und Stationen bei der Prinzessin und Richtung Publikum machend über die Spielfläche und bricht zu Füßen des Königs nieder...	*begleitet sich mit lautem Schellengerassel* *flüstert dem König etwas zu* (Abb. 4)
König	...neigt sich zu ihm hinunter und wirft entsetzt die Arme in die Höhe	*flüstert dem Zeremonienmeister etwas ins Ohr* (Abb. 5)
Prinzessin	...lässt den Hofnarren und den König nicht aus den Augen, obwohl die Hofdamen ihr ständig die Sicht verstellen.	
Zeremonienmeister	steht auf	*trompetet und singt:* Der König ist traurig![2] Sein alter Hofnarr kann nicht mehr lustig sein, er will in den Ruhestand treten...

[2] vgl. CD-Nr. 4

Manuela Widmer Spring ins Spiel © Fidula

Spielskizzen

Aufgabe/Rolle	Bewegung, Tanz und Szene	Klang, Musik und Sprache

Abb. 4 und 5: „Was gibt es da zu flüstern!?"

		Sprachspiel – jeder wiederholt einen Satz seiner Wahl und teilt ihn jemand anderem mit:
	Gruppengestaltung	
ALLE Damen und Herren des Hofes	springen auf, laufen aufgeregt durcheinander...	- Der König ist traurig
Prinzessin	geht währenddessen langsam vor zum Rand der Spielfläche	- Sein alter Hofnarr kann nicht mehr lustig sein!
ALLE Damen und Herren des Hofes	...und kehren auf ihre Plätze zurück.	- Er will in den Ruhestand treten!

1. Königliche Geschichten

Aufgabe/Rolle	Bewegung, Tanz und Szene	Klang, Musik und Sprache
Prinzessin	wendet sich ans Publikum	*Nachdem Ruhe eingekehrt ist:* sie schüttelt laut ihr Schellenband[3] *ruft:* Können eigentlich auch Mädchen Hofnarren werden?
ALLE Damen und Herren des Hofes	wenden sich der Reihe nach einander zu...	...*und geben die Frage bis zum König weiter:* Mädchen – Hofnarren?
König	steht auf, hebt sein Narrenzepter hoch	*und ruft sehr laut:* NEIN!
Hofmusiker		*Bewegungsbegleitung* Langsame Trommel- (Pauken-) schläge begleiten den König
König, Königin, Zeremonienmeister und weitere Damen und Herren des Hofes	stehen auf und begeben sich als kleine Gruppe zur Prinzessin und ihren Hofdamen.	
Hofdamen	begeben sich zur Prinzessin an den Rand der Spielfläche.	
		Liedgestaltung/Gitarrenvorspiel singen gemeinsam den Refrain Warum, warum, warum...
Prinzessin und Hofdamen	wenden sich der Gruppe um den König zu.	
Prinzessin	wendet sich König und Königin zu	*singt alleine die 1. Strophe* Immer nur schwere Kleider tragen...
Prinzessin und Hofdamen	wenden sich dem Publikum zu (Abb. 6)	*singen gemeinsam den Refrain*
Prinzessin	wendet sich dem Hofstaat und dem Publikum im Wechsel zu	*singt alleine die 2. Strophe* Möchte gern freche Lieder singen...

---

[3] vgl. CD-Nr. 5

Spielskizzen

Aufgabe/Rolle	Bewegung, Tanz und Szene	Klang, Musik und Sprache

Abb. 6: „Warum, warum, warum...?"

König	wendet sich zunächst an seine Tochter, dann an alle Umstehenden und an das Publikum (Abb. 7)	*antwortet alleine mit der 3. Strophe* Was nicht sein soll, das kann nicht werden...
König und Königin und der ganze Hofstaat		*singen gemeinsam den Refrain* Darum, darum, darum...

Abb. 7: „Darum, darum, darum....!"

Manuela Widmer Spring ins Spiel © Fidula

1. Königliche Geschichten

Aufgabe/Rolle	Bewegung, Tanz und Szene	Klang, Musik und Sprache
König, Königin und Hofstaat	ziehen sich danach auf ihre Plätze zurück	
Prinzessin	zieht sich traurig an die Seite zurück, setzt sich auf den Boden.	*klingelt dabei leise mit ihrem Schellenband*
König	bleibt alleine vorne am Bühnenrand stehen.	

2. Szene – „Ein neuer Hofnarr muss her!"

Aufgabe/Rolle	Bewegung, Tanz und Szene	Klang, Musik und Sprache
Zeremonienmeister	tritt vor	trompetet
König	hebt sein Narrenzepter in die Höhe	*singt:* Ein neuer Hofnarr muss her! Alle Botschafter herbei, herbei!
Botschafter	kommen eilfertig zu Fuß, zu „Pferde", auf Rollen (... aller Art), stellen sich in einer langen Reihe vor den König und verbeugen sich.	
Zeremonienmeister	bringt viele Rollen mit Botschaften,	*trompetet bei jeder Übergabe*
König	verteilt sie nach und nach an die Botschafter und begibt sich dann zu seinem Thron zurück.	*kommentiert singend die Übergabe* ...mit jeweils eigenen Worten
Botschafter	*Raumweggestaltung* schwärmen aus (Abb. 8)	*Sprachgestaltung* Ich rufe alle Narren des Landes zum König!

Abb. 8: „Ein neuer Hofnarr muss her!"

Spielskizzen

3. Szene – „Es saßen neun Narren… Die Narren kommen!"		
Aufgabe/Rolle	*Bewegung, Tanz und Szene*	*Klang, Musik und Sprache*
Prinzessin	immer noch mit viel Schmuck, Tüchern und Schleiern behängt, geht in die Mitte der Spielfläche.	*Schallspiel – „Narrenmusik"* Aus dem Halbkreis erklingen viele verschiedene Schellenklänge
	Sie legt alles Prinzessinnenhafte ab und schlüpft in ein Narrengewand.	
Viele Narren (ehemals Hofdamen und -herren)	…machen sich auf offener Bühne „narrenfertig und treffen sich dichtgedrängt beieinander stehend zur Fahrt auf dem Narrenkarren: *Gruppengestaltung* Wie auf einem rumpelnden Karren bewegen sich alle, sich rüttelnd und schüttelnd langsam zum Lied vorwärts, einmal rund um die Spielfläche.	*Liedgestaltung und Begleitung*[4] Es saßen die (neun) Narren auf ihrem Karren… (siehe Material)
Zeremonienmeister	beobachtet die Narrenfahrt genau.	*ruft laut:* Da brach der Karren, da fielen die Narren, was Narren, was Narren, was Narren! *Lautes Ratschengeratsche…*
Narren (Abb. 9)	Sie schwanken, versuchen die Balance zu halten – doch dann purzeln und kugeln sie durcheinander	

Abb. 9:
„Da brach der Karren, da fielen die Narren…"

[4] vgl. CD-Nr. 6

1. Königliche Geschichten

4. Szene – „Der Narrenwettbewerb"

Aufgabe/Rolle	Bewegung, Tanz und Szene	Klang, Musik und Sprache
	...raffen sich verschämt wieder auf und stellen sich – so ordentlich sie können – am Rand der Spielfläche auf, um zum König vorgelassen zu werden.	
Zeremonienmeister	tritt vor	*trompetet und ruft:* „Narren herbei zur Spielerei, Narren herbei, Narren herbei!"
Narren	treten der Reihe nach vor und präsentieren ihre Kunststücke, ihre Witze, ihren Sketch...	*Bewegungsbegleitung/ Schallspiele* zu allen Narrenauftritten
Prinzessin als Narr verkleidet	taucht ständig zwischen den Auftritten der anderen Narren auf, äfft sie nach, setzt sich mal zum König, mal schäkert sie mit dem Publikum...	
	geht schließlich zum Zeremonienmeister, zupft ihn am Ärmel – der verschafft sich Ruhe...	
		Gitarrenvorspiel – schließlich singt sie die Liedstrophe Ach, wie lange muss ich noch warten...

Spielskizzen

5. Szene – „Die Rätsel des kleinen Narren"

Aufgabe/Rolle	Bewegung, Tanz und Szene	Klang, Musik und Sprache
Zeremonienmeister	nimmt die Prinzessin als Narr an der Hand und führt sie zum König Einige der anderen Narren helfen der Prinzessin, die Rätsel pantomimisch darzustellen:	*trompetet und ruft:* Herr König, dieser kleine Narr möchte Euch Rätsel aufgeben! Hier das erste Rätsel:
Prinzessin als Narr „Zwiebel"	*Bewegungsgestaltung:* Sieben Chiffontücher liegen als Häute auf einem der Narren, der am Boden hockend eine Zwiebel darstellt. Mit großer Geste entfernt die Prinzessin als Narr Haut für Haut...	Ihr lieben Leut Was das bedeut? Hat sieben Häut Beißt alle Leut!
Narren	beobachten das Geschehen und reagieren mit übertriebenen Schmerzenslauten	Au! – Oje! – Uiui!
Prinzessin als Narr	sammelt ihre Häute wieder ein...	Na, Herr König, was kann es sein?
König Prinzessin als Narr Narren Prinzessin als Narr	denkt scharf nach schütteln missbilligend ihre Köpfe wendet sich fragend zum Publikum	Ein Floh? NEIN! lautes Schellengerassel Naaaaa? (das Publikum nennt hoffentlich die richtige Antwort...)
Zeremonienmeister		Nein, Herr König, es war die Zwiebel!
König	schmunzelnd und lobend	Sehr gut – die Zwiebel!
Zeremonienmeister		Hier das zweite Rätsel:
Prinzessin als Narr „Schatten"	*Bewegungsgestaltung* „Schatten" (Narr mit schwarzem Tuch über dem Kopf) läuft hinter der Prinzessin her, während sie das Rätsel sagt, und macht ihre Bewegungen genau nach. Am Ende macht sie einen Sprung zur Seite und setzt sich zu Füßen des Königs – der Schatten bleibt alleine stehen, schaut verwirrt herum und schleicht sich dann schnell davon...	Ach, ach, ach – Wer läuft mir immer nach? Ist ein kleiner schwarzer Mann, der ohne mich nicht laufen kann! (Abb. 10) Na, Herr König, was kann es sein?

1. Königliche Geschichten

Aufgabe/Rolle	Bewegung, Tanz und Szene	Klang, Musik und Sprache

Abb. 10:
„...ist ein kleiner, schwarzer Mann, der ohne mich nicht laufen kann!"

König		Ein Schornsteinfeger? NEIN!
Prinzessin als Narr		
Narren	... schütteln ihre Köpfe	lautes Schellengerassel
Prinzessin als Narr	... zum Publikum gewandt	Naaaaa?
Zeremonienmeister		Nein, Herr König, es war der Schatten!
König	schmunzelnd und lobend	Sehr gut – der Schatten!
Zeremonienmeister		Hier das dritte Rätsel:
Prinzessin als Narr „Nadelöhr"	*Bewegungsgestaltung* Prinzessin als Narr streckt sich lang und bildet zwischen den ausgestreckten Armen das Loch der Nadel. Zwei Narren bilden rasch mit ihren Armen das „Loch", durch das die „Nadel-Prinzessin" durchschlüpft, während sie das Rätsel spricht.	Ich hab ein Loch – und mach ein Loch und schlüpfe auch durch dieses noch! (Abb. 11)

Na, Herr König, was kann es sein? |

Spielskizzen

Aufgabe/Rolle	Bewegung, Tanz und Szene	Klang, Musik und Sprache
König Prinzessin als Narr Narren	 schütteln missbilligend ihre Köpfe	Ein Emmentaler Käse? NEIN! Lauteres Schellengerassel
Prinzessin als Narr	wendet sich fragend zum Publikum	Naaaa?
Zeremonienmeister		Nein, Herr König, es war die Nähnadel!
König	schmunzelnd und lobend	Sehr gut – die Nähnadel!

Abb. 11: „...und schlüpfe auch durch dieses noch"

1. Königliche Geschichten

6. Szene – „Die Entscheidung des Königs"

Aufgabe/Rolle	Bewegung, Tanz und Szene	Klang, Musik und Sprache
Zeremonienmeister	tritt vor	*trompetet und singt* [5] „Nun zieht Euch zurück, der König muss eine schwere Entscheidung treffen!"
Narren Prinzessin als Narr	lagern sich am Rande der Spielfläche und verfolgen gebannt den König auf seinem Weg	
König Zeremonienmeister	*Raumweggestaltung* steigt von seinem Thron, legt sein Narrenzepter auf ein dickes Kissen... ... trägt das ehrfürchtig hinter ihm her.	*Bewegungsbegleitung* *Stimmungsbegleitung* ...z.B. mit langgezogenen Streicherklängen (leere Saiten oder Streichpsalter)
König (Abb. 12) (Abb. 13)	macht sich gedankenvoll auf den Weg zur Entscheidung, bleibt bei jedem Wendepunkt in Denkerpose stehen... Schließlich bleibt er vorne am Rand der Spielfläche stehen und hat eine „Erleuchtung". Er eilt zu seinem Thron zurück.	...bei jeder Pause schweigt auch die Musik Ein „Erleuchtungs-Klang"

Abb. 12: „Welchen nehme ich?"

Abb. 13: „Ich hab's!"

---

[5] vgl. CD-Nr. 7

Happy End – „Der Sieger ist bunt"

Aufgabe/Rolle	Bewegung, Tanz und Szene	Klang, Musik und Sprache
Zeremonienmeister		*trompetet und ruft:* Der König hat seine Entscheidung getroffen!
Narren	rappeln sich auf, kommen übereinander stolpernd gelaufen und stellen sich mit einigen Mühen schließlich der Größe nach geordnet auf.	
König	erfreut	Der Sieger ist bunt Schlägt Räder schön rund Stellt Rätsel sehr schwer So bringt ihn mir her!
1. Narr	ungläubig	Der Sieger ist bunt
2. Narr		Schlägt Räder schön rund
3. Narr		Stellt Rätsel sehr schwer
König	ungeduldig	**So bringt ihn mir her!**
4. Narr	bewundernd	Der Sieger ist bunt
5. Narr		Schlägt Räder schön rund
6. Narr		Stellt Rätsel sehr schwer
König	verärgert	**So bringt ihn mir her!**
1. Hofdame	begeistert	Der Sieger ist bunt
2. Hofdame		Schlägt Räder schön rund
3. Hofdame		Stellt Rätsel sehr schwer
König	kurz vor dem Nervenzusammenbruch	**So bringt ihn mir her!**
Prinzessin	kommt daher geschlendert und setzt sich zu Füßen des Königs	Darf ich dein Hofnarr sein?
König		NEIN!!

1. Königliche Geschichten

Aufgabe/Rolle	Bewegung, Tanz und Szene	Klang, Musik und Sprache
Prinzessin	springt auf und macht mehrere Räder, dabei sieht man ihr Narrengewand unter dem Prinzessinnenkleid...	
ALLE Einer nach dem anderen	beobachten sie erstaunt steht auf	rufen: Das muss der beste Hofnarr sein! Das muss der beste Hofnarr sein! Das muss der beste Hofnarr sein!
König	steigt von seinem Thron	
Zeremonienmeister		trompetet
König	hält Prinzessin-Narr an den Händen	**Das IST der beste Hofnarr!**
Prinzessin-Narr		*Gitarrenvorspiel zum Lied* Hofnarr sein macht mir viel Vergnügen...
Prinzessin und König		*singen den Refrain* Darum, darum, darum – Können Mädchen tolle Hofnarren werden!

Ende

Spielskizzen

Das Material
1. Zum Tanzen, Singen und Musizieren: Branle simple
(Text: Manuela Widmer, nach einer Melodie, notiert von Arbeau im 16. Jhdt.)

Branle gay

(Text: Manuela Widmer, nach einer Melodie, notiert von Arbeau im 16. Jhdt.)

Lau - fen und hüp - fen, im - mer wei - ter,
im - mer wei - ter, lau - fen und hopp!

Vorspiel:

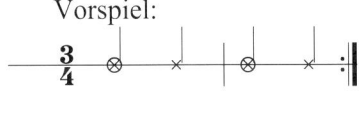

Spielskizzen

Die Tanzbeschreibung
Branle simple – Wie der Name schon vermuten lässt, ist das der einfachere Branle. Er wurde von den älteren Leuten getanzt – eignet sich in unserem Spiel also besonders für den König, die Königin, den Zeremonienmeister und den alten Hofnarren und vielleicht noch einige weitere Hofdamen und -herren. Die Tänzerinnen und Tänzer stehen im Kreis zusammen, mit dem Blick zur Mitte, die Handflächen werden aneinander gelegt, die Arme bilden ein „W":

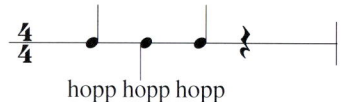

Das Schrittmaterial:
Seitanstellschritt doppelt (= Double): seit – an – seit – an (ohne Gewicht)
Seitanstellschritt einfach (= Simple): seit – an (ohne Gewicht)
Bei jedem „an": sich schnell auf den Ballen heben und wieder auf die Fersen senken.
Wechselsprung (= pied en l'air: „Fuß in der Luft"):

- auf ein Bein springen, das freie nach vorne strecken;
- auf das andere springen, das freie nach vorne strecken;
- auf das erste springen, das freie nach vorne strecken.

Der Bewegungsablauf:

1 Double nach links	- Links seit, rechts an (und hoch), links seit, rechts an (und hoch)
1 Simple nach rechts	- Rechts seit, links an (und hoch)
1 Double nach links	- Links seit, rechts an (und hoch), links seit, rechts an (und hoch)
1 Pied en l'air	- rechts hopp (links gestreckt), links hopp (rechts gestreckt), rechts hopp (links gestreckt – und halten!)

Der rhythmische Ablauf:

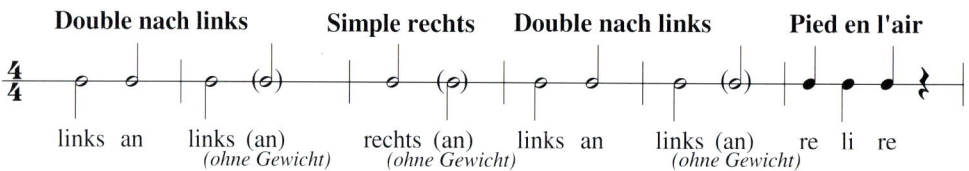

1. Königliche Geschichten

Branle gay

Auch hier verweist uns der Name auf den Charakter des Tanzes: Er ist fröhlich und schnell und wird von den jungen Leuten des Hofes getanzt – also in unserem Stück von der Prinzessin und ihren Hofdamen, vielleicht noch ergänzt durch einige der jungen Narren.
Die Tänzerinnen und Tänzer fassen sich an den Händen und tanzen der oder dem linksstehenden Tänzerin oder Tänzer in einer Schlange hinterher.

Das Schrittmaterial:
- Drei Laufschritte...
- und ein Hüpfer zum Abschluss:
- Absprung und Aufkommen auf demselben Fuß
- der freie Fuß wird in der Luft gehalten

Der Bewegungsablauf:
Die Schlange bewegt sich ständig nach links in freien Raumwegen oder im Halbkreis rundherum.

Der rhythmische Ablauf:

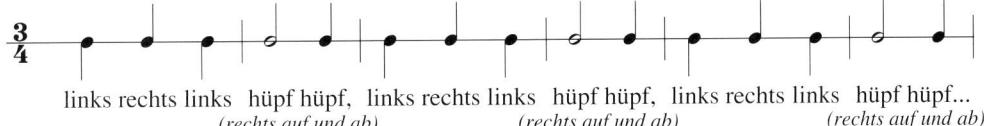

Zum Singen – **Lied der närrischen Prinzessin**
(Text: Manuela Widmer unter Verwendung einer Idee der Kinder, Melodie: Emma Hesse)

Refrain 1 (Prinzessin und ihre Hofdamen)

Spielskizzen

1. Strophe (Prinzessin)

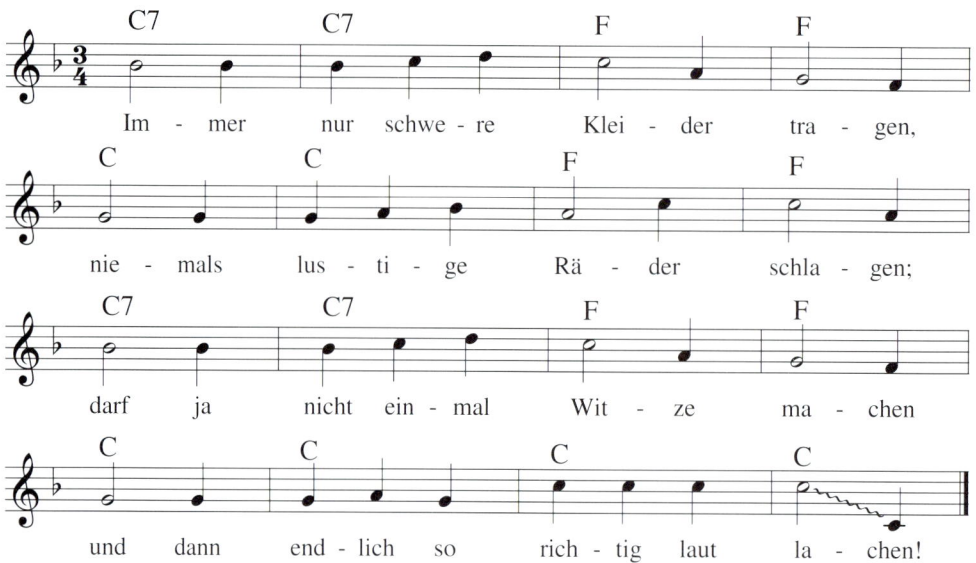

Im - mer nur schwe - re Klei - der tra - gen,
nie - mals lus - ti - ge Rä - der schla - gen;
darf ja nicht ein - mal Wit - ze ma - chen
und dann end - lich so rich - tig laut la - chen!

2. Strophe (Prinzessin)

Möchte gern freche Lieder singen,
hüpfen, tanzen und ganz hoch springen;
unserem König die Zeit vertreiben,
denn ich mag ihn doch so sehr leiden!

3. Strophe (König)

Was nicht sein soll, das kann nicht werden,
das ist immer schon so auf Erden...
Was der König sagt, das ist richtig,
daran zu glauben, ist sehr, sehr wichtig!

Refrain 2 (Hofgesellschaft, König und Königin)

Darum, darum, darum (stampf, stampf)
kann ein Mädchen nicht Hofnärrin sein. (stampf, stampf)
Das wäre, das wäre, das wäre (stampf, stampf)
für ein Mädchen wirklich nicht fein! (stampf, stampf)

4. Strophe (Prinzessin)

Ach, wie lange muss ich noch warten,
bis der König mag Rätsel raten?
Möchte ihm schöne Dinge zeigen,
Zaubereien und Narrenreigen!

5. Strophe (Prinzessin)

Hofnarr sein macht mir viel Vergnügen,
lasse mich jetzt nicht länger rügen!
Will dem König die Zeit vertreiben,
denn ich mag ihn doch so sehr leiden!

Refrain 1 (alle übrigen Narren)

Warum, warum, warum (schnipp, schnipp)
kann ein Mädchen nicht Hofnärrin sein? (schnipp, schnipp)
Das wäre, das wäre, das wäre (schnipp, schnipp)
auch für Mädchen wirklich fein! (schnipp, schnipp)

Refrain 3 (Prinzessin und König)

Darum, darum, darum (klatsch, klatsch)
kann ein Mädchen die Hofnärrin sein. (klatsch, klatsch)
Das ist, das ist, das ist (klatsch, klatsch)
für Prinzessinnen wirklich fein! (klatsch, klatsch)

IV.1

1. Königliche Geschichten

Zum Singen, Begleiten und tänzerisch Darstellen – **Lied: Es saßen die[6] Narren...**
(aus dem Orff-Schulwerk, Band II, S. 76 – Begleitung von Manuela Widmer vereinfacht)

Legende: AG = Altglockenspiel   AX = Altxylophon
SX = Sopranxylophon   BX = Bassxylophon

[6] Im Original steht die Anzahl „neun".

Manuela Widmer Spring ins Spiel © Fidula

Spielskizzen

Übersetzung: Wagen, Pferde und alle Spitzbuben

1. Königliche Geschichten

Hinweise zur Begleitung:
Der Originalsatz im Orff-Schulwerk sieht noch mehr Stimmen und teilweise eine schwierigere rhythmische Begleitung vor. Für eine 3. oder 4. Grundschulklasse ist meine vereinfachte Version der Stabspielstimmen durchführbar – vor allem, da ja keinesfalls alle dazu in der Lage sein müssen, sondern nur drei bis sechs Kinder (falls man Stimmen doppelt besetzen möchte).

Die rhythmische Begleitung durch die Holzblocktrommel, eine Große Trommel und ein Ständerbecken fordert rhythmisch-metrische Sicherheit, die wiederum einige Kinder der Gruppe oder Klasse aufbringen werden:
- Trommel und Becken spielen stark aufeinander bezogen – die Trommel schlägt die „1" im Takt, das Becken (mit dem Schlägelende die Kuppe anschlagen!) spielt die Nachschläge „2" – „3"
- Oben darüber das helle Klappern der Pferdehufe durch die Holzblocktrommel gespielt – auch zwei Kokosnussschalen aneinander geschlagen können gut wirken!

Die Kinder, die die Narren spielen, und die, die im Halbkreis sitzen und in dieser Szene nichts anderes zu tun haben (also auch König und Königin sowie der Zeremonienmeister), singen das Lied – damit wird insgesamt auch die rhythmische Genauigkeit der Begleitung einerseits gefordert und andererseits unterstützt.

Wichtig ist, dass das Lied (und dadurch auch das Spiel der Narren auf dem Karren) ein deutliches rhythmisch-metrisches Vorspiel erhält. Ein Vorspiel wird immer von einer Solistin, einem Solisten gespielt und kann hier z.B. von der großen Trommel übernommen werden.

Sie spielt (mit mitgedachter Worthilfe):

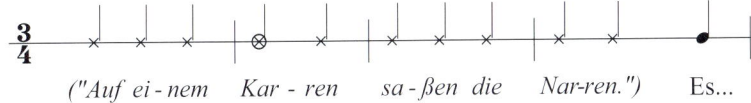

("Auf ei-nem Kar-ren sa-ßen die Nar-ren.") Es...

Abb. 14: „Applaus – Applaus!"

Manuela Widmer Spring ins Spiel © Fidula

Spielskizzen

1.2 „König Drosselbart" (Gebrüder Grimm)

Auf einen Blick
Eine hochmütige Prinzessin, jede Menge gutwillige Freier mit kleinen Macken, ein musikalischer Prinz, der sich nicht so leicht abweisen lässt, und eine interessante Reise durch Städte, Wälder und über Wiesen. Lebhafte Gruppenszenen wechseln sich mit stimmungsvollen Dialogen ab, Instrumentalstücke, Lieder und Sprechstücke finden ebenso Platz wie Bewegungsimprovisationen und Tänze. Für Klassen und andere Großgruppen, besonders auch für die Musikschule, für Spielerinnen und Spieler ab 8 Jahren geeignet.

Die Szenenfolge

Ouvertüre – Bei Hofe
1. Szene – Die heiratslustigen Prinzen
2. Szene – Der Spielmann
3. Szene – Unterwegs
4. Szene – In der Hütte
5. Szene – Auf dem Markt
Happy End – Die bösen Tage sind vorüber

Der Handlungsverlauf

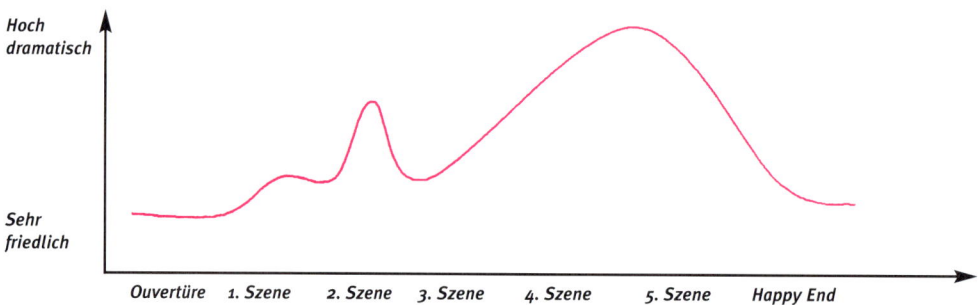

Der Rollenspiegel

Die Rollen	Ihr Charakter	Spezielle Anforderungen
Die Prinzessin	hochmütig, eingebildet, spöttisch	Solo-Singaufgaben
Hofdame(n)	eifrig auf das Wohl der Prinzessin bedacht	bewegungsfreudig
Der König/Königin	bestimmend, dennoch gütig	Solo-Singaufgaben

1. Königliche Geschichten

Die Rollen	Ihr Charakter	Spezielle Anforderungen
Zeremonienmeister	streng aber gerecht	Solo-Singaufgaben – gutes Gedächtnis
Freier 1	Dick? Spindeldürr? Krumm?	Bewegungsdarstellung
Freier 2	Schief? Riesengroß? Zwergenklein?	Bewegungsdarstellung
König Drosselbart	mit einem Spitzbart – sonst sehr edel!	Solo-Singaufgaben
Husaren	wild reitend und rhythmisch rufend	Rhythmisches Sprechen, bewegungsfreudig
Koch	gutmütig und gut genährt...	Bewegungsdarstellung

...und Hofgesellschaft, „Stadt"-, „Wald"- und „Wiesen"darstellerinnen und -darsteller, Marktvolk, Küchenpersonal, Festgesellschaft.

Zur Ausstattung
- Viele Alltagsgegenstände wie Töpfe, altes Geschirr, große Krüge, Körbe
- Großes weißes Bettuch für eine Schattenwand (Hütte) + Lichtquelle (z.B. Overhead)
- Wenn möglich: ein Spinnrad
- Königliche Gewänder, Kronen, spitze Hüte mit Schleier (Tüchern) daran
- Zwei alte Jutekartoffelsäcke für Kleider für Spielmann und Prinzessin
- Lange Röcke, Blusen, Schürzen, Kopftücher (Marktfrauen)
- Hüte mit Federn, Halbmasken (Husaren)
- Kochmütze (und dickes Kissen für einen dicken Bauch)

Der illustrierte Spielplan

Ouvertüre – „Bei Hofe"		
Aufgabe/Rolle	*Bewegung, Tanz und Szene*	*Klang, Musik und Sprache*
Ein Musiker „Vorhang" (Abb. 1)	...steht auf ...zwei Kinder treten vor, treffen sich in der Mitte, wenden sich zur Seite (stehen Rücken an Rücken) und schieben einen schweren Vorhang zur Seite.	drei feierliche Beckenschläge

Spielskizzen

Aufgabe/Rolle	Bewegung, Tanz und Szene	Klang, Musik und Sprache
		Abb. 1: Der schwere Vorhang wird zur Seite geschoben
Zeremonienmeister	...tritt vor, klopft mit seinem Stab dreimal auf den Boden	*und singt:* Ein König hatte eine Tochter, die war über alle Maßen schön, aber dabei so stolz und übermütig, dass ihr kein Freier gut genug war.
Hofmusiker		...spielen ein Vorspiel (Trommel)
Hofstaat (mit der königlichen Familie)	...steht paarweise am Rand der Spielfläche (auch außerhalb der Spielfläche oder im Publikumsraum) bereit...	
Hofmusiker Hofstaat	...schreitet würdevoll mit Pavaneschritten (siehe Material) eine Runde auf der Spielfläche auf die vorbereiteten Plätze im Halbkreis (Abb. 2)	*...spielen eine Pavane[7] (siehe Material) – ODER: Eine passende Musik wird eingespielt.*

Abb. 2:
Der Hofstaat schreitet herein

[7] vgl. CD-Nr. 8

1. Königliche Geschichten

Aufgabe/Rolle	Bewegung, Tanz und Szene	Klang, Musik und Sprache
Zeremonienmeister	...wendet sich dem König zu, klopft mit seinem Stab wieder dreimal auf den Boden	...und singt: Herr König, Fürsten, Grafen und Edelleute warten darauf sich vorzustellen und um die Hand Eurer Tochter anhalten zu dürfen.
König	...winkt einladend und würdevoll	
Prinzessin	...erwartet mit Spannung die Ankunft des ersten Freiers (Abb. 3)	

Abb. 3:
Die erwartungsvolle Prinzessin

1. Szene – „Die heiratslustigen Prinzen"

Aufgabe/Rolle	Bewegung, Tanz und Szene	Klang, Musik und Sprache
Hofmusiker		...spielen eine Kurzfassung[8] als Auftrittsmusik für den ersten Freier
1. Freier	...schreitet zur Musik auf den König zu und verbeugt sich am Ende tief vor ihm und vor der Prinzessin.	
Zeremonienmeister	...wendet sich dem König zu, klopft mit seinem Stab wieder dreimal auf den Boden	...und stellt den Freier vor (z.B.): „Graf Sabino von Urenstein!"
Prinzessin	...steht auf, geht einmal um den Grafen herum, betrachtet ihn ausführlich von oben bis unten	
Hofstaat		...äußert sich währenddessen anerkennend mit: „Ahhh!", „Ohh!", ...

[8] vgl. CD-Nr. 9

Spielskizzen

Aufgabe/Rolle	Bewegung, Tanz und Szene	Klang, Musik und Sprache
Prinzessin		...verkündet schließlich spöttisch ihr Urteil – 3x sprechend und immer lauter werdend: „Dick und hässlich – ach, wie grässlich!" „Dick und hässlich – ach, wie grässlich!" „Dick und hässlich – ach, wie grässlich!"
Hofstaat	...springt auf, wendet sich einander aufgeregt zu	Sprachspiel: ...flüstert aufgeregt und empört durcheinander: „Unerhört", „Na so was!",...
1. Freier	...steht bedrückt da (Abb. 4), verbeugt sich schließlich und zieht sich rückwärts gehend zurück.	
Hofmusiker		Bewegungsbegleitung: ...spielen ein langsames Lotosflötenglissando und begleiten seinen Rückzug mit dumpfen, langsamen Trommelschlägen.

Abb. 4: Der abgewiesene, verspottete Freier

Hofmusiker		...spielen eine Kurzfassung als Auftrittsmusik für den zweiten Freier
2. Freier	...schreitet zur Musik auf den König zu und verbeugt sich am Ende tief vor ihm und der Prinzessin.	
Zeremonienmeister	...klopft dreimal auf den Boden	...und stellt den Freier vor (z.B.): „Herzog Marius von Löwenstein!"

1. Königliche Geschichten

Aufgabe/Rolle	Bewegung, Tanz und Szene	Klang, Musik und Sprache
Prinzessin Hofstaat	...steht auf, geht einmal um den Herzog herum, betrachtet ihn ausführlich von oben bis unten	...äußert sich währenddessen anerkennend mit: „Ahhh!", „Ohh!",...
Prinzessin		...verkündet schließlich spöttisch ihr Urteil – 3x sprechend und immer lauter werdend: „Kurz und dick, hat kein Geschick!" „Kurz und dick, hat kein Geschick!" „Kurz und dick, hat kein Geschick!"
Hofstaat	...springt auf, wendet sich einander aufgeregt zu	*Sprachspiel:* ...flüstert aufgeregt und empört durcheinander: „Unerhört", „Na so was!",...
2. Freier	...steht bedrückt da, verbeugt sich schließlich und zieht sich rückwärts gehend zurück.	
Hofmusiker		*Bewegungsbegleitung:* ...spielen ein langsames Lotosflötenglissando und begleiten seinen Rückzug mit dumpfen, langsamen Trommelschlägen.
3. Freier	...schreitet zur Musik auf den König zu und verbeugt sich am Ende tief vor ihm und der Prinzessin.	
Hofmusiker		...spielen eine Kurzfassung als Auftrittsmusik für den dritten Freier
Zeremonienmeister	...klopft dreimal auf den Boden	...und stellt den Freier vor (z.B.): „König Jakob von Jakobstein!"
Prinzessin Hofstaat	...steht auf, geht einmal um den König herum, betrachtet ihn ausführlich von oben bis unten...	...äußert sich währenddessen anerkennend mit: „Ahhh!", „Ohh!",...

Spielskizzen

Aufgabe/Rolle	Bewegung, Tanz und Szene	Klang, Musik und Sprache
Prinzessin		...verkündet schließlich besonders spöttisch ihr Urteil: „Dem sein Kinn ist krumm und hart – schau, ein König Drosselbart!"
Hofstaat	...springt auf, wendet sich einander aufgeregt zu	Sprachspiel: ...ruft aufgeregt und empört durcheinander: „Unerhört", „Na so was!", „Was für ein Benehmen!"
König	...erhebt sich zornig und wendet sich seiner Tochter zu (Abb. 5)	...er singt erzählend: Meine Tochter, dein Verhalten ist einer Prinzessin unwürdig! Ich schäme mich für dich! Ich schwöre, ich werde dir den ersten besten Bettler zum Manne geben, der vor meine Türe kommt!
Prinzessin	...reagiert betroffen (Abb. 6)	
3. Freier – der König Drosselbart	...ist während der Rede des Königs nachdenklich abgegangen.	
Hofstaat und Prinzessin	...springen auf, schlagen die Hände vors Gesicht.	...ein Aufschrei des Entsetzens erklingt!
Hofstaat	...versammelt sich seitlich am vorderen Bühnenrand und verwandelt sich (vor allem durch Wechsel der Kopfbedeckungen) in „normales" Volk.	...dabei wird weiter aufgeregt getuschelt und das soeben Geschehene mit Ausrufen und Sprüchen kommentiert.
König und Prinzessin	...sitzen stumm voneinander abgewandt auf ihren Plätzen.	
Zwei Hofdamen	...stehen betreten daneben.	
König Drosselbart	...hat sich zur anderen Vorderseite der Bühne begeben, streift dort sein Bettlergewand über und tauscht die Krone gegen einen schäbigen Hut aus.	

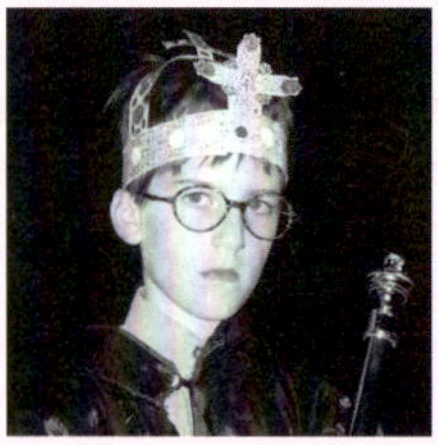

Abb. 5:
Der zornige König

Abb. 6:
Die betroffene Prinzessin

1. Königliche Geschichten

2. Szene – „Der Spielmann"

Aufgabe/Rolle	Bewegung, Tanz und Szene	Klang, Musik und Sprache
Musiker		*Instrumentalstück*[9] (siehe Materialteil) „Refrain des Spielmannliedes"
Volk und Spielmann (König Drosselbart)	…umringt den Spielmann, tanzt hinter ihm her und „sortiert" sich zu kleinen Tanzkreisen.	
Spielmann	…tritt aus der Menge hervor, wendet sich zwischen Publikum und Prinzessin und König hin und her	*Lied – 1. Strophe* (Materialteil) „Ein Spielmann, der bin ich…"
Volk	…wiegt sich zur Solo-Strophe des Spielmanns in den Tanzkreisen hin und her	
Volk Spielmann	…läuft im Kreis dazu nach rechts, bei der Wiederholung nach links.	*Lied – Refrain* (Materialteil) Volk und Spielmann singen (ggf. auch zweistimmig) gemeinsam
Spielmann Volk	…tanzt wie bei der 1. Strophe und Refrain	*Lied – 2. Strophe* (Materialteil) „Herr König, ich danke…" *Lied – Refrain* – wie oben
König	steht auf, geht feierlich auf den Spielmann zu und verkündet	*singend:* „Dein Gesang hat mir so wohl gefallen, dass ich dir meine Tochter zur Frau geben will."

[9] vgl. CD-Nr. 11

Spielskizzen

Aufgabe/Rolle	Bewegung, Tanz und Szene	Klang, Musik und Sprache
Musiker Prinzessin	...springt auf	...ein scharfer Beckenschlag ...ein Aufschrei! (Abb. 7)

Abb. 7: „Vater, was tust du mir an!?"

König	...wendet sich seiner Tochter zu	...*und singt weiter:* „Ich habe geschworen, dass ich dich dem ersten besten Bettelmann zur Frau geben würde, und ich werde meinen Schwur halten!"
Hofdamen Prinzessin	...winkt die Hofdamen herbei ...kommen mit dem *Kartoffelsackkleid* und stülpen es der Prinzessin über den Kopf. Statt der Krone erhält sie einen einfachen Strohhut.	
Spielmann und Volk Prinzessin	...beobachten die Umkleideaktion von der Seite, der Spielmann nimmt am Schluss die Prinzessin an der Hand und zieht sie auf die andere Seite der Bühne.	*3. Liedstrophe und Refrain* werden gesungen: „Lebt wohl, liebe Leute..."
Volk König Hofdamen	...kehren zu ihren Plätzen im Halbkreis zurück.	

1. Königliche Geschichten

3. Szene – „Unterwegs"

Aufgabe/Rolle	Bewegung, Tanz und Szene	Klang, Musik und Sprache
Musiker		Instrumentalstück[10] – „Wegmusik" (siehe Materialteil): begleiten die beiden Wanderer bei ihrem Gang durch das Land
Spielmann und Prinzessin	...wandern, der Spielmann hält die Prinzessin, die den Kopf gesenkt hält, an der Hand und muss sie leicht hinter sich herziehen.	
Wald	...währenddessen positionieren sich alle übrigen Spielerinnen und Spieler als Bäume auf der Spielfläche (Abb. 8)	

Abb. 8: Der Wald

Spielmann und Prinzessin	...bleiben stehen und lauschen	
Wald		...rauscht und knackt

[10] vgl. CD-Nr. 12

Manuela Widmer Spring ins Spiel © Fidula

Spielskizzen

Aufgabe/Rolle	Bewegung, Tanz und Szene	Klang, Musik und Sprache
Spielmann und Prinzessin		...*singen ein Duett*[11]
Prinzessin		„Wem gehört denn dieser wunderschöne Wald?"
Spielmann		„Der gehört dem König Drosselbart; hättest du ihn genommen, so wär er dein!"
Prinzessin		„Oh – ich arme Jungfer zart, hätt ich doch genommen den König Drosselbart!"
Musiker		*Instrumentalstück – „Wegmusik"* (siehe Materialteil): begleiten die beiden Wanderer bei ihrem Gang durch das Land
Spielmann und Prinzessin	...wandern, der Spielmann hält die Prinzessin, die den Kopf gesenkt hält, an der Hand und muss sie leicht hinter sich herziehen.	
Wiese	...währenddessen positionieren sich alle übrigen Spielerinnen und Spieler als Blumen und Gräser auf der Spielfläche (Abb. 9)  	
Musiker		*Bewegungsbegleitung*: auf einem Altmetallophon „wachsen" die Blumen und Gräser Ton für Ton
Spielmann und Prinzessin	...bleiben stehen und lauschen	
Spielmann und Prinzessin		...*singen ein Duett*:
Prinzessin		„Wem gehört denn diese wunderschöne Wiese?"
Spielmann		„Die gehört dem König Drosselbart; hättest du ihn genommen, so wär sie dein!"
Prinzessin		„Oh – ich arme Jungfer zart, hätt ich doch genommen den König Drosselbart!"

[11] vgl. CD-Nr. 12

1. Königliche Geschichten

Aufgabe/Rolle	Bewegung, Tanz und Szene	Klang, Musik und Sprache

Abb. 9: Die Wiese

Musiker		*Instrumentalstück –* „*Wegmusik*" (siehe Materialteil): begleiten die beiden Wanderer bei ihrem Gang durch das Land
Spielmann und Prinzessin	...wandern, der Spielmann hält die Prinzessin, die den Kopf gesenkt hält, an der Hand und muss sie leicht hinter sich herziehen.	
Stadt	...währenddessen positionieren sich alle übrigen Spielerinnen und Spieler als Häuser und Türme auf der Spielfläche	

Musiker		*Bewegungsbegleitung:* Mit hölzernen Geräuschen wird der „Bau" der Stadt charakterisiert.
Spielmann und Prinzessin	...bleiben stehen und lauschen	

Manuela Widmer Spring ins Spiel © Fidula

Spielskizzen

Aufgabe/Rolle	Bewegung, Tanz und Szene	Klang, Musik und Sprache
Spielmann und Prinzessin		...singen ein Duett:
Prinzessin		„Wem gehört denn diese wunderschöne Stadt?"
Spielmann		„Die gehört dem König Drosselbart; hättest du ihn genommen, so wär sie dein!"
Prinzessin		„Oh – ich arme Jungfer zart, hätt ich doch genommen den König Drosselbart!"
Musiker		Instrumentalstück – „Wegmusik" (siehe Materialteil): führt nun die beiden Wanderer ans Ziel ihrer Reise – zur kleinen Hütte.
Schattenwand	Zwei Spielerinnen oder Spieler richten währenddessen die Schattenwand mit den Hüttenumrissen auf (– die übrigen Stadtdarsteller ziehen sich auf ihre Plätze zurück)	

An dieser Stelle kann ein Rollenwechsel stattfinden – Prinzessin und Spielmann wechseln – offen für alle sichtbar – Kleid und Kopfbedeckung, z.B. begleitet von frei improvisierten Metallophonklängen oder den Wechsel einrahmenden Beckenschlägen.

Spielmann	...lädt die Prinzessin mit einer deutlichen Geste ein, ihr neues Heim zu betreten.	
Prinzessin	...weicht zurück	singt klagend: „Ach, wie ist das Haus so klein – das ist ab heute nun mein Heim..."
Spielmann	...beharrt auf seiner Einladung	

1. Königliche Geschichten

4. Szene – „In der Hütte"

Aufgabe/Rolle	Bewegung, Tanz und Szene	Klang, Musik und Sprache
Zeremonienmeister (als Erzähler)	…tritt vor	*Singendes Erzählen:* „Von nun an musste sie alles selber tun, was sie getan haben wollte: Feuer machen, Wasser aufstellen, Essen kochen, das Haus besorgen und spinnen und Körbe flechten, damit sie sich ihren Lebensunterhalt verdienen konnten."
Musiker Volk	…das Licht wird eingeschaltet, man sieht einen Stuhl, ein Spinnrad (oder etwas anderes) und den Spielmann und die Prinzessin bei der Arbeit, wobei sie auf den Inhalt des folgenden Liedes im Schattenspiel reagieren – mit langsamen, deutlichen Bewegungen, wobei Gegenstände vor allem im Profil wirken. (Abb. 10)	*Vorspiel zum „Hüttenlied"*[12] (siehe Materialteil) …singt währenddessen die 1. Strophe: „Der Hochmut der Prinzessin…" die 2. Strophe: „Die arme kleine Hütte…" die 3. Strophe: „Es will ihr nichts gelingen…"
	Abb. 10: In der Hütte	
Spielmann und Prinzesssin	…treten nach der 3. Strophe hinter der Schattenwand hervor – das Licht geht aus.	
Spielmann		…singt die 4. Strophe alleine: „Ich schicke dich zum Marktplatz."
Prinzessin		…antwortet mit der 5. Strophe: „Ich will es gern versuchen."
Schattenwand	Die zwei Spielerinnen oder Spieler, die die Schattenwand gehalten haben, räumen sie auch zur Seite.	

[12] vgl. CD-Nr. 13

Spielskizzen

5. Szene – „Auf dem Markt"

Aufgabe/Rolle	Bewegung, Tanz und Szene	Klang, Musik und Sprache
Spielmann und Prinzessin Spielmann mit seinen Husaren	...richten den Marktstand her, anschließend verabschiedet sich der Spielmann winkend und trifft sich mit seinen wartenden Freunden am anderen Ende der Bühne. Sie ziehen sich ihre Halbmasken auf und stecken verschwörerisch ihre Köpfe zusammen.	
Marktvolk	...kommt gelaufen und mit großen einladenden Gesten... (Abb. 11)	...preist es rufend seine Waren an
Prinzessin	...holt EINEN wirklich sichtbaren großen Krug hervor – das weitere Aufstellen der Töpferware stellt sie nur noch pantomimisch dar...	...das Marktvolk verstummt
Marktvolk	...agiert nur noch pantomimisch	...man hört Geschirrgeklapper als *Bewegungsbegleitung*
Prinzessin Marktvolk		...preist ihre Töpferwaren an ...fällt wieder rufend ein
Husaren und Spielmann	...haben sich gesammelt und machen sich zum Ritt über den Marktplatz bereit – galoppieren los bis zur Mitte der Bühne – dort bleiben sie stehen	

1. Königliche Geschichten

Aufgabe/Rolle	Bewegung, Tanz und Szene	Klang, Musik und Sprache

Abb. 11: Auf dem Markt

Musiker		*Bewegungsbegleitung:* leises Hufegetrappel mit Kokosschalen ist zu hören, das in einen Galopprhythmus übergeht...
Marktvolk	...hat die Vorbereitungen der Husaren beobachtet und drängt sich ängstlich zusammen	
Prinzessin	...bemerkt nichts	*Sprechstück*[13]
Husaren und Spielmann	...mit Angebergebärden	„Wir sind die wilden Husaren und jagen, jagen, jagen quer durch den Markt, quer durch den Markt – Töpfe zerspringen und Scherben erklingen..."
Drei Marktfrauen	...wenden sich nach und nach der Prinzessin zu	...*und rufen dabei lauter werdend:* „Gib acht!" „Gib acht!" „Gib acht!"
Husaren und Spielmann	...reiten auf den Marktstand der Prinzessin zu, bleiben stehen und heben nun in ZEITLUPE ihre Arme, holen weit aus und schlagen zu... (Abb. 12)	*Bewegungsbegleitung:* Hufegetrappel mit Kokosschalen... ...und „Scherbenmusik"
Marktvolk	...hebt entsetzt die Arme hoch	...ein Aufschrei!
Prinzessin	...hat (den) einen Krug gerettet und hält ihn wie erstarrt hoch über den Kopf	

[13] vgl. CD-Nr. 14

Spielskizzen

Aufgabe/Rolle	Bewegung, Tanz und Szene	Klang, Musik und Sprache

Abb. 12: Die Husaren schlagen zu...

Aufgabe/Rolle	Bewegung, Tanz und Szene	Klang, Musik und Sprache
Husaren	...reiten wieder weg	...mit Bewegungsbegleitung
Spielmann	...hat sich rasch des Umhangs und der Maske der Husaren entledigt, läuft auf die Prinzessin zu...	...und ruft: „Ich sehe wohl, du bist zu keiner ordentlichen Arbeit zu gebrauchen!"
Zeremonienmeister (als Erzähler)		...fügt singend hinzu: „Nun wurde die Königstochter eine Küchenmagd, musste dem Koch zur Hand gehen und die niedrigste Arbeit tun."
Spielmann und Prinzessin	...führt die Prinzessin zum Koch, an den Rand der Spielfläche...	
Koch	...drückt ihr sogleich einen großen Topf und einen Kochlöffel in die Hand	
Prinzessin	...beginnt langsam zu rühren	

1. Königliche Geschichten

6. Szene – „Die bösen Tage sind vorüber"

Aufgabe/Rolle	Bewegung, Tanz und Szene	Klang, Musik und Sprache
Musiker Hofgesellschaft	...tanzen paarweise, wie am Anfang	*Pavanemusik* (siehe Materialteil)
Prinzessin und Koch	...geben sich im Rhythmus der Musik die Töpfe hin und her	
Prinzessin	...begibt sich während des 3. Durchganges der Musik weiter nach vorne, um die Tanzenden besser sehen zu können	
König Drosselbart	...als König angezogen erscheint	
Musiker		...es erklingt der Anfang des „Spielmannliedes"
1. Drittel Hofstaat	...tritt aufgeregt nach vorne, zeigt auf den König Drosselbart	...und ruft: „Seht, der König Drosselbart!"
2. Drittel Hofstaat	...tritt dazu, zeigt ebenfalls auf denselben	...und ruft: „Nein, das ist der Spielmann!"
3. Drittel Hofstaat	...tritt dazu, zeigt ebenfalls auf denselben	...und ruft: „Nein, das ist der wilde Husar!"
König	...geht auf König Drosselbart zu	...und ruft: „Ein und derselbe!"
Prinzessin	...kommt vorsichtig näher	...und ruft: „Ein und derselbe!"
Hofstaat	...ziemlich aufgeregt (Abb. 13)	...und ruft: „Ein und derselbe, derselbe, derselbe!" *(Sprechstück wiederholen und dann einmal im Kanon sprechen)*

Abb. 13: Ein und derselbe!

Spielskizzen

Aufgabe/Rolle	Bewegung, Tanz und Szene	Klang, Musik und Sprache
König Drosselbart	...geht auf die Prinzessin zu, reicht ihr die Hand, sie folgt ängstlich	...*er singt:* „Tröste dich, die bösen Tage sind vorbei, jetzt wollen wir unsere Hochzeit feiern!"
Zeremonienmeister (oder Erzähler)		*Singendes Erzählen:* Da kamen die Hofdamen und zogen ihr die schönsten Kleider an, und ihr Vater kam und der ganze Hof und wünschte ihr Glück und die rechte Freude fing jetzt erst an! Und ich und du – wir sind auch dabei!
Musiker Hofstaat, Könige und Prinzessin	...tanzen zum Abschluss – und wenn Platz ist, wird das Publikum eingeladen!	*Pavanemusik*

Abb. 14: „Geschafft"

Ende

IV.1
1. Königliche Geschichten

Das Material

1. Pavane – *zum Musizieren und Tanzen* (von Monika Förster und Manuela Widmer)
  - zum feierlichen Einzug vom Hofstaat
  - zum Auftritt der Freier
  - für das abschließende Fest am Hofe von König Drosselbart

Hier kann entweder von den Spielerinnen und Spielern selbst musiziert oder aber auf eine passende Einspielung zurückgegriffen werden. Das angeführte Beispiel eignet sich für junge Musikantinnen und Musikanten ab ca. acht Jahren, für verschiedene Melodieinstrumente (z.B. Blockflöte, Geige, Cello), die jeweils alternierend einen Durchgang spielen können, sowie Stabspiel- und Schlagwerkbegleitung. Damit sich das Üben für die Mitwirkenden auch lohnt, wird ein solches Stück nach Möglichkeit gleich an mehreren Stellen im Ablauf eingesetzt (s.o.).

Die folgende einfachste Version kann durch Variationen in Begleitung und Melodie (siehe unten) ausdifferenziert und an die Spielfertigkeiten der jeweiligen Gruppenmitglieder angepasst werden.

Ganz wichtig wieder: das VORSPIEL, von einer Solistin oder einem Solisten auf der großen Trommel gespielt:

Feierliches Vorspiel zur Pavane:

Spielskizzen

Melodievariation 1:

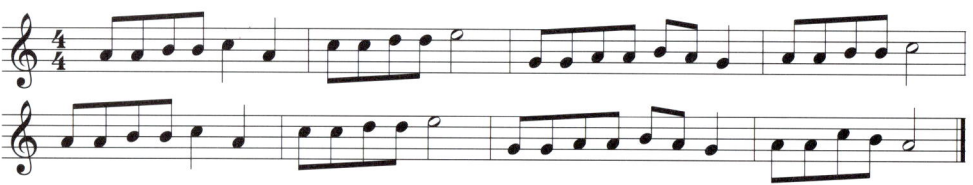

Melodievariation 2:

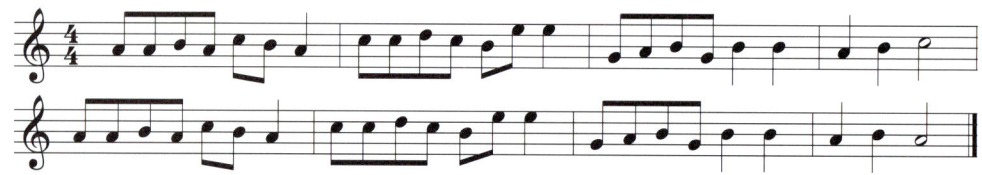

Melodievariation 3:

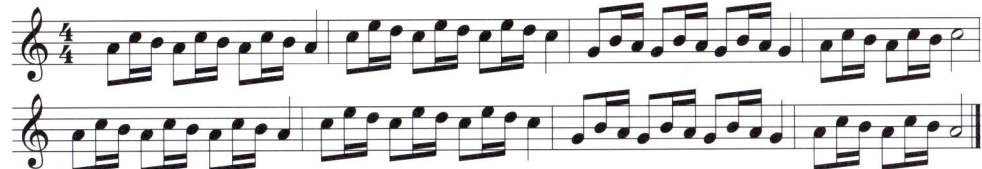

2. Spottverse – zum Sprechen und rhythmischen Gestalten (von Kindern gedichtet)

Der Hofstaat kann sich auf die Seite der Prinzessin schlagen und im Wechselspiel mit ihr die Freier verspotten – so sind die folgenden Beispiele gedacht. Der Hofstaat kann aber auch auf der Seite der Freier stehen, ihr Auftreten bewundern und schätzen, das Benehmen der Prinzessin aber verurteilen und nach jedem Spottvers mit entsprechender Entrüstung reagieren – so ist es in der Spielskizze ausgeführt. Zu den folgenden rhythmisch zu gestaltenden Sprechversen können auch Schlaginstrumente oder Klanggesten begleitend und illustrierend hinzu genommen werden.

Prinzessin: „Dick und hässlich
Hofstaat: „Dick und hässlich" *(imitiert Gestik und Tonfall der Prinzessin)*
Prinzessin: „Ach, wie grässlich!"
Hofstaat: „Grässlich, grässlich!" *(immer lauter werdend)*

Prinzessin: „Kurz und dick hat keinen Schick – ohne Hals sitzt der Kopf direkt im Genick!"
Hofstaat – einer nach dem anderen, spöttisch:
„Im Genick!", „Im Genick!", „Im Genick!"

Prinzessin: „Bucklig und krumm
ist's ihm da nicht zu dumm
um meine Hand zu bitten?
Was sind denn das für Sitten!"
Hofstaat – wendet sich einander entrüstet zu – jeder wählt sich ein eigenes Wort:
„Unerhört!", „Nicht zu fassen", „Unverschämt", „Kein Benehmen!"
„Ungehobelt", „Ach, wie dreist!" (u.a.m.)

Prinzessin: „Dem sein Kinn ist krumm gewachsen und viel zu hart – Schaut (seht) – der König Drosselbart!"
Hofstaat – ganz außer sich vor Spaß! Klatscht in die Hände, schlägt sich auf die Schenkel und lacht und ruft immer lauter werdend:
„Ha, ha, ha –
der König Drosselbart,
der König Drosselbart,
der König Drosselbart!"

Spielskizzen

11 **3. Lied des Spielmanns** – *zum Singen und Begleiten*
(Melodie aus Norwegen, Strophentext: Manuela Widmer, Refrain: Fritz Jöde)

Der Spielmann singt die Strophen alleine – das Volk stimmt (wenn möglich) im Refrain mit der 2. Stimme ein. Das Lied kann recht einfach mit einer Gitarre begleitet werden, wobei der Refrain, wenn er zweistimmig gesungen wird, auch ohne Begleitung sehr gut klingt. Auch eine Handtrommel und eine Schellentrommel können den Refrain (der ja auch getanzt werden kann – siehe Spielskizze) mit rhythmischen Motiven bereichern.

2. Strophe: Herr König ich danke für Euer Gehör,
Herr König...
Ich spiel für die Tochter, hoff, dass ich nicht stör
Ich spiel...

Refrain: Du gute alte Violin, du Violin, du Fiedel mein.
Du gute...

3. Strophe: Lebt wohl liebe Leute, wir gehen nun fort,
lebt wohl...
an einen ganz anderen, fernen Ort,
an einen...

Refrain: Du gute alte Violin, du Violin, du Fiedel mein.
Du gute...

1. Königliche Geschichten

4. Die Wegmusik – *zum Musizieren* (von Monika Förster und Manuela Widmer)

Die folgende Melodie ist einfach genug, um von einer Block- oder Querflöte, aber auch von einem Glockenspiel gespielt zu werden. Die zweite Stimme klingt sehr schön, wenn ein Streichinstrument sie spielt, besonders ein tiefes, z.B. ein Cello. Dann sollte die Stimme der besseren Lesbarkeit wegen für den Spieler oder die Spielerin im Bassschlüssel notiert werden. Möglich ist auch die Umsetzung der 2. Stimme mit einem Xylophon oder Metallophon.

Die Melodie kann auch ohne zweite Stimme als Wegmusik zum Einsatz kommen – dann würde eine große Trommel die langsamen Schritte der Wandernden begleiten.

5. Das Hüttenlied – *zum Singen und Begleiten*
(Melodie: Monika Förster, Text: Manuela Widmer/Angelika Wolff/Monika Förster)

Alle singen die 1. – 3. Strophe

Spielskizzen

2. Strophe: Die arme kleine Hütte,
(Alle)   das ist ab nun ihr Heim.
          Für alles muss sie sorgen,
          sie fühlt sich so allein.

3. Strophe: Es will ihr nichts gelingen,
(Alle)   was immer sie beginnt.
          Das Kochen, Flechten kann sie nicht,
          der Spielmann sich besinnt:

4. Strophe: Ich schicke dich zum Marktplatz,
(Spielmann) versuche dort dein Glück!
          Verkauf Geschirr und Töpfe,
          zeig hier nun dein Geschick.

5. Strophe: Ich will es gern versuchen
(Prinzessin) und dort mein Bestes tun.
          Ich werde viel verkaufen
          und erst am Abend ruhn!

14 6. Angriff der Husaren – *zum Sprechen und rhythmischen Gestalten*

Folgt man dem natürlichen Sprachrhythmus des „Husaren-Textes", dann kommt man von selbst zur Rhythmisierung, wie sie unten notiert erscheint. Halten Sie sich also nicht lange mit dem Entziffern der vielen Triolen auf, sondern folgen Sie vertrauensvoll der Sprache. Die Notation hilft dann, wenn man das Notenlesen gewohnt ist. Darüber hinaus finden Sie die Einsätze für den Kanon – falls Sie Lust haben, ihn mit Ihrer Gruppe auszuprobieren!

Hier die Sprachform:

Husaren: Wir sind die wilden Husaren
            und jagen, jagen, jagen
            quer durch den Markt, quer durch den Markt,
            Töpfe zerspringen und Scherben erklingen -
Marktvolk: Gib acht, gib acht, gib acht!

Hier die notierte Form:

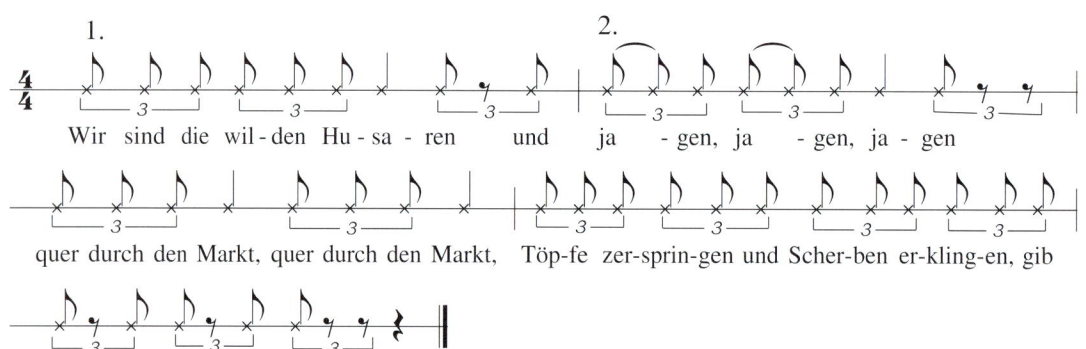

2. Tierisch menschlich...

Aus dem Reich des „Fabelhaften" stammen die dritte und vierte Geschichte und bieten uns somit reichhaltiges „Spielfutter" für tierisch menschliche und menschlich tierische Darstellungen! Jede Geschichte hat ihren eigenen Zauber, ihre Poesie – und ihre *Moral*, die in unseren Spielen aber möglichst ohne erhobenen Zeigefinger und lieber ein wenig augenzwinkernd vermittelt wird.

2.1 „Ferdinand" (Munro Leaf)

Auf einen Blick
Zarte Klänge begleiten Ferdinand bei seinem Spaziergang über eine Blumenwiese; Kampftänze brauchen viel rhythmisches Trommelspiel. Da unsere Geschichte in Spanien spielt, bietet sie natürlich jede Menge Gelegenheit für entsprechende musikalische und tänzerische Gestaltung sowie Kostümierung und Dekoration. Neben ruhigen, poetischen Phasen gibt es viel Temperament, Rhythmus und Geschäftigkeit – ausgedrückt in mitreißenden Sprechstücken und -kanons, verschiedenen Liedern und Bewegungs- und Stimmungsbegleitungen. Zum Happy End kann das ganze Publikum einen neuen Text zur Melodie eines alten Abendlied singen.

Die Szenenfolge

      Ouvertüre – Olé!
      1. Szene   – Ferdinand, der die Blumen liebt
      2. Szene   – Die jungen Wilden
      3. Szene   – Die sorgenvolle Mutter
      4. Szene   – Die Manager aus Madrid
      5. Szene   – Der Bienenstich
      6. Szene   – Auf dem Weg in die Stadt Madrid
      7. Szene   – Der Stierkampf
      Finale   – Adios

Der Handlungsverlauf

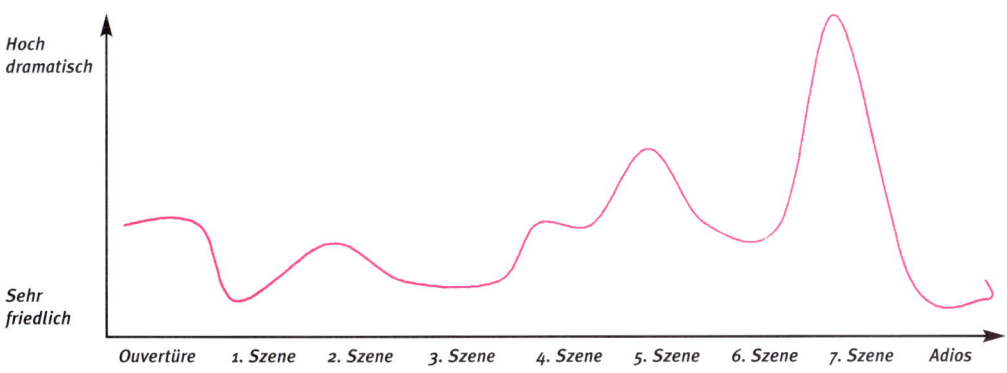

Spielskizzen

Der Rollenspiegel

Die Rollen	Ihr Charakter	Spezielle Anforderungen
Stier Ferdinand	friedlich, gemütlich, sanft (meistens…)	Solo-Singaufgaben
Wilde Stiere	kämpferisch, unruhig, wild	bewegungsfreudig
Der Blumen	freundlich, in „Geberlaune" - spendabel	keine
Mutter Kuh (Vater Stier)	langsam, gutmütig	Solo-Singaufgaben (oder als Duett)
Manager	ernst, „im Stress", stolz, cool	Rhythmisches Sprechen Bewegungsfreudig
Biene	emsig arbeitend – aufgebracht	guten Überblick
SpanierInnen	lebhaft, begeisterungsfähig	bewegungsfreudig, schnelle Reaktionen, Spontaneität
Picadores	temperamentvoll, stolz – und ängstlich	bewegungsfreudig
Matador	eingebildet, stolz – und ängstlich	bewegungsfreudig

Chorische Aufgaben für alle beim gemeinsamen Musizieren, Singen, Sprechen und Tanzen. Ein gemeinsamer Blumenbastelnachmittag ist unerlässlich!

Zur Ausstattung
- viele selbstgemachte verschieden große Blumen aus Krepppapier
- ein großer Ast in Sonnenschirmständer mit vielen Korken daran als Korkeiche
- viele rote Tücher und Tüchlein für Stierkämpfer und Publikum
- Fächer (…können auch aus China sein!) für die Spanierinnen und das Publikum
- lange, weite Röcke und bunte oder weiße Blusen für die Spanierinnen
- weiße Blusen/Hemden, bunte Westen, Schärpen (bunte Schals) für Stierkämpfer
- viele Hüte aller Art für die Manager und für das Publikum
- dunkle Leggings und dunkle T-Shirts als Grundkleidung für alle
- brauner Umhang („Schlupfkleid") für Stier Ferdinand
- ggf. Hörner(-hut) für Stier Ferdinand und weitere selbstgemachte Hörner
- Shirt mit gelben Streifen für die Biene
- Papptrompeten
- gerade Äste (etwa 50 cm lang) mit Bändern aus Krepppapier

IV.2
2. Tierisch menschlich...

Der illustrierte Spielplan

	Ouvertüre „Olé!"	
Aufgabe/Rolle	*Bewegung, Tanz und Szene*	*Klang, Musik und Sprache*
Musiker/-in	...steht auf	3 Beckenschläge
Musiker/-in		Spanische Ouvertüre „Olé"[14]: „Hopp galopp, galopp, galopp" (siehe Materialteil – oder passende Musikeinspielung)
Spanierinnen	*Bewegungs-/Tanzgestaltung:* ...drehen sich mit ihren weiten Röcken zur Musik der Ouvertüre.	

Abb. 1: Spanische Tänzerinnen

Musiker/-in		*Instrumentalstück* Gitarrensolo
Musiker/-in		*Liedvorspiel und -begleitung* „Stier sein ist wunderschön"[15] (siehe Materialteil – verschiedene Liedangebote)
ALLE Ferdinand	...macht sich zur 1. Strophe ruhig auf den Weg über die Spielfläche	...singen die 1. Strophe
ALLE Ferdinand	...bleibt am Spielflächenrand stehen, schließt (vielleicht) die Augen, genießerisch dem Moment hingegeben...	...pfeifen die Melodie (2. Strophe)

[14] vgl. CD-Nr. 15
[15] vgl. CD-Nr. 16

Spielskizzen

1. Szene – „Ferdinand, der die Blumen liebt"		
Aufgabe/Rolle	*Bewegung, Tanz und Szene*	*Klang, Musik und Sprache*
Musiker/-in		*Liednachspiel*
	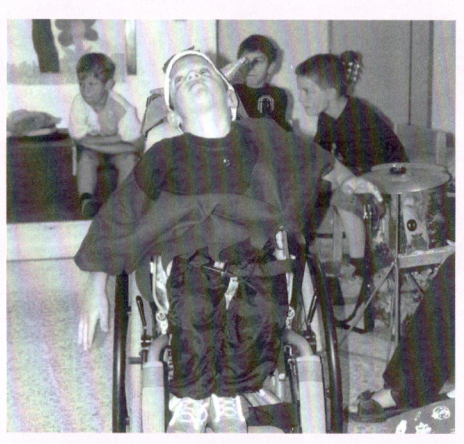 *Abb. 2: „Ferdinand, der Genießer"*	
Erzähler/-in		*Singendes Erzählen:* Es lebte einmal ein junger Stier, der hieß Ferdinand. Der hatte draußen auf der Weide einen Lieblingsplatz unter einer Korkeiche. Dort saß er gerne und schnupperte den Duft der Blumen.
ALLE Blumen ALLE Begleiter	...gehen auf ihre Blumenplätze (haben sie weite Röcke an, breiten sie sie um sich herum aus)	*Bewegungsbegleitung:* ...spielen die Blumenklänge, bis alle Blumenkinder auf ihren Blumenplätzen sitzen.
Musiker/-in		Bewegungsbegleitung für Ferdinand (z.B. mit Altxylophon, aber auch mit Gitarre)
Ferdinand Musiker/-in	Raumweggestaltung: ...begibt sich von Blume zu Blume, atmet ihren guten Duft	...jede Blume wird durch einen eigenen, besonderen Klang dargestellt und dieser Klang wird mit dem Duft „verschenkt"
Ferdinand	...lässt sich am Ende unter seiner Korkeiche nieder	

Aufgabe/Rolle	Bewegung, Tanz und Szene	Klang, Musik und Sprache
	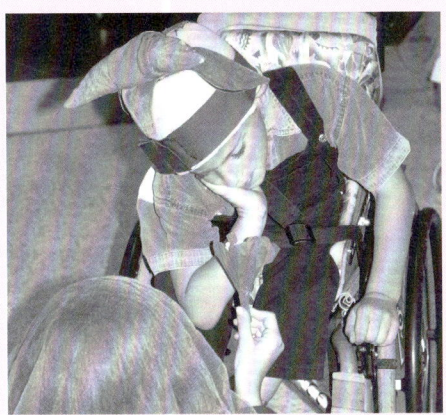 Abb. 3: „Welch Duft!"	 Abb. 4: „Welch wunderbarer Duft!"
ALLE Blumen ALLE Begleiter	...kehren auf ihre Plätze zurück	...spielen die Blumenklänge, bis alle Blumenkinder wieder sitzen.

2. Szene – „Die jungen Wilden"

Aufgabe/Rolle	Bewegung, Tanz und Szene	Klang, Musik und Sprache
Erzähler/-in		*Singendes Erzählen:* All die anderen jungen Stiere liefen und sprangen den ganzen Tag umher und stupsten sich gegenseitig mit den Köpfen.
Junge Wilde	*Bewegungs-/Tanzgestaltung:* Strukturiert gestaltet (für Ältere): ...treten (z.B. paarweise) auf und gestalten ihre „Kampf-Schau-Tänze" (vgl. Materialangebot, S. 208) Strukturiert improvisiert (für Jüngere): ...laufen alle einander stupsend, rempelnd, stoßend, wild scharrend, sich drehend, springend über die Spielfläche	*Bewegungsbegleitung Instrumentalstück* Z.B. in Anlehnung an den Rhythmus der „Olé-Ouvertüre" „Hopp, galopp, galopp, galopp" ...werden von Trommeln, Klanghölzern, Rasseln begleitet

Spielskizzen

Aufgabe/Rolle	Bewegung, Tanz und Szene	Klang, Musik und Sprache
	... alle verschwinden schnell wieder auf ihre Plätze in den Halbkreis	...bis ein Beckenschlag ertönt

Abb. 5: „Die jungen Wilden"

3. Szene – „Die sorgenvolle(n) Mutter (Eltern...)"

Aufgabe/Rolle	Bewegung, Tanz und Szene	Klang, Musik und Sprache
Erzähler		*Singendes Erzählen:* Seine Mutter, eine Kuh, machte sich manchmal Sorgen um ihn. Sie fürchtete, er könnte sich einsam fühlen, so ganz allein.
Mutter Kuh (ggf. auch Vater Stier)	...gehen über die Wiese zu Ferdinand	*Bewegungsbegleitung:* Mit Bassstäben, Bassxylophon (C – G), Cello, Klarinette...
Mutter Kuh	...beugt sich zu ihrem Sohn	*Singendes Gespräch*[16]: „Waruuuuuum spielst duuuu nicht mit den anderen juuuuuungen Stieren?"

[16] vgl. CD-Nr. 17, 18, 19

2. Tierisch menschlich...

Aufgabe/Rolle	Bewegung, Tanz und Szene	Klang, Musik und Sprache

Abb. 6: Mutter und Sohn im Gespräch

Vater Stier		„Waruuuuum tollst duuuuuu nicht heruuuum und balgst dich mit ihnen?"
Ferdinand		„Weil es mir hier besser gefällt, wo ich ruuuuhig sitzen kann und den Duuuuft der Bluuuumen schnuuuuuppern kann!"
Mutter Kuh und Vater Stier	...gehen beruhigt nach Hause	
Musiker/-in		*Bewegungsbegleitung:* begleitet den Heimweg der Eltern

An dieser Stelle besteht die Möglichkeit, einen Rollentausch – auf offener Bühne, für alle einsehbar – für Ferdinand vorzunehmen:

Musiker/-in		3 Beckenschläge
Ferdinand 1	kommt zur Mitte	
Ferdinand 2	kommt zur Mitte und erhält von Ferdinand 1 den Hörnerhut	
Musiker/-in		3 Beckenschläge

Manuela Widmer Spring ins Spiel © Fidula

Spielskizzen

	4. Szene – „Die Manager aus Madrid"	
Aufgabe/Rolle	*Bewegung, Tanz und Szene*	*Klang, Musik und Sprache*
Erzähler/-in		*Singendes Erzählen:* Eines Tages tauchten Männer mit komischen Hüten auf, um für den Stierkampf in Madrid den größten, wildesten und schnellsten Stier auszusuchen.
Musiker/-in		*Bewegungsbegleitung:* Vorspiel, Schrittbegleitung auf der Großen Trommel
Managergruppe	*Bewegungsgestaltung:* Stellen sich zum Vorspiel in einer Reihe hintereinander auf, stolz aufgerichtet. Gehen dann los... 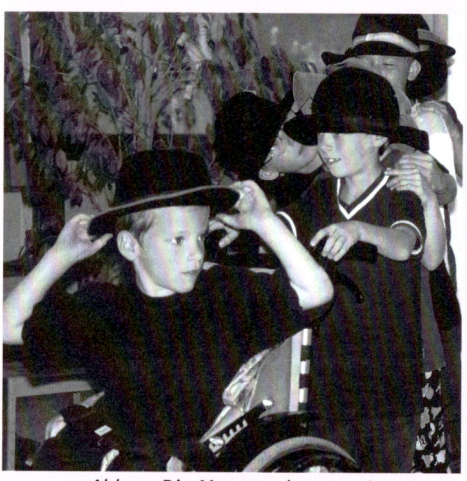 *Abb. 7: Die Manager kommen!*	*...und sprechen rhythmisch[17]:* Wir sind die Manager aus Madrid. Wir sind die Manager aus Madrid. Wir suchen einen Stier, wir suchen einen Stier, wir suchen einen fürchterlichen, wilden Stier! (vgl. Materialteil)
Wilde Stiere (1)	...zeigen, (z.B.) wie groß sie sind	
Musiker/-in		...begleitet mit Trommeln
Managergruppe		*Sprachgestaltung:* „Nein, nein, nein, viel zu klein, viel zu klein!"
Wilde Stiere (1)	...ziehen enttäuscht ab	
Wilde Stiere (2)	...zeigen, (z.B.) wie wild sie sind	

[17] vgl. CD-Nr. 21

2. Tierisch menschlich...

Aufgabe/Rolle	Bewegung, Tanz und Szene	Klang, Musik und Sprache
Musiker/-in		...begleitet mit Schellenrasseln
Managergruppe		Sprachgestaltung: „Ach, ach, ach, viel zu schwach, viel zu schwach!"
Wilde Stiere (2)	...ziehen enttäuscht ab	
Wilde Stiere (3)	...zeigen, (z.B.) wie schnell sie sind	
Musiker/-in		...begleiten mit Kokosschalen
Managergruppe		Sprachgestaltung: „Ganz nett, ganz nett, doch viel zu fett, zu fett, zu fett!"
Wilde Stiere (3)	...ziehen enttäuscht ab	

5. Szene – „Der Bienenstich"

Aufgabe/Rolle	Bewegung, Tanz und Szene	Klang, Musik und Sprache
Erzähler/-in		Singendes Erzählen: Ferdinand wusste, dass sie ihn nicht mitnehmen würden, er machte sich nichts daraus und ging wie immer zu seinem Lieblingsplatz.
Managergruppe	...stecken die Köpfe zusammen und beraten sich und telefonieren...	„Murmel, murmel, murmel..."
Vier Blumen Musiker/-innen	...verteilen sich auf der Wiese	...Blumeninstrumente erklingen
Ferdinand 2	...begibt sich auf seinen Weg von Blume (1) bis Blume (4)...	
Musiker/-in		Bewegungsbegleitung: ...begleitet den Weg von Ferdinand
Biene	Raumweggestaltung: ...fliegt los zu Blume (2, 3, 4 – Korkeiche), wenn Ferdinand an Blume (1, 2, 3, 4) schnuppert!	

Spielskizzen

Aufgabe/Rolle	Bewegung, Tanz und Szene	Klang, Musik und Sprache

Abb. 8: Die unternehmungslustige Biene!

Biene	...erwartet Ferdinand unter der Korkeiche	
Ferdinand 2	...lässt sich langsam auf der Biene nieder...	
Musiker/-innen		Lotosflötenglissando Triangel-BING – S T I C H!!
Musiker/-innen		Großer Trommelwirbel
Ferdinand 2	T O B T!	
Managergruppe und ALLE		Sprechstück (und Kanon)[18] „Das ist der schnellste Stier, das ist der stärkste Stier, Ferdinand, der Fürchterliche, den nehmen wir!"

Abb. 9: „Das ist der schnellste Stier..."

Abb. 10: „Das ist der stärkste Stier..."

[18] vgl. CD-Nr. 22

Aufgabe/Rolle	Bewegung, Tanz und Szene	Klang, Musik und Sprache
	An dieser Stelle besteht erneut die Möglichkeit, einen Rollentausch – auf offener Bühne, für alle einsehbar – für Ferdinand vorzunehmen:	
Musiker/-in		3 Beckenschläge
Ferdinand 2	bleibt erschöpft in der Mitte stehen	
Ferdinand 3	kommt zur Mitte und erhält von Ferdinand 2 den Hörnerhut	
Musiker/-in		3 Beckenschläge

6. Szene – „Auf dem Weg in die Stadt Madrid"

Aufgabe/Rolle	Bewegung, Tanz und Szene	Klang, Musik und Sprache
Managergruppe	...bilden vorsichtig einen Kreis um den immer noch laut schnaufenden Ferdinand	
Ferdinand 3	...wird von der Managergruppe zur 2. Strophe nach Madrid geführt	
ALLE		Lied – 3. Strophe: „Stier sein ist wirklich schwer..." (vgl. Materialteil)
ALLE		Lied – 4. Strophe: Ohje ohjemine... (vgl. Materialteil)
Erzähler/-in		Singende Erzählung: War das ein Tag! Die Fahnen flatterten, die Musik spielte und all die schönen Spanierinnen trugen Blumen im Haar!
Musikergruppe (Ouvertüre)		Instrumentalstück: „Hopp galopp, galopp, galopp" „Olé-Ouvertüre"
Solist/-in		Gitarrensolo

Abb. 11: Solistin Doris

Abb. 12: Solist Jakob

7. Szene – „Der Stierkampf"

Aufgabe/Rolle	Bewegung, Tanz und Szene	Klang, Musik und Sprache
ALLE	…laufen ins (echte) Publikum – mit den Hüten am Spielflächenrand werden Zuschauer auf die Spielfläche für das Stierkampfpublikum geworben… Alle stellen sich am hinteren Rand auf.	
Trompeter/-in		…*trompetet und ruft:* „Tätärätätä – der Stierkampf beginnt – Tätärätätä!"
Trommler/-in		Trommelwirbel
Trompeter/-in		…*trompetet und ruft:* „Tätärätätä – Nehmen Sie Ihre Plätze ein! Tätärätätä!"
Trommler/-in		Trommelwirbel
Trompeter/-in		…*trompetet und ruft:* „Tätärätätä – die Stierkämpfer kommen!"
Trommler/-in		Trommelwirbel
Picadores	…drehen eine Runde und bleiben auf der rechten Seite stehen;	
Trommler/-in		Trommelwirbel
Matadore	…drehen eine Runde und bleiben auf der linken Seite stehen;	
ALLE		…jubeln
Trompeter/-in		…*trompetet und ruft:* „Tätärätätä – Ferdinand der Fürchterliche – Tätärätätä!"
Ferdinand	…läuft in die Arena	
Trommler/-in		…trommelt
ALLE und die Stierkämpfer	… weichen zurück	…und schreien auf!
Picadores	nähern sich vorsichtig und pieksen Ferdinand…	*Stimmbegleitung:* „Pieks" – „Pieks" – „Pieks"

Abb. 13: „Tätärätätä!"

Aufgabe/Rolle	Bewegung, Tanz und Szene	Klang, Musik und Sprache
Ferdinand 3 ALLE	...wehrt sie wie lästige Fliegen ab..., nimmt sich die Blumen und schnuppert daran	
ALLE	...bewerfen ihn mit Blumen	...*rufen unzufrieden:* „Buh, buuuh, buuuuuuuh!"
Matadore	...nähern sich vorsichtig und schwingen ihre roten Tücher	*Begleitung der Bewegungen des Matadors mit dem Tuch:*
ALLE		„Oooooooooooolé!" „Oooooooooooolé!" „Oooooooooooolé!"

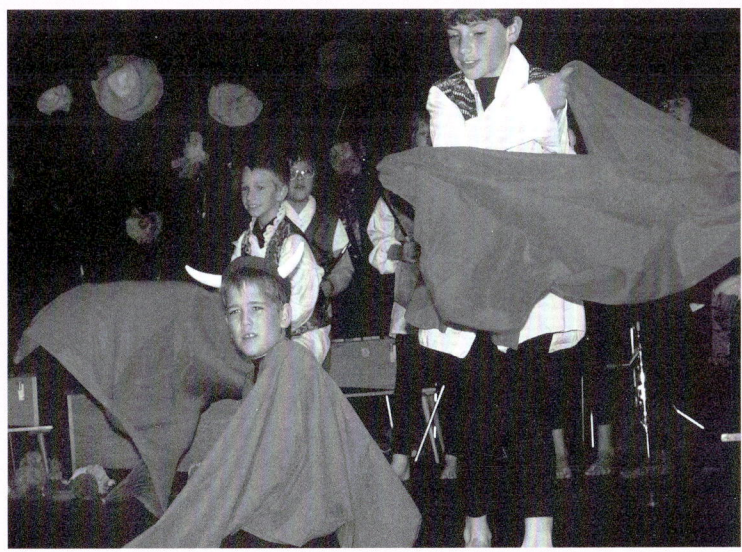

Abb. 14: „Ferdinand, der Friedliche"

Ferdinand 3	...auch von den Matadoren lässt er sich nicht stören...	
ALLE	...bewerfen ihn mit Blumen	...*rufen unzufrieden:* „Buh, buuuh, buuuuuuuh!"
Trompeter/-in		*trompetet und ruft:* „Tätärätätä – der Stierkampf ist aus – Tätärätätä!"
ALLE	... gehen nach Hause	**„So bringt ihn nach Haus!"**

Spielskizzen

	Finale – „ADIOS"	
Aufgabe/Rolle	Bewegung, Tanz und Szene	Klang, Musik und Sprache
Erzähler		*Singendes Erzählen:* So mussten sie Ferdinand wieder nach Hause bringen!
Musiker/-in ALLE		*Liedvorspiel und -begleitung* „Stier sein ist wunderschön"
Managergruppe	...bringen Ferdinand zur 1. Liedstrophe wieder zu seiner Korkeiche zurück	
Ferdinand 3	...macht es sich an seinem Lieblingsplatz bequem, nimmt gleich eine wunderschöne Blume zur Hand und schnuppert daran	
ALLE	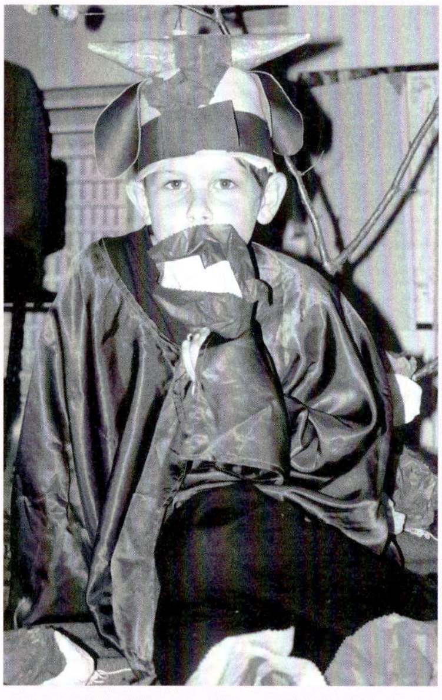 Abb. 15: „Wieder daheim!"	*Lied (nach der Melodie von „Oh, wie wohl ist mir am Abend"):* Ferdinand du machst es richtig, machst es richtig, nimmst den Kampf nicht allzu wichtig, allzu wichtig, guten Duft, guten Duft. Bleib bei deinen Blumenträumen, Blumenträumen, wirst bestimmt nicht viel versäumen, nichts versäumen, gute Nacht, gute Nacht.[19]
Solist/-in		*Gitarrensolo*
ALLE		„Er ist sehr glücklich!"
	Ende	

[19] neuer Liedtext von Wilhelm Keller

2. Tierisch menschlich...

1. Olé-Ouvertüre – *zum Musizieren und Tanzen*[20]

- Zur Einleitung
- Zum Tag des Stierkampfes

Eine spanische Ouvertüre kann natürlich auf sehr unterschiedliche Art und Weise musikalisch und tänzerisch gestaltet werden. Das hängt von den (Vor-)Erfahrungen und Fertigkeiten aller Beteiligten ab. Hier soll ein Beispiel gegeben werden, das in drei Versionen, die immer schwieriger werden, angeboten wird. Die drei Versionen können unabhängig voneinander oder aber in Verbindung miteinander verwendet werden. Dann erhalten die Versionen den Charakter von „Bausteinen", aus denen eine musikalische Form zusammengestellt wird – siehe letztes Beispiel.

Ein kleiner rhythmischer Spruch bildet die Basis für unsere „Olé-Ouvertüre":
Hopp galopp, galopp, galopp,
hopp galopp, galopp, galopp,
hopp galopp, galopp, galopp,
hopp, hopp, hopp.

Er wird bei der ersten Version mitgesprochen, bei den folgenden Versionen nur noch mitgedacht!

1. Version (Sprache und Klanggesten) – 1. BAUSTEIN

Vorspiel (...wird wieder von einem Solisten/einer Solistin ausgeführt und ist ganz wichtig!)

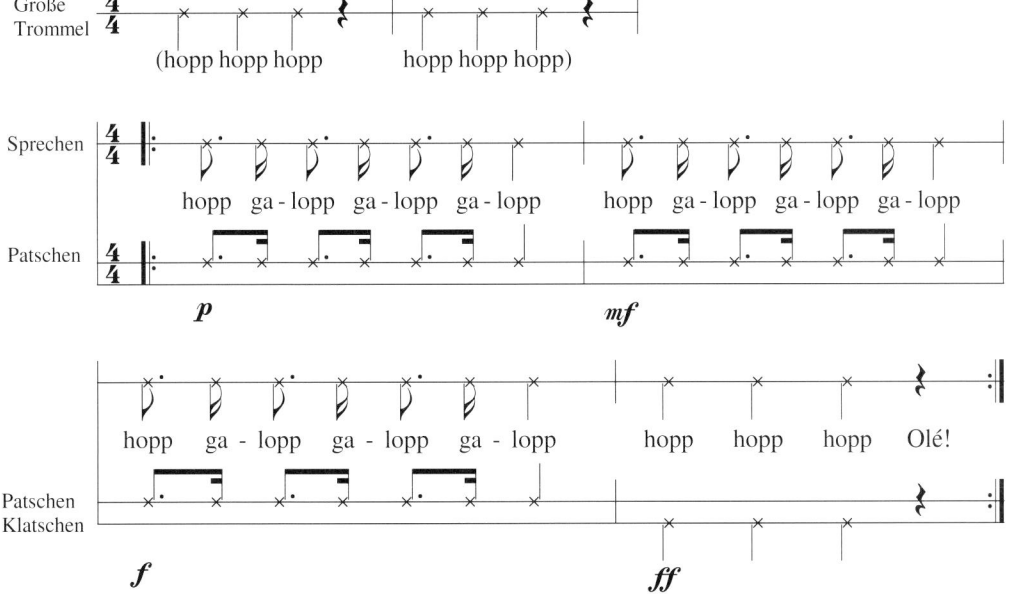

Zum Schluss springen alle auf, bleiben in einer „spanischen" Position stehen und rufen kräftig „OLÉ!"

[20] Weiterentwicklung der Vorschläge von Wilhelm Keller (Minispectacula, S. 44)

2. Version (Kleines Schlagwerk) – 2. BAUSTEIN

Hier werden die Rhythmen von drei Instrumentengruppen des Kleinen Schlagwerks übernommen. Viele verschiedene Rasseln machen den Anfang, Holzinstrumente (Klanghölzer, Stielkastagnetten, Holzblocktrommel, Holzröhrentrommel, Wooden Agogo) übernehmen, Trommeln spielen den dritten Takt und alle Instrumente gemeinsam spielen den Schluss. Anschließend springen alle auf, nehmen eine „spanische" Position ein und rufen kräftig „OLÉ!"

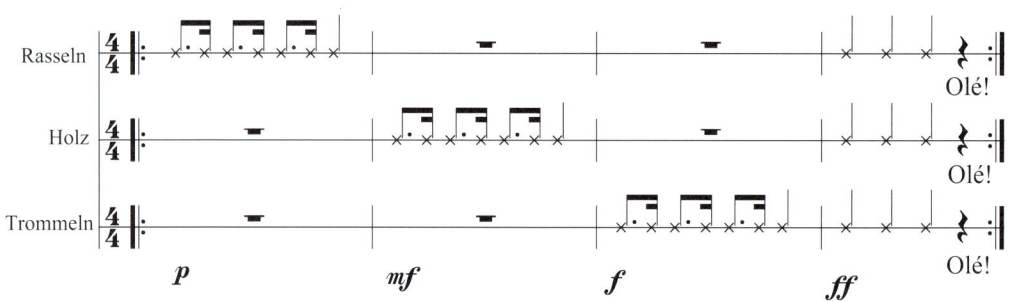

Eine Variante, die ausprobiert werden kann:
Rasseln beginnen, Holzinstrumente kommen dazu (Rasseln spielen weiter), Trommeln kommen dazu (Rasseln und Holz spielen weiter), der Abschluss wird besonders laut gemeinsam gespielt:

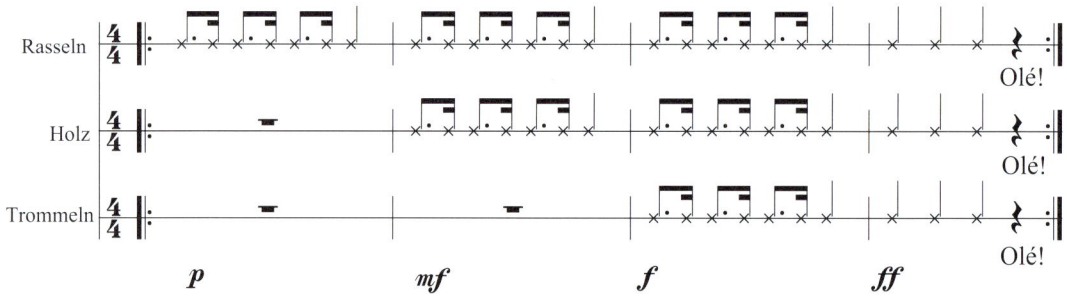

3. Version (Stabspiele und Kleines Schlagwerk) – 3. BAUSTEIN

Jetzt kommen die Stabspiele zum Einsatz und das fordert die Spielfertigkeit schon etwas mehr heraus! Kinder ab der 2. Klasse können das aber mit ein bisschen Übung in der Regel bewältigen. Ein Bassinstrument (das könnte auch ein Cello sein – es müssen nur drei Töne gestrichen werden!) wirbelt auf den Grundtönen der Akkorde (hier brauchen wir also auch keinen B-Stab!), auf Alt- und Sopranxylophonen wird mit harten Schlägeln gespielt – hier brauchen alle Instrumente einen B-Stab! Rhythmusinstrumente können noch hinzu genommen werden.

2. Tierisch menschlich...

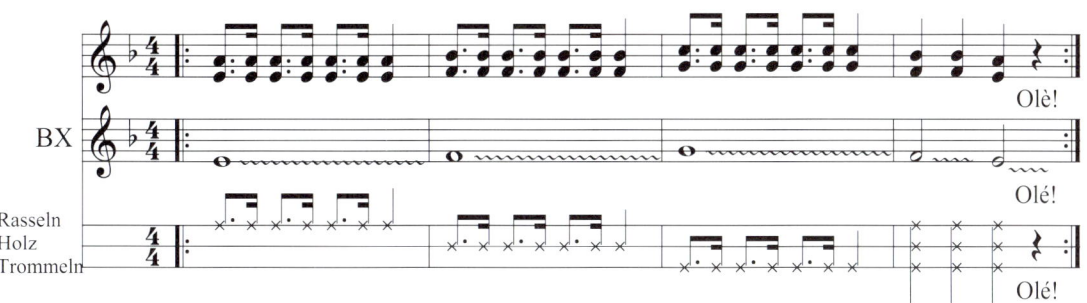

Ein möglicher Ablauf als Kombination der drei BAUSTEINE:
- Trommelvorspiel
- Sprache und Klanggesten (zweimal durchsprechen – KEIN „Olé")
- Kleines Schlagwerk (zweimal durchspielen – KEIN „Olé")
- Stabspiele mit Kleinem Schlagwerk (zweimal durchspielen – am Schluss: „OLÉ!")
- Solist/-in ruft (singend): „Es war einmal in Spanien!"

Vorspiel

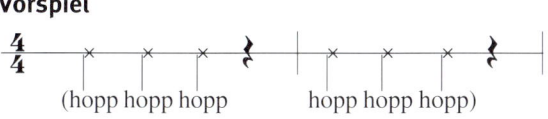

15

Sprechen und Klanggesten

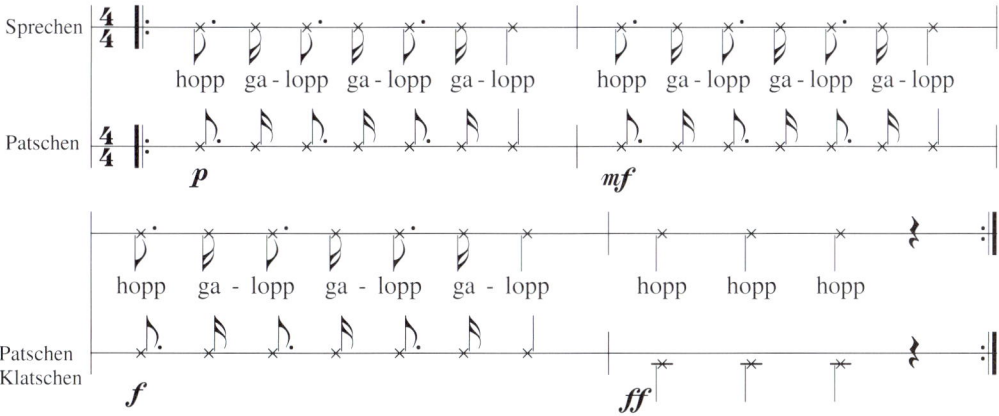

Manuela Widmer *Spring ins Spiel* © Fidula

Spielskizzen

Kleines Schlagwerk

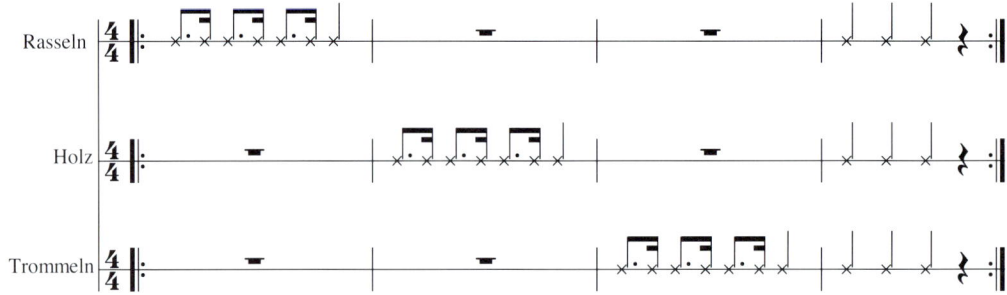

Stabspiele und kleines Schlagwerk

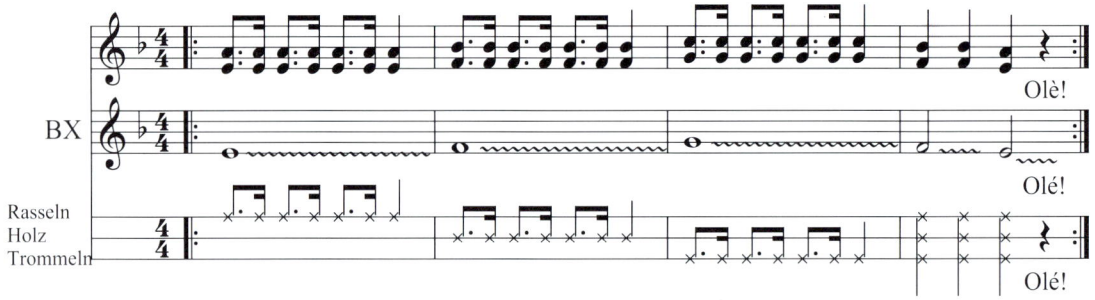

Solist/Solistin ruft singend: **„Es war einmal in Spanien!"**

Der Spruch „Hopp Galopp" als Strukturhilfe für wilde „Kampf-Schau-Tänze"

Formteile	*1. Version (einfach)*	*2. Version (komplexer)*
Vorspiel: Trommelwirbel	Die wilden Stiere kommen auf die Spielfläche und stellen sich im Viereck gegenüber auf. Sie schnauben und scharren mit den Hufen.	Die wilden Stiere kommen auf die Spielfläche und stellen sich im Viereck gegenüber auf. Sie schnauben und scharren mit den Hufen.
Hopp galopp, galopp, galopp	Alle galoppieren rechts herum im Kreis.	Stier 1 und 2 (stehen sich gegenüber) tauschen ihre Plätze; Stier 3 und 4 drehen sich dazu am Platz.
Hopp galopp, galopp, galopp	Alle galoppieren links herum im Kreis.	Stier 3 und 4 (stehen sich gegenüber) tauschen ihre Plätze; Stier 1 und 2 drehen sich dazu am Platz.
Hopp galopp, galopp, galopp	Alle drehen sich am Platz einmal um sich selbst.	Alle galoppieren auseinander...
Hopp, hopp, hopp	Alle galoppieren in die Mitte aufeinander zu und stupsen sich mit den Hörnern.	...Attacke! Aufeinander zu galoppieren und sich in der Mitte treffen.

2. Ferdinands Lied – „Stier sein ist wunderschön" – *zum Singen und Begleiten*

Beim folgenden Lied haben wir uns eine Melodie „ausgeliehen" – sie stammt von Olle Hellbom – und haben einen neuen, passenden Text für Ferdinand dazu erfunden. Dieser Text stammt von Enno Granas.

Das Lied wird durch ein einfaches Vorspiel mit Xylophon und Schellenstab eingeleitet, mit einer Gitarre kann es mit nur zwei Akkorden begleitet werden:

Das Vorspiel, nun als Nachspiel, kann das Lied stimmungsvoll beschließen:

2. Strophe:
Die Melodie wird von allen gepfiffen oder gesummt.

3. Strophe:
Stier sein ist wirklich schwer,
liebe Leute, glaubt es mir.
Wenn der Degen blitzt und ich kämpfen soll,
dann rühr ich mich nicht mehr!

4. Strophe:
Ohje ohjemineh,
oho jemijemineh,
oho jemineh oho jemineh,
oh jemijemineh!

Spielskizzen

3. Ferdinands Lied – „Wir spielen die Geschichte..." – *zum Singen und Begleiten*

Im Rahmen einer anderen Produktion ist folgendes Lied entstanden. Text, Melodie und Begleitvorschlag stammen von Ari Glage. Wieder wird entscheidend sein, mit welcher Altersstufe und welchen musikalischen Grunderfahrungen ich in meiner Spielgruppe konfrontiert bin. Das Vorspiel für Schlagwerk, Alt- und Bassxylophon sowie eventuell Gitarre wird auf alle Fälle möglich sein. Die weiter unten angeführte Begleitung für Gitarre, Stabspiele und Schlagwerk verlangt allerdings weitreichendere musikalische Fähigkeiten.

Rhythmisches Vorspiel:

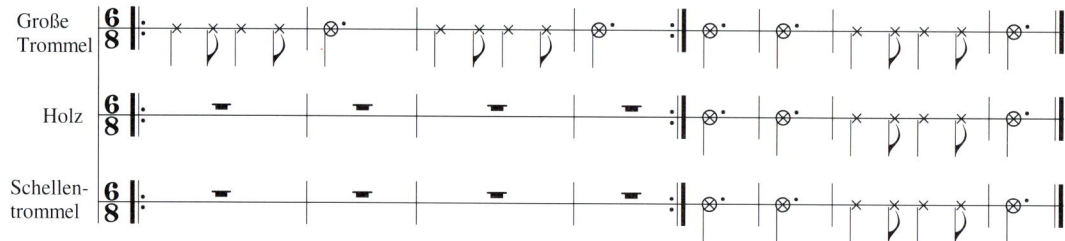

Harmonisches Vorspiel:

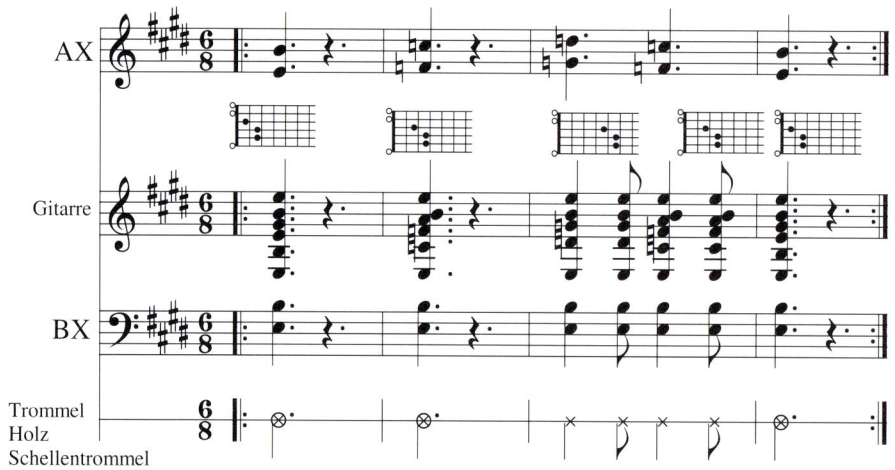

2. Tierisch menschlich...

Begleitung zum Lied:
Die Begleitung zu den Liedzeilen 1, 2 und 5, 6 ist identisch mit dem harmonischen Vorspiel – Zeilen 3 und 4 mit harmonischer Umkehrung in Takt 3:

Manuela Widmer Spring ins Spiel © Fidula

Spielskizzen

4. Blumenmusik – *Klangspiele*

Für die vielen Blumen, die Ferdinand bei seinem Gang über die Wiese trifft, brauchen wir besonders interessante und vielseitige Klänge, Geräusche und Töne. Jede Blume erhält einen eigenen Klang, der für sie gespielt wird, während sie sich Ferdinand zuneigt, um ihm ihren Duft zu schenken. Jedes Instrument ist denkbar, aber besonders reizvoll ist hier auch der Einsatz selbstgebauter Klangerzeuger. Hier ein paar Beispiele für die stimmungsvolle Blumenmusik:
- Glasspiel (abgeschliffene Glasscherben aufhängen und aneinander klingen lassen)
- Bambuswindspiel
- Nagelgehänge (große Zimmermannsnägel aufhängen und klingen lassen)
- einfache – elementare – Saiteninstrumente (Streich- und Zupfpsalter, Tischharfe)
- afrikanische Kalimba oder Zanza („Daumenklavier")

5. Wegmusik für Mutter Kuh – *zum Musizieren und Improvisieren*

Mutter Kuh – oder auch Vater Stier und Mutter Kuh – machen sich voller Sorgen auf den Weg zu Ferdinand. Diese *Raumweggestaltung* braucht eine *Bewegungsbegleitung*. Im Folgenden finden Sie drei Möglichkeiten, die Wegmusik zu gestalten:

a) Improvisation mit einfacher Bordunbegleitung
Die einfache Bordunbegleitung können bereits sechsjährige Kinder spielen. Die Melodie kann auf einer Flöte wie auch auf einem Glockenspiel dazu improvisiert werden. Dafür wird der Tonraum auf fünf Töne eingeschränkt (d-e-f-g-a – eine pentachordische Reihe) und lediglich vereinbart, dass auf dem „d" begonnen und auch wieder geendet wird, wenn die Mutter Kuh bei ihrem Sohn angekommen ist:

b) Melodie mit schweifender Bordunbegleitung
Der schweifende Bordun verlangt schon etwas mehr Geschicklichkeit, die einfache Melodie kann von einem beliebigen Melodieinstrument interpretiert, aber auch variiert und ausgebaut werden! Sie soll als Beispiel dienen, um mit den Kindern ähnliche Melodien zu erfinden und zu notieren:

c) „Malaguena" (gekürzt und vereinfacht) aus dem Orff-Schulwerk

Im Orff-Schulwerk („Musik für Kinder" – Band IV, S.138 ff) findet sich dieses Beispiel für eine typisch spanische Akkordfolge, die in dieser vereinfachten Kurzform eine besonders schöne Begleitmusik für Mutter Kuh darstellen kann. Natürlich kann diese Musik auch in der Einleitung Verwendung finden, oder für das ruhige, friedliche Schlussbild!

6. Rhythmische Sprechstücke – *zum Sprechen und Darstellen*

Wenn die Männer aus Madrid kommen, um den stärksten Stier für die Stierkämpfe auszusuchen, wird es ernst! Jetzt passen keine lieblichen Klänge und sanften Melodien mehr, jetzt setzen wir die Sprechstimme ein, begleitet von Schlaginstrumenten, und zwar ziemlich rhythmisch und dramatisch! Das folgende Beispiel ist schon alt – bereits Wilhelm Keller führt es in seinen „Minispectacula" (S. 47) an und, ehrlich gesagt, mir fällt wirklich kein besseres ein – aber vielleicht Ihnen?

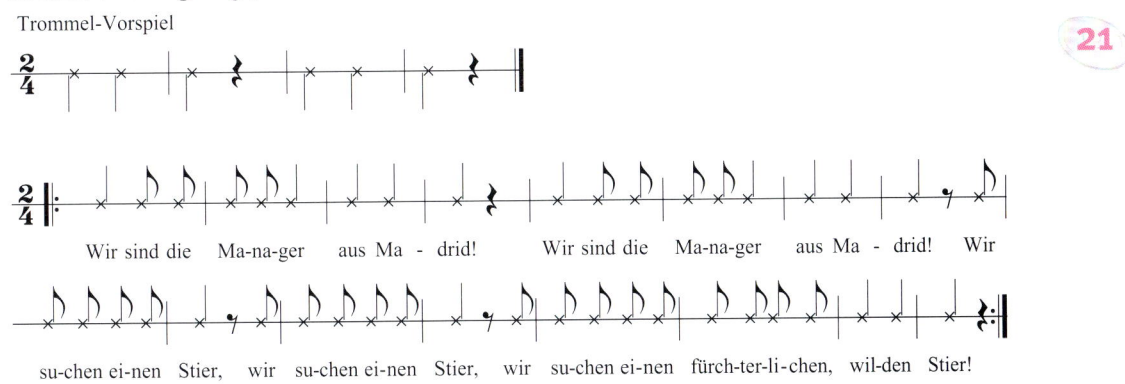

Manuela Widmer *Spring ins Spiel* © Fidula

Spielskizzen

...wenn dann – irrtümlicherweise – der angeblich fürchterlichste und wildeste Stier entdeckt wurde, brechen die Männer aus Madrid in Begeisterung aus – und alle anderen, die neugierig vorsichtig näher gekommen sind, stimmen (wenn möglich) im (2- bis 4-stimmigen) Kanon ein:

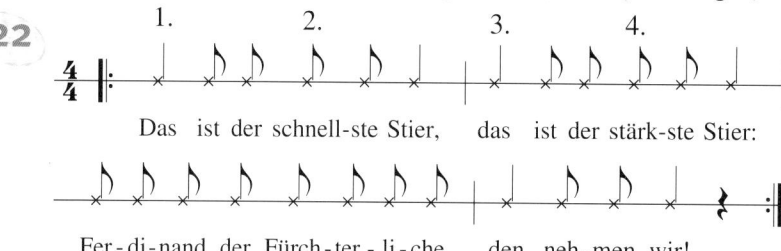

7. Lied „Ferdinand, du armer Stier" – als tröstende Wegbegleitung!

Folgendes Lied (auch von Ari Glage getextet und komponiert) ist von einem Könner oder einer Könnerin auf der Gitarre einzuleiten, zu begleiten und auszuleiten – oder aber einfach ohne jede Begleitung – dann besonders zu Herzen gehend – zu singen:

Gitarrenvorspiel...

...Gitarrennachspiel

2. Tierisch menschlich...

8. Lied „Auf in den Kampf..." (1) – *als aufmunternde Wegbegleitung!*

Als Alternative kann auch der Liedvorschlag von Wilhelm Keller („Minispectacula", S. 49) als Wegbegleitung für Ferdinand gewählt werden, der einen neuen Text mit zwei bekannten Melodien kombiniert: Mit dem ersten Teil der Melodie „Auf in den Kampf..." folgen wir noch mutig einem Zitat aus der Oper „Carmen" von Georg Bizet, aber mit der zweiten Hälfte der Melodie wird befürchtet: „Oh, du lieber Augustin (Ferdinand...), alles ist hin..."

„Auf in den Kampf..." (2)

...in einer anderen Produktion sind die Spielerinnen und Spieler von selbst darauf gekommen, das musikalische Zitat „Auf in den Kampf..." zu verwenden, haben aber dann eine andere musikalische Weiterführung gewählt und einen neuen Text gefunden. Die Arbeitsgruppe damals wurde von meiner Schwester Judith Keller musikalisch und textlich beraten und unterstützt:

Spielskizzen

9. Instrumentalstück – *Zum Musizieren und Tanzen*

„War das ein Tag, Fahnen flatterten, die Musik spielte und all die schönen Spanierinnen trugen Blumen im Haar." So heißt es in der Originalgeschichte und natürlich brauchen wir an dieser Stelle Musik und Tanz! Wie schon zu Beginn bei der „Olé-Ouvertüre" angeführt, kann diese Musik erneut erklingen und die Spanierinnen und Spanier können sich dazu einen Tanz überlegen. Hier sei noch eine weitere Musik zur Ausgestaltung angeboten (Musik und Tanz: Ari Glage), die von einem beliebigen Melodieinstrument gespielt werden kann und sehr einfach von Schlaginstrumenten begleitet wird:

Tanzbeschreibung
1. Teil:
Alle stehen hintereinander in einer Schlange am Rand der Spielfläche und tanzen hüpfend auf die Spielfläche. Am Ende der Wiederholung stehen sie mit Blick zum Publikum in einer Reihe.

2. Teil:

Mit zwei langsamen und drei schnellen Schritten kommt die Reihe nach vorn, die Arme seitlich eingestützt – zum Abschluss rufen alle „HEI!"; bei der Wiederholung der Melodie geht die Reihe mit der gleichen Schrittfolge wieder zurück und ruft „HEI!":

3. Teil:

Die ganze Reihe bewegt sich mit drei Seitanstellschritten zuerst nach links und bei der Wiederholung der Melodie nach rechts und schließt den Teil ebenfalls mit einem „HEI!" ab.

4. Teil:

Sprung auf ein Bein vor – auf das andere zurück, wieder vor – wieder zurück und langsam zur Seite hin und her schwingen. Den Ablauf wiederholen und den Tanz mit der Wiederholung des 3. Teils abschließen.

10. Abendlied für Ferdinand – *zum Mitsingen*

Zum Abschluss des Stückes kann das Publikum mit einbezogen werden – denn die folgende Melodie kennt wohl fast jeder! Der neue Text von Wilhelm Keller wird ausgeteilt – vielleicht während die Spielerinnen und Spieler bereits die erste Strophe anstimmen, damit die zweite Strophe dann von allen gemeinsam gesungen werden kann. Vielleicht gelingt sogar der Kanon! Besonders stimmungsvoll ist, wenn die letzte Strophe nur noch auf „Mhm" gesummt wird! Na dann – „Guten Duft!":

Spielskizzen

2.2 „Die Bremer Stadtmusikanten" (Gebrüder Grimm)

Auf einen Blick

Vier sehr verschiedene Tiere gehen auf die Wanderschaft, weil „ihre Menschen" (Müller, Jäger, zwei Bäuerinnen) sie nicht mehr „brauchen". Aus trüber Stimmung wird bald eine muntere Gesellschaft, die auf eine andere, zunächst ebenfalls noch recht muntere Gesellschaft trifft – die Räuberbande, die neben singen, feiern und tanzen auch ganz schön schnell das Weite suchen kann…

Die Stärken des Stoffs
- Schon mit Kindergartenkindern spielbar; gut geeignet auch für die Integration von behinderten Kindern
- Sehr einfache Ausstattung (nur Andeutungen nötig)
- Tier- und Menschenrollen, unterschiedlich anspruchsvoll und aufwändig
- Die Anzahl der Tier- und Räuberrollen ist flexibel zu handhaben (die einzelnen Tiere können jeweils zu zweit auf die Wanderschaft gehen; es kann zwei bis sechs Räuber geben)
- „Lebendiges" Bühnenbild: Baum-, Nebel- und Nachtgestalten können mitspielen

Die Szenenfolge
1. Szene – Das Leben ist schwer…
2. Szene – Auf Wanderschaft
3. Szene – Bei Nacht und Nebel
4. Szene – Lustig ist das Räuberleben
5. Szene – Ende gut – aber nicht für die Räuber…

Der Handlungsverlauf

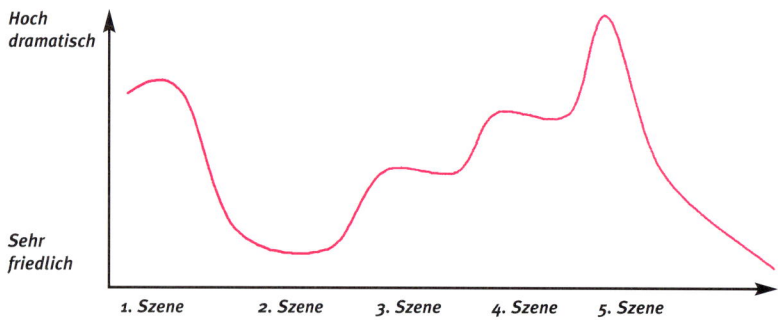

2. Tierisch menschlich...

Die Rollen	Ihr Charakter	Spezielle Anforderungen
Esel (auch mit Vorder- und Hinterteil)	gutmütig, schwerfällig	bewegungs- und singfreudig
Hund	treu(herzig), lieb, brummig	bewegungs- und singfreudig
Katze	elegant, damenhaft, gekränkt	bewegungs- und singfreudig
Hahn	in seinem Stolz gekränkt, vornehm	bewegungs- und singfreudig
Müller	grob, laut	
Jäger	streng	
Erste Bäuerin	resolut	
Zweite Bäuerin	giftig	
Mehrere Räuber	...unterschiedliche Charaktere	bewegungs- und singfreudig
Erzähler/-in		singfreudig

...und Bäume, Nebelschwaden, Wald-, Nacht- und Tiermusiker

Zur Ausstattung
- Kopftücher, Schürzen, Hüte, einfache Masken – für Menschen und Tiere
- Tisch und Bänke für das Räuberhaus – Hüte für die Räuber
- Andeutung eines Waldes, Nacht und Nebel durch grüne, weiße, blaue Tücher und ein dunkelblaues Betttuch mit gelben Pappsternen als Hintergrund
- eventuell selbst gebaute Waldinstrumente (Summerbrummer, Waldteufel)

Abb. 1: ...wie sieht bloß so ein Hahnenkamm aus?

Spielskizzen

Der illustrierte Spielplan

Um das Spiel etwas zu verlängern und den Spielerinnen und Spielern mehr Darstellungsraum zu bieten, wird in der 1. Szene zunächst in aller Ausführlichkeit das schwierige Leben der vier Tiere gezeigt, was in ihnen den Entschluss reifen lässt, sich gemeinsam auf die Wanderschaft zu machen, um ein besseres Leben zu finden. Will man das Spiel vereinfachen, können 1. und 2. Szene auch zusammengelegt werden; dann folgt auf jeden Dialog zwischen Tier und Mensch die Wanderstrophe.

1. Szene – „Das Leben ist schwer…"		
Aufgabe/Rolle	*Bewegung, Tanz und Szene*	*Klang, Musik und Sprache*
Musiker/-in	…steht auf	*Klingender Vorhang:* 3 Becken- (oder Gong-)schläge
1. Erzähler/-in 2. Erzähler/-in 3. Erzähler/-in	…steht auf …steht auf …steht auf	*Singendes Erzählen:* „Die Bremer Stadtmusikanten!" „Die Bremer Stadtmusikanten!" „Die Bremer Stadtmusikanten!"
Müller-/in Musiker/-in	…kommt mit starken Schritten und zieht einen schweren Sack hinter sich her	*Bewegungsbegleitung:* begleitet die Schritte und das Ziehen des Sackes mit der großen Trommel (…etwa mit einem Motiv, wie: BUM – WISCH – BUM – WISCH Schritt – ziehen – Schritt – ziehen)
Müller-/in	…klatscht dreimal in die Hände	*und ruft (freie Wortwahl!):* „Alter Esel komm, mach schnell, es gibt Arbeit!"
Esel	*Raumweggestaltung:* …ganz langsam – mit zwei Pausen – trottet der Esel herbei, bis er vor dem ungeduldigen Müller steht	
Müller-/in Musiker/-in	…stemmt den Sack hoch und wirft ihn dem Esel auf den Rücken	*Bewegungsbegleitung:* Lotosflötenglissando aufwärts
Esel	…bricht auf der Stelle zusammen	lauter Trommelschlag
Müller-/in	…stampft wütend mit dem Fuß auf	*Ruft schimpfend:* „Du bist zu nichts zu gebrauchen, mach, dass du fort kommst, hier gibt es keine Arbeit mehr für dich!"

2. Tierisch menschlich...

Aufgabe/Rolle	Bewegung, Tanz und Szene	Klang, Musik und Sprache
	...geht mit starken Schritten weg und trägt den Sack selbst	
Musiker/-in		Schrittbegleitung mit Trommel
Esel	...trottet an den Rand der Spielfläche, lässt sich dort nieder...	...und erzählt singend: „Ich bin zu alt und schwach zur Arbeit, was soll ich bloß tun?"[21]
Musiker/-in		Trauermotiv auf Metallophon
Jäger-/in Musiker/-in	...kommt mit schnellen Schritten und hält sein Schießgewehr in der einen Hand und ein Jagdhorn in der anderen Hand (in den meisten Fällen wohl eine Attrappe)	*Bewegungsbegleitung:* begleitet die Schritte
Jäger-/in	...bleibt stehen	...und bläst (oder singt) einen Jagdruf
	...klatscht dreimal in die Hände	*und ruft (freie Wortwahl!):* „Wo bleibt mein Jagdhund? Ist er nun ganz taub geworden?"
Hund	*Raumweggestaltung:* ...ganz langsam – mit Pausen – trottet der Hund herbei, bis er vor dem ungeduldigen Jäger steht	
Jäger-/in	...zielt mit dem Gewehr, schießt	*und ruft:* „Lauf und hol die Beute!"
Hund	...schnüffelt ein bisschen in der Luft herum, trottet einmal um den Jäger herum, legt sich zu dessen Füßen und hechelt erschöpft	
Musiker-/in		*Bewegungsbegleitung:* Lotosflötenglissando abwärts Trommelschlag
Jäger/-in	...stampft wütend mit dem Fuß auf	*ruft schimpfend:* „Du bist zu nichts zu gebrauchen, mach, dass du fort kommst, hier gibt es keine Arbeit mehr für dich!"
	...geht mit schnellen Schritten weg	
Musiker/-in		Schrittbegleitung mit Trommel

[21] vgl. CD-Nr. 23

Spielskizzen

Aufgabe/Rolle	Bewegung, Tanz und Szene	Klang, Musik und Sprache
Hund	...trottet an den Rand der Spielfläche, lässt sich dort nieder...	...und erzählt singend: „Ich bin zu alt und schwach zur Arbeit, was soll ich bloß tun?"
Musiker/-in		Trauermotiv auf Metallophon

Mit der Katze und einer Bäuerin sowie mit dem Hahn und einer anderen Bäuerin wiederholen sich auf ähnliche Weise die Auftritte und Gespräche. Die Katzen können die vielen Mäuse nicht mehr fangen, die der Bäuerin um die Beine wuseln, der Hahn hat verschlafen und die Bäuerin nicht rechtzeitig geweckt... So landen auch sie beide am Straßenrand, wo Esel und Hund schon auf sie warten.

Zur Textauswahl:
Bei einem klassischen Stoff, wie es die „Bremer Stadtmusikanten" sind kann man sich auch dafür entscheiden, den Originaltext (zumindest teilweise und ggf. gekürzt und vereinfacht) zu verwenden. Eine andere Möglichkeit (vor allem für jüngere Spielerinnen und Spieler) besteht darin, die kleinen Dialoge von den Kindern selbst – angepasst an ihre sprachlichen Möglichkeiten – erfinden zu lassen.

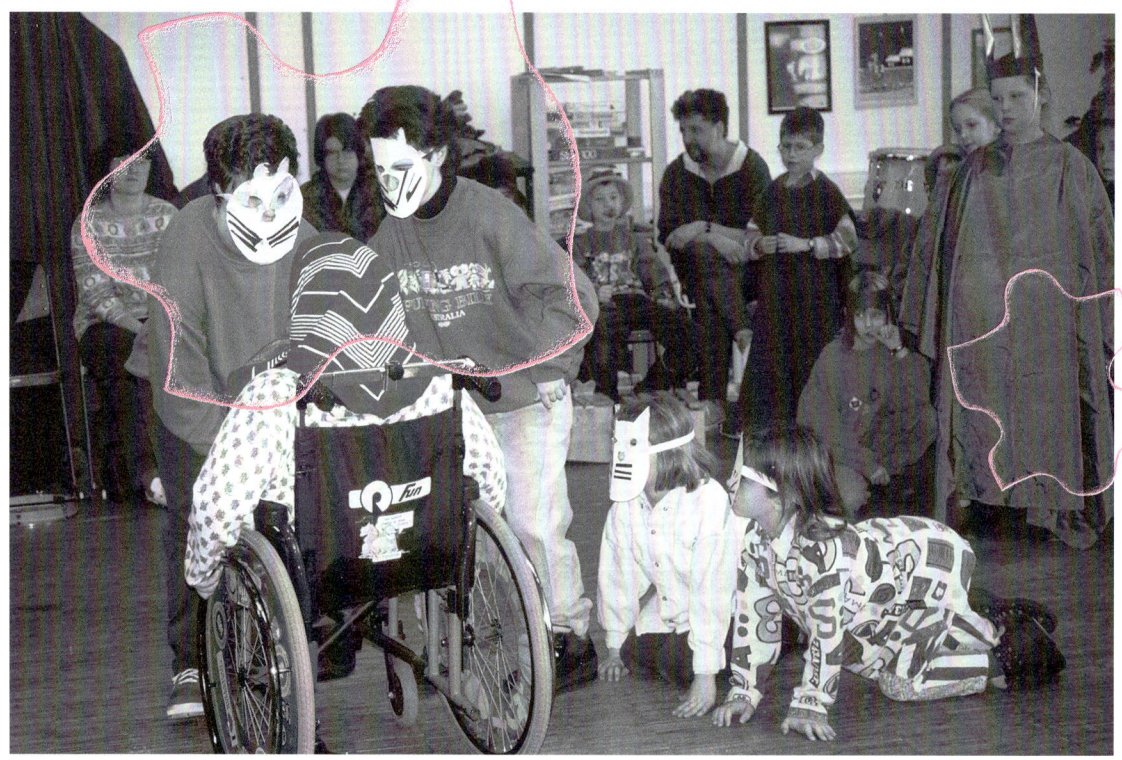

Abb. 2: Die Katzen (hier vier an der Zahl!) werden von der resoluten Bäuerin ausgeschimpft!

2. Szene – „Auf Wanderschaft"

Aufgabe/Rolle	Bewegung, Tanz und Szene	Klang, Musik und Sprache
Erzähler/-in	...steht auf	*Singendes Erzählen:* „Am Rande der Straße trafen sich Esel, Hund, Katze und Hahn und klagten einander ihr Leid."
Esel (mit eigenem Instrument, z.B. Handtrommel)	...erhebt sich mühsam, trottet eine Runde, bleibt vor den anderen Tieren stehen...	...begleitet sich auf seinem Instrument *und jammert:* „Ach, ich armer Esel, ich bin zu alt und schwach zur Arbeit, was soll ich bloß tun?"
Hund (mit eigenem Instrument, z.B. Holzblock)	...erhebt sich mühsam, trottet eine Runde, bleibt vor den anderen Tieren stehen...	...begleitet sich auf seinem Instrument *und jammert:* „Ach ich armer Hund, ich bin zu alt und schwach zur Arbeit, was soll ich bloß tun?"
Katze (mit eigenem Instrument, z.B. Triangel)	...erhebt sich mühsam, schleicht eine Runde, bleibt vor den anderen Tieren stehen....	...begleitet sich auf seinem Instrument *und jammert:* „Ach ich arme Katze, ich bin zu alt und schwach zur Arbeit, was soll ich bloß tun?"
Hahn (mit eigenem Instrument, z.B. Rasseln)	...erhebt sich mühsam, stolziert eine Runde, bleibt vor den anderen Tieren stehen...	...begleitet sich auf seinem Instrument *und jammert:* „Ach ich armer Hahn, ich bin zu alt und schwach zur Arbeit, was soll ich bloß tun?"
Esel	...tritt hervor, schaut bedeutungsvoll in die Runde	spielt einen Trommelwirbel *und singt:* „Etwas besseres als den Tod finden wir überall – lasst uns nach Bremen ziehen und Stadtmusikanten werden!"
Alle Tiere	...reagieren begeistert, stellen sich in einer Reihe hintereinander auf	...und rufen der Reihe nach: „Iah, wau wau, miau, kikeriki!"

Spielskizzen

Aufgabe/Rolle	Bewegung, Tanz und Szene	Klang, Musik und Sprache
Musiker/-in Alle Tiere	...ziehen los	Liedvorspiel/Liedbegleitung LIED: „Esel, Hund und Katz und Hahn treten ihre Reise an..."[22] (siehe Materialteil)

Abb. 3: Esel, Hund und Katz und Hahn auf der Reise nach Bremen

3. Szene – „Bei Nacht und Nebel"

Aufgabe/Rolle	Bewegung, Tanz und Szene	Klang, Musik und Sprache
Erzähler/-in	...steht auf	*Singendes Erzählen:* „Nachdem die Tiere schon eine ganze Weile gewandert waren, kamen sie in einen großen Wald und die Nacht brach herein..."
Nacht- und Nebeldarsteller/-innen	treten mit dunkelblauen, grauen, schwarzen, weißen und hellblauen Chiffontücher[23] auf, wallen zwischen den Bäumen und den Tieren, die sich langsam und vorsichtig ihren Weg bahnen	
Musiker/-innen		*Schallspiel:* Nebel-, Nacht- und Waldmusik als Schallmosaikspiel (vgl. S. 51-54)[24]
Alle Tiere	...lagern sich unter einen Baum, nur der Hahn ist noch auf der Suche nach einem erhöhten Schlafplatz	

[22] vgl. CD-Nr. 24
[23] Chiffontücher sind in vielen Farben erhältlich beim „Spielzeuggarten" Hans Staneker, Karl-Brennenstuhl-Straße 14, D-72074 Tübingen
[24] vgl. CD-Nr. 25

2. Tierisch menschlich...

Aufgabe/Rolle	Bewegung, Tanz und Szene	Klang, Musik und Sprache
Hahn	...ist auf einen Baum geflattert (ein Stuhl, der hinter einem Baum platziert ist) und schlägt aufgeregt mit den Flügeln	und ruft: „Kikeriki, kikeriki – ein Licht, ein Licht!"
Alle Tiere	rappeln sich rasch wieder auf und schleichen sich langsam an das Räuberhaus heran.	

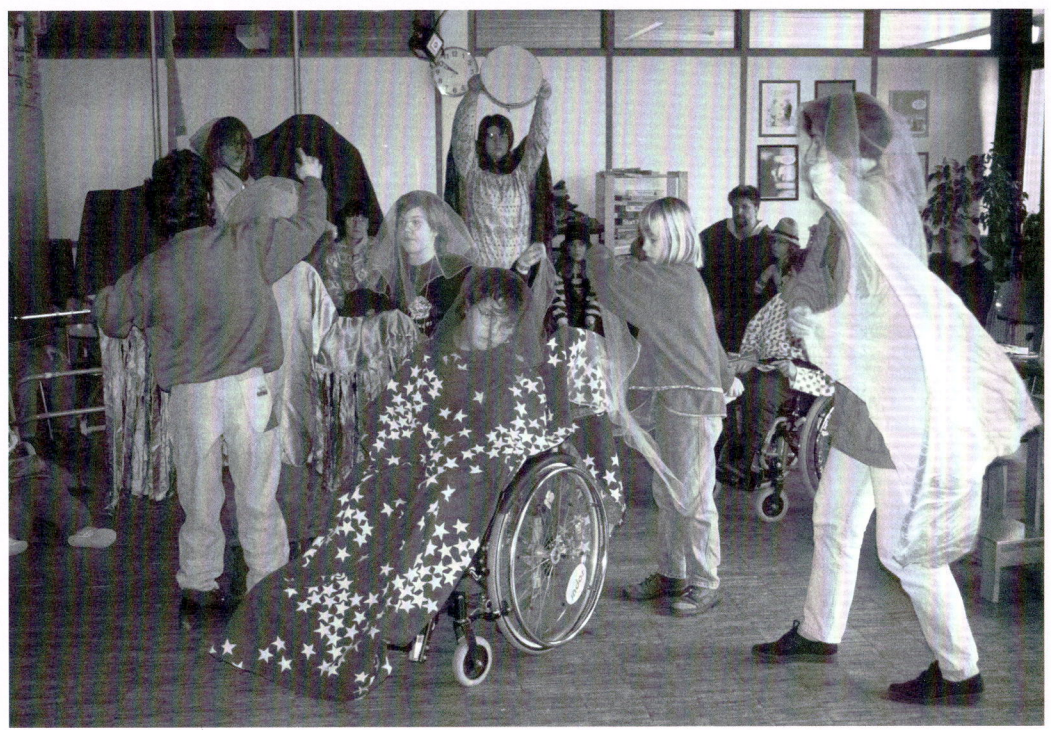

Abb. 4: Bei Nacht und Nebel im Wald

Spielskizzen

	4. Szene – „Lustig ist das Räuberleben"	
Aufgabe/Rolle	*Bewegung, Tanz und Szene*	*Klang, Musik und Sprache*
Erzähler/-in		*Singendes Erzählen:* „Aber was hatte der Hahn da für eine Unterkunft entdeckt? Es war ein Räuberhaus!"
Musiker/-in		Trommelwirbel für den Auftritt der Räuber; Liedvorspiel – LIED (Refrain):[25]
Räuber	...treten mutig und laut den Refrain singend auf, gehen während des Refrains eine Runde über die Spielfläche und bleiben dann vor ihrem Haus stehen	„Wir sind im ganzen Lande die schlimmste Räuberbande..." (siehe Materialteil)
1., 2., 3., 4., ... Räuber	...tritt vor	*Sprachgestaltung:* ...stellt sich mit seinem Spruch vor (Ideen: siehe Materialteil)
Alle Räuber	...bejubeln den, der sich vorgestellt hat!	

Abb. 5: Die Räuber tanzen und singen

Alle Räuber	...sind nach dem Tanzen und Singen ganz erschöpft und legen sich in der Hütte schlafen	...gähnen laut und rufen durcheinander: „Gehen wir schlafen, es ist spät geworden."

[25] vgl. CD-Nr. 26

5. Szene – „Ende gut – aber nicht für die Räuber…"

Aufgabe/Rolle	Bewegung, Tanz und Szene	Klang, Musik und Sprache
Erzähler/-in		*Singendes Erzählen:* „Die Tiere näherten sich vorsichtig dem Räuberhaus und der Esel als der Größte schaute vorsichtig durch ein Fenster…"
Esel	Alle Tiere stehen hintereinander, der Größe nach geordnet: …steht auf den Zehenspitzen und schaut durch ein Fenster	…er staunt: „Ohhhh!"
Hund	…drängelt sich hinter dem Esel, versucht, auch etwas zu sehen	…er fragt: „Was siehst du?"
Katze	…drängelt sich hinter dem Hund, versucht, auch etwas zu sehen	…sie fragt: „Was siehst du?"
Hahn	…drängelt sich hinter der Katze, versucht, auch etwas zu sehen	…er fragt: „Was siehst du?"
Esel	…dreht sich um	…und singt schwärmerisch: „Was ich sehe? Einen gedeckten Tisch mit schönem Essen und Trinken, und Räuber sitzen daran und lassen's sich wohl sein!"
Hahn	…aufgeregt mit den Flügeln schlagend	„Das wäre was für uns!"
Katze	…mit den Tatzen schlagend	„…für uns!"
Hund	…mit dem Schwanz wedelnd	„…für uns!"
Esel	…winkt die anderen heran	„Ich habe einen Plan!"
Alle Tiere	…stecken die Köpfe zusammen	…und tuscheln unverständlich miteinander
	…nehmen ihre Instrumente zur Hand, stellen sich hintereinander auf und stürmen das Räuberhaus	…mit Getöse und Geschrei!
Alle Räuber	…springen auf und ergreifen die Flucht – im Wald unter einem Baum versammeln sie sich zitternd	„Hilfe!" „Hilfe!" „Hilfe!"

Spielskizzen

	5. Szene – „Ende gut – aber nicht für die Räuber..."	
Aufgabe/Rolle	*Bewegung, Tanz und Szene*	*Klang, Musik und Sprache*
Alle Tiere Erzähler/-in Alle Räuber	...essen und trinken und legen sich dann schlafen: - der Esel hinterm Haus - der Hund hinter der Tür - die Katze beim Ofen - der Hahn auf dem Dach ...hockten ängstlich zusammen und beratschlagten (pantomimisch) mit vielen großen Gesten, was zu tun sei.	*Singendes Erzählen:* „Wie die vier Spielleute fertig waren, löschten sie das Licht aus und suchten sich eine Schlafstätte, jeder nach seiner Natur und Bequemlichkeit. Der Esel legte sich auf den Mist, der Hund hinter die Türe, die Katze auf den Herd bei der warmen Asche, und der Hahn setzte sich aufs Dach und weil sie müde waren, schliefen sie bald ein."
Räuberhaupt-Mann Alle Räuber Musiker/-in Esel	...tritt mutig vor ...schleichen sich vorsichtig an ...stößt die Räuber	*Singendes Erzählen:* „Wir hätten uns nicht so leicht vertreiben lassen sollen – folgt mir!" ...spielt den Herzschlag ...spielt auf seiner Trommel
Alle Räuber Hund	...machen einen großen Sprung ...tritt die Räuber	...und einen Schrei! ...spielt auf seinem Holzblock
Alle Räuber Katze	...machen noch einen Sprung ...kratzt die Räuber	...und einen Schrei! ...spielt auf ihrem Triangel
Alle Räuber Hahn	...und noch ein Sprung ...flattert mit den Flügeln	...und noch ein Schrei! ...und kräht: „Bringt mir den Dieb, bringt mir den Dieb!"
Alle Räuber Musiker/-in Erzähler/-in	...laufen so schnell wie möglich davon und verstecken sich im Wald!	 ...spielt wildes Herzklopfen *Singendes Erzählen:* „Von nun an getrauten sich die Räuber nicht weiter in das Haus, den vier Bremer Musikanten gefiel's aber so wohl darin, dass sie nicht wieder heraus wollten. Und der das zuletzt erzählt hat, dem ist der Mund noch warm."

| Aufgabe/Rolle | Bewegung, Tanz und Szene | Klang, Musik und Sprache |

Abb. 6: Die Räuber ergreifen endgültig die Flucht!

Ende

Das Material
Im Vergleich zum überlieferten Märchen habe ich kleine Veränderungen für die Spielfassung vorgenommen, um möglichst viele Spielmöglichkeiten für die Kinder zu schaffen oder auch manches zu vereinfachen. Aber jede Gruppe muss selbst entscheiden, wie sie ein altes Märchen gestalten möchte. Manche Kinder beharren mit Nachdruck auf dem originalen Ablauf und den entsprechenden Dialogen.

1. Trauermotiv „Ach, wie bin ich arm!"
Je nach Alter der Kinder kann aus den folgenden Vorschlägen ausgewählt werden. Auch die Verwendung einzelner Elemente in neuer, anderer Kombination ist möglich.

Erste Version:
So kann lediglich der erste Akkord der Metallophon-Stimme als Vorspiel fungieren und dann jedes Tier mit freier Tonwahl singend improvisieren:

„Ich bin zu alt und schwach zur Arbeit, was soll ich bloß tun?"

Spielskizzen

Zweite Version:
Eine einfache Altmetallophon-Stimme wechselt sich ab mit einer einfachen Melodie, die jedes Tier singt:

Was soll ich bloß tun, was soll ich bloß tun?

Was soll ich bloß tun, was soll ich bloß tun?

Dritte Version
Nach einem Vorspiel singt jedes Tier frei improvisierend seinen Text, das Metallophon antwortet mit einem kleinen „Trauerstück":

Metallophon als Vorspiel:

...dann frei singend erzählen (hier ein Beispiel):

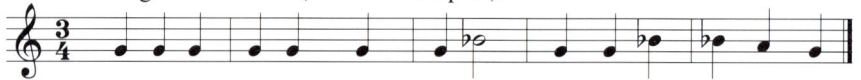

Ich bin zu alt und schwach zur Ar - beit, was soll ich bloß tun?

Metallophon als Nachspiel:

2. Wanderlied der Tiere

Als Lied für alle gemeinsam oder als Refrain, wenn ein Tier nach dem anderen sich zur Wanderschaft entschließt – Kollektiv getextet und Komponiert von Norbert Wacker und Geli Nisi:

Je nach dem, in welcher Form das Wanderlied der Tiere in die Szene eingebaut wird, wird der Refrain für jedes Tier erneut gesungen und als Zwischenspiel kommt jedes Mal der Laut des Tieres hinzu:
- Der Esel hat sich für die Wanderschaft entschlossen, er ruft rhythmisch:
  „Iah! -- Iah! -- Iah! -- Iah!"
- Der Hund hat sich für die Wanderschaft entschlossen, der Esel und er rufen rhythmisch:
  „Iah! Wau wau! – Iah! Wau wau! – Iah! Wau wau! – Iah! Wau wau!"
- Die Katze hat sich für die Wanderschaft entschlossen, der Esel, der Hund und sie rufen rhythmisch:
  „Iah! Wau, wau,! Miau! – Iah! Wau, wau,! Miau! – Iah! Wau, wau,! Miau! - Iah! Wau, wau,! Miau!"
- Der Hahn hat sich für die Wanderschaft entschlossen, der Esel, der Hund, die Katze und er rufen rhythmisch:
  „Iah! Wau wau, Miau, Kikeriki! – Iah! Wau wau, Miau, Kikeriki! -
  Iah! Wau wau, Miau, Kikeriki! – Iah! Wau wau, Miau, Kikeriki!"

3. Räuberlied und Räubersprüche (Liedtext und Spruch des 1. und 2. Räubers von Wilhelm Keller, Melodie gemeinsam mit Stuttgarter Kindern ersungen)

Das Lied kann mit wenigen Akkorden auf der Gitarre wie auch auf anderen Instrumenten (z.B. Stabspiele) begleitet werden. Das Nachspiel kann ein beliebiges Melodieinstrument übernehmen. Weitere Rhythmusinstrumente können die Begleitung erweitern.

Nachspiel auf einem Instrument

Zum Lied...
Wir sind im ganzen Lande
die schlimmste Räuberbande,
hali hala halo, drum fürchten wir uns so!

Huuuuuuuuu...

kann auch getanzt werden:
...mit mutigen Schritten im Kreis gehen

...sich ängstlich am Boden zusammenkauern und schrecklich fürchten!

Das Lied kann als Auftrittlied gesungen werden, danach können sich die Räuber mit je einem Spruch (auch selbst erfunden!) vorstellen, hier ein paar Beispiele:

1. Räuber:
Ich bin der Räuber Klein
und trink am liebsten Wein! *(Alle gemeinsam: Großer Jubel)*

2. und 3. Räuber – mal zu zweit:
Wir sind die Brüder Raps
und trinken am liebsten Schnaps! *(Alle gemeinsam: Großer Jubel)*

2. Tierisch menschlich...

4. Räuber:
Ich bin der Räuber Stier
und trink am liebsten Bier! *(Alle gemeinsam: Großer Jubel)*

5. Räuber – der Chef:
Ich bin der Hauptmann Rau
und bin besonders schlau! *(Alle gemeinsam: Großer Jubel)*

6. Räuber – auch antialkoholisch:
Ich bin der Räuber Mola
und trink am liebsten Cola! *(Alle gemeinsam: Großer Jubel)*

7. Räuber:
Ich bin der Räuber Talee
und trink am liebsten Kaffee! *(Alle gemeinsam: Großer Jubel)*

8. Räuber – der Ängstliche:
Ich bin der Räuber Schreck
und lauf am liebsten weg! *(Alle gemeinsam: Großer Jubel)*

...und so ähnlich oder ganz anders – immer weiter dichten!

Zwischen jeder Räuber-Vorstellung kann auch das Lied (mit dem Tanz) wiederholt werden, wobei nach dem gemeinsamen Fürchten („Huuuuuuu!") und dem gemeinsamen Jubeln („Hoooooo!") jeweils ein kräftiger Beckenschlag der Angst und der Begeisterung ein Ende setzen kann!

Ein Blick hinter die Kulissen

Zum Abschluss bietet der Blick hinter die Kulissen in zwei Abschnitten die theoretischen Grundlagen des EMT. Dieses Kapitel bildet gewissermaßen den Kern des Konzeptes, der in den vorangegangenen Kapiteln von der *Wegbeschreibung* ins Spiel, den *Spielelementen*, dem *Entwicklungsprozess* und den *Spielskizzen* Schicht um Schicht „umhüllt" wurde. Sicher ist es an manchen Stellen der folgenden Ausführungen interessant wieder zurück zu blättern und so von innen heraus die Praxis zu reflektieren und vielleicht in einem neuen Licht zu sehen.

Übrigens – keine Angst! Die Theorie, die mir im Laufe meiner Praxisjahre wichtig geworden ist und hier ihren Niederschlag gefunden hat, ist eine „praktische"! Sie ist erwachsen aus den beglückenden und bedrückenden Momenten, aus dem Geglückten und dem Missglückten in den Spielprozessen und Spielergebnissen. Vor allem aber aus den Fragen nach dem „Warum". Um Antworten oder zumindest mögliche Begründungen zu finden, habe ich begonnen zu suchen – und bin auf breiter Basis fündig geworden.

1. Der innere Kern – Die Personen im EMT

Nicht zufällig stehen Gedanken zur Gruppe, zum Individuum, zur Integration und zur Gruppenleitung („Innerer Kern") an erster Stelle. Denn damit rücken wir die Interessen aller beteiligten Personen in den Mittelpunkt unserer Arbeit. Erst wenn wir uns mit den vielschichtigen *menschlichen* Aspekten unserer Arbeit auseinandergesetzt haben, kann die künstlerisch-pädagogische Gesamtkonzeption („Äußerer Kern") *sachlich und didaktisch* wirksam werden:

Der äußere Kern
Sachaspekte im EMT

Der innere Kern
Die Personen im EMT
1. Gruppe
2. Individuum
3. Integration
4. Gruppenleitung

1. Musik – Bewegung – Sprache – Spiel
2. Das EMT als kreatives Feld
3. Konstruktiv-kreativ gestalten

1. Der innere Kern – Die Personen im EMT

1.1 Die Gruppe

Allgemeine Überlegungen

Was ist eigentlich eine „Gruppe"? Bevor Sie weiterlesen, schließen Sie kurz die Augen und denken Sie an die Gruppen, die Sie gerade betreuen, begleiten und in denen Sie Unterricht erteilen. Machen Sie sich dann einige Notizen und halten Sie stichwortartig das Ergebnis dieses Brainstormings fest. Was Ihnen alles zu der Frage durch den Kopf gegangen ist, weiß ich nicht, aber vielleicht decken sich manche Ihrer Erfahrungen auch mit den Gedanken, die ich Ihnen im Folgenden vorstellen möchte.

Für Kurt Lewin, einen Sozialwissenschaftler, der sich bereits seit 1940 mit den Problemen der Gruppendynamik auseinandergesetzt hat und gleichzeitig der Schöpfer dieses Begriffes war, ist die Gruppe durchaus etwas Reales, eine sogenannte Entität (Seinshaftigkeit, Wesenheit) eigener Ordnung, und jede einzelne Gruppe, meint er, habe eine ihr eigene, nur ihr zukommende Charakteristik, die durch keine Reduktion auf ihre Individuen erklärt werden kann.[1]

Wenn wir von Gruppen sprechen, meinen wir meist ein Gefüge, zusammengesetzt zwar aus vielen einzelnen Menschen, aber dennoch auch etwas Eigenständiges, Ganzes. Wenn man die Gruppe als eine Art ganzheitliches Gefüge betrachtet, dann ist sie nach Aristoteles' Definition des Ganzheitsbegriffes *mehr* als die Summe ihrer Teile; die Ganzheitspsychologen mit Felix Krueger (1874 - 1948) an der Spitze und die Berliner Schule der Gestaltpsychologie mit Wolfgang Köhler (1887 - 1967) legten Wert auf die Modifizierung der antiken Definition, indem sie feststellten, dass das Ganze nicht nur MEHR sei, sondern dass es ETWAS ANDERES sei als die Summe seiner Teile.

Hier ein Beispiel: Die Komplexität dessen zu erfassen, was wir unter „Gruppe" alles verstehen wollen, fällt uns leichter

> „...wenn wir „erleben" können, dass eine Schulklasse nicht die Summe der beteiligten Menschen plus der Summe der Faktoren, die eine Gruppe konstituieren, plus der Summe der Interaktionen, die für den Gruppenprozess wesentlich sind, plus des zusätzlichen MEHR ist, das daraus entsteht und das man Klima oder Atmosphäre nennt – was sicherlich alles dazugehört und so präzis wie möglich empirisch erforscht werden sollte – sondern etwas ANDERES, etwas je Eigenes, Lebendiges, das in jeder Sekunde neu, original und einmalig ist."[3]

Spezifische Überlegungen

Die Spielform des EMT ist für jede Art von Gruppe da – nicht die Gruppe für das EMT!
Das soll heißen, dass die Gruppenleiterin oder der Gruppenleiter, die Lehrerin oder der Lehrer sich einen Spielstoff, dessen gestalterische Umsetzung und die methodische Vorgangsweise erst dann auswählt, wenn sie oder er weiß, mit welcher Gruppe das Projekt durchgeführt werden soll. Die Spielform des EMT ist besonders für Gruppen geeignet, die sich noch nicht allzu sehr spezialisiert haben. Denn Spezialgruppen haben sich zu einem bestimmten Zweck zusammengetan und wären verwirrt und verstimmt, wollte man sie plötzlich zu umfassenden Gestaltungen überreden, z.B. will

- ...ein Kinder- oder Jugendchor vor allem singen;
- ...eine Volkstanzgruppe tanzen;
- ...ein Percussionsensemble trommeln.

---

[1] vgl. Lewin, K. (1963): Feldtheorie in den Sozialwissenschaften. Deutsche Ausgabe, S. 16
[2] vgl. Linde, G. (1984): Untersuchungen zum Konzept der Ganzheit in der deutschen Schulpädagogik, S. 17
[3] Linde, G., S. 208

Aber überall dort, wo Menschen kunterbunt zusammengewürfelt eine Gruppe für länger oder auch nur auf Zeit bilden, ist das EMT zu Hause und kann für alle Beteiligten zu einem Erlebnis besonderer Art werden oder aber dauerhaft positiv auf die allgemeine Entwicklung von Kindern wirken.

Eine Schulklasse ist in der Regel ein solch kunterbunter Haufen von Individuen (vgl. auch S. 238), wo das sprachgewandte Kind neben dem maulfaulen, aber bewegungsfreudigen sitzt, das Kind, das bereits seit zwei Jahren Gitarrenunterricht in der Musikschule hat, neben dem, das noch einige Koordinationsprobleme beim Xylophonspielen zu bewältigen hat, aber den Grundschlag auf der großen Trommel verlässlich halten kann.

Eine Familienfreizeit bringt ebenfalls viele verschiedene Menschen – hier auch noch altersgemischt – für eine kurze, aber intensive Zeitspanne zusammen. Das Zusammenspiel von Eltern und Kindern, jüngeren und älteren Geschwistern kann für die Familienmitglieder eine besondere Erfahrung bedeuten, denn – kompetent angeleitet – erhalten Kinder und Eltern die Chance, einander in der gemeinsamen Spielsituation als Partner zu erleben und gegenseitig Fähigkeiten zu bestaunen, die man einander nicht zugetraut hätte...

Als Leiterin oder Leiter muss ich immer den Charakter der Gruppe (auch der jeweiligen Schulklasse), mit der ich arbeiten will, analysieren, ihre Spezifika auflisten und für mein methodisches Vorgehen gewissenhaft bedenken:

Gruppengröße

Eine Kleingruppe bis etwa zwölf Personen entwickelt eine andere Gruppendynamik als eine Großgruppe bis etwa 30 Personen. Unter die Großgruppen fallen auch alle Schulklassen. Mit noch größeren Gruppen kann man durchaus auch noch ein EMT gestalten – dann aber sollte man auf eine gute Altersmischung achten (s.u.), damit sich arbeitsfähige Untergruppen ergeben, in denen an ältere Mitglieder von der Leiterin oder dem Leiter Verantwortung übertragen werden kann.

Gruppenzusammensetzung

Jede Zusammensetzung ist grundsätzlich möglich, wenn die Gruppenleiterin oder der Gruppenleiter sich über die jeweiligen Vor- und Nachteile und das sich daraus abzuleitende didaktisch-methodische Vorgehen im Klaren ist. Handelt es sich um altershomogene Gruppen (Vorschul- oder Grundschulkinder, Jugendliche oder Erwachsene) schränkt das die Stoffauswahl erheblich ein, ebenso die Art und Weise der Ausgestaltung. Das mag auf den ersten Blick verwundern, ist aber leicht zu erklären:

- **Eine Gruppe, die nur aus fünfjährigen Kindern besteht**, braucht einen Spielstoff, den alle Kinder kognitiv wie emotional erfassen können. Instrumentale Gestaltungen können nur sehr einfach angelegt sein, der Aufbau des Stückes darf dramaturgisch nicht zu komplex ausfallen – für diese Altersstufe bieten sich vor allem kleine Reihenformen (z.B. Rondoformen) an.
- **Eine Gruppe von achtjährigen Kindern** ist in der Regel sehr aktiv und voller Spielfreude. Eine Hauptrolle könnte man in einer 2. Klasse der Grundschule daher oft mehrfach besetzen, weil viele Kinder dasselbe wollen und können. Es besteht daher in der Arbeit mit dieser Altersstufe die Gefahr, dass einige Kinder unterfordert werden, wenn man nicht einen Spielstoff findet, oder diesen entsprechend adaptiert, in dem die vielen motivierten Kinder auch eine ihren Möglichkeiten und Wünschen entsprechende Rolle oder Aufgabe erhalten können.
- **Eine Gruppe mit jugendlichen 14-Jährigen** ist wahrscheinlich nur über einen Stil zu erreichen, der ihren jugendkulturellen Interessen nahe steht. Ein Musical, in dem sich musikalisch wie auch tänzerisch das nachspielen und nachtanzen lässt, was man im Fernsehen, im Kino, im Video oder auf der Bühne zu sehen bekommt. Allerdings verlangen diese Ausdrucks- und Gestaltungsformen ein ganz spezifisches „Know How", das nur die wenigsten Jugendlichen

diesen Alters überzeugend auf die Bühne bringen können, wenn nicht sehr systematisch tanz-, instrumental- und vokaltechnisch mit ihnen gearbeitet wird. Dafür braucht es sehr gut und vielseitig ausgebildete Lehrerinnen und Lehrer (denn solche altershomogenen Jugendgruppen trifft man nur in der Schule).

Dennoch wird es natürlich immer altershomogene Gruppen geben – solange wir nicht gewillt sind, diese unnatürliche und über weite Strecken unfruchtbare Lernumgebung aufzugeben und durch eine weitaus motivierendere und effektivere altersgemischte Gruppierung zu ersetzen, wie sie etwa die Montessori-Pädagogik vorsieht. Meine Erfahrungen in der Arbeit mit dem EMT mit altersgemischten Familiengruppen sind vielversprechend und ich möchte hier die wesentlichsten Vorteile anführen:

- Nahezu jeder Stoff ist spielbar! Vom alten Märchen bis zum sozialkritischen Problemstück; von der witzigen doppelbödigen Bilderbuchgeschichte bis zur antiken Sage. Denn in allen Stücken gibt es mehrere Ebenen, um zu verstehen und mitzufühlen, was vor sich geht – vordergründigere für die jüngeren Mitspielerinnen und Mitspieler und hintergründigere für Jugendliche und Erwachsene.
- Im Rahmen der musikalischen Gestaltung kann ich aus dem Vollen schöpfen! Einige Mitglieder der Gruppe (ältere wie auch jüngere) spielen bereits ein Instrument – je nach den individuellen Vorkenntnissen können nun Instrumentalstücke und Liedbegleitungen reizvoll arrangiert und komponiert werden. Auch wenn viele kein klassisches Instrument spielen – von älteren Kindern, Jugendlichen und Erwachsenen kann ich aufgrund ihres allgemeinen Entwicklungsstandes musikalisch einfach mehr erwarten. Wenn jemand nicht ausdrücklich „zwei linke Hände" hat, kann jeder Mensch ab etwa neun Jahren auf dem Xylophon eine durchaus komplexe Begleitung erlernen bzw. zwei- und mehrstimmige Arrangements auf Orff-Instrumenten und teilweise auch vokal in recht kurzer Zeit beherrschen.
- Abwechslungsreiche, dynamische und authentische szenische Gestaltung garantiert! Die jüngeren Akteurinnen und Akteure bringen ihre ganze spontane Spiellust ein und reißen oftmals die älteren mit. Sie können Aufgaben übernehmen, bei denen andere Hemmungen zeigen; sie übernehmen gerne klangmalerische Instrumentalaktionen, bei denen die älteren eher unterfordert wären. Kommen Zwerge in unserem Stück vor, dann haben wir wirkliche kleine Leute, die sie darstellen können, kommt ein großer kräftiger Mann vor – so können wir auch den authentisch besetzen. „Coole Typen" haben wir ebenso zu bieten wie die „weise alte Frau", die der „blondgelockten Prinzessin" (...sie darf auch einen schwarzen Kurzhaarschnitt haben!) den entscheidenden Rat gibt...

...falls es uns gelingt, solch wunderbar inhomogene, alters- und begabtengemischte Gruppen zu motivieren, an unseren Kursen, Ferienwochen und Intensivwochenenden teilzunehmen – besonders natürlich ganze Familien, mit ihren jungen und älteren, männlichen und weiblichen Mitgliedern mit den unterschiedlichsten Bedürfnissen – auch besonderer Art! So wünschen wir uns auch Menschen, die sich auf Rädern fortbewegen, oder solche, die besser lächeln und tanzen als reden und schreiben können, oder aber wunderschön singen – vor allem ihre eigenen Gesänge, die keine Worte brauchen – also alle diejenigen, die für das Mitspielen bei einem EMT-Projekt besonders gut geeignet und überhaupt nicht (be)hinderlich sind!

Fassen wir zusammen
- Keine Gruppe ist wie die andere.
- Die *Mitglieder* der Gruppe konstituieren zwar das, was wir dann Gruppe nennen, aber die Summe der beteiligten Menschen allein macht „Gruppe" noch nicht aus.

- Weitere Faktoren sind die *Interaktionen* zwischen den Gruppenmitgliedern, die zu Gruppenprozessen unterschiedlichster Ausprägung führen.
- Daraus ergibt sich ein gruppenspezifisches *Klima*, etwas Unverwechselbares, das jeder einzelnen Gruppe eine ganz bestimmte Atmosphäre gibt.
- Und dann gibt es noch etwas *ANDERES* – das vor allem in den lebendigen Momenten der Begegnung aller Gruppenmitglieder im Hier und Jetzt miteinander und mit einem Thema entsteht.
- Das EMT ist für jede Art von Gruppe da – *nicht die Gruppe für das EMT!*

1.2 Das Individuum

Das EMT ist ein künstlerisches Arbeitsfeld. Hier darf nicht von normierten Zielen und Inhalten für alle Mitwirkenden gleichermaßen ausgegangen werden. So wie man in der bildnerischen Erziehung in Kindergarten und Schule zunehmend vom Arbeiten mit Schablonen Abstand nimmt und die Individualität der Kinder beim Basteln, Malen und Werken stärker berücksichtigt, so sollten auch im Bereich einer kreativen Elementaren Musik- und Tanzerziehung alle mit ihren individuellen Möglichkeiten und Wünschen im Vordergrund stehen. Auch zeigen alle Menschen – selbst wenn sie dasselbe Lebensalter haben – sehr unterschiedliche Neigungen, Fähig- und Fertigkeiten in musikalischer, tänzerischer, sprachlicher und darstellerischer Hinsicht. Wilhelm Keller fordert als eine zentrale didaktische Konsequenz die „interindividuelle Differenzierung der Aufgabenstellung" und führt aus:

> „Maßgebend für (...) die entstehende Spielform ist also immer die den individuellen Fähigkeiten und Behinderungen angepasste Aufgabenverteilung und Spielregelung." [4]

Eine ganz spezifische erzieherische Grundeinstellung ist hier einzunehmen, die uns allen allzu leicht von den Lippen geht (nicht umsonst spricht man von einem „Lippenbekenntnis"), dessen umfassende, konsequente Durchführung in der Praxis jedoch bereits seit den Zeiten der Reformpädagogik in den 20er Jahren des vergangenen Jahrhunderts auf sich warten lässt: die Pädagogik vom Kinde, vom Menschen aus, die kind- bzw. personenzentrierte Arbeit:

> „Das bedeutet, dass keine Selektion stattfindet und im Fall einer unüberwindlichen Schwierigkeit bei der Lösung einer Aufgabe nicht der davon betroffene Teilnehmer ausgeschieden wird, sondern – falls ein Rollentausch nicht von ihm selbst gewünscht wird – die Rolle und die Ausführung geändert und besser seinen persönlichen Fähigkeiten angepasst wird. Die bei jedem Zusammenwirken verschiedener Individualitäten unvermeidliche und notwendige Rücksichtnahme und ‚Frustrationstoleranz' bleiben trotzdem geboten, sollen aber auf alle Teilnehmer gleich verteilt werden" [5]

Fassen wir zusammen

- Individuelle Möglichkeiten und Wünsche stehen im Vordergrund.
- Eine interindividuelle Aufgabenstellung ist erforderlich.
- Eine konsequente „Pädagogik vom Menschen aus" bedeutet, dass die Rolle, die Aufgabe und/oder dessen Ausführung an die persönlichen Fähigkeiten der Spielerinnen und Spieler angepasst werden – und NICHT UMGEKEHRT!
- Eine unvermeidliche und notwendige Rücksichtnahme und „Frustrationstoleranz" wird auf alle Schultern gleichmäßig verteilt.

---

[4] Keller, W. (1996): Musikalische Lebenshilfe, S. 67
[5] Keller, W., S. 105

1.3 Der Integrationsgedanke

Bei der Definition des Integrationsbegriffes möchte ich mich auf Feuser beziehen, dessen Ausführungen zur Integration für mich nach wie vor wegweisend sind. Er schreibt:

> „Unter dem Begriff der ‚Integration' werden heute Fragen des gemeinsamen Lebens und Lernens behinderter und nicht behinderter Menschen über alle Bereiche hinweg diskutiert, die die Lebensspanne eines Menschen umfasst. Waren wir vor Jahren noch in Sorge, Integration in den Kindergärten und in den Grund- bzw. Volksschulen überhaupt verankern zu können, beschäftigt uns heute zunehmend die Frage, wie Integration auch außerhalb der Bildungsinstitutionen zu verankern und zu realisieren ist, d.h. im gemeinsamen Lebensalltag behinderter und nicht behinderter Menschen." [6]

Das EMT als **integrierende** Spielform meint das Zusammenspielen von Menschen, die ganz verschiedene Fähigkeiten, Bedürfnisse, Behinderungen oder Begabungen haben. Als Erzieherinnen und Erzieher, Lehrerinnen und Lehrer müssen wir uns in jedem Fall immer wieder von neuem fragen: Wie können wir mit unserem Spielangebot diesen individuellen Bedürfnissen – den „special needs" – gerecht werden:

- Wie können wir noch verborgene schöpferische Kräfte wecken?
- Wie können wir offensichtlich hervordrängende Aktivitäten fördern?
- Wie können wir den Mutlosen Mut machen und die Verschlossenen öffnen?

Diese Ziele lassen sich im Rahmen integrativer Gruppenarbeit am ehesten erreichen. Denn dort ruht nicht die ganze Verantwortung auf meinen Schultern. Seit Jahren habe ich Gelegenheit, die Kinder von integrativ geführten Klassen zu beobachten, wie sie von der 1. Schulstufe an, ausgelöst durch unterschiedlichste Alltagssituationen, in einfache wie auch komplexere soziale und emotionale Lernsituationen geraten und diese mit zunehmend mehr Selbstverständnis und oftmals auch ganz spontan bewältigen. Bei unseren gemeinsamen EMT-Projekten ergänzen sich die Kinder in ihren Möglichkeiten ständig, helfen sich und sind sich Vorbild und Modell:

- Das eine Kind eifert dem anderen nach;
- für besondere Fähigkeiten wird im Spiel ein eigener Raum geschaffen;
- das mutlose Kind erhält von seinem Nachbarn Hilfe und Anregung, es auch mal zu versuchen;
- das verschlossene Kind beginnt, sich langsam einer Aufgabe zu öffnen, wenn sein Freund ihn auffordert mitzumachen.

Es schlägt Mitternacht – alle schlafen – nur Simon hilft Daniel

---

[6] Feuser, G.: Zum Verhältnis von Menschenbild und Integration – „Geistigbehinderte gibt es nicht!" Vortrag vor den Abgeordneten zum Nationalrat im Österreichischen Parlament am 29. Oktober 1996 in Wien.

Von dem Salzburger Erziehungswissenschaftler und Psychologen Hans Jörg Herber habe ich gelernt:

> „Wenn der Lehrer Lernprozesse fördern und nicht behindern will, muss er versuchen, der Streuung der Verhaltensformen und Erlebnisweisen seiner Schüler gerecht zu werden. (...) Nur dadurch können die ständig auftretenden Über- und Unterforderungen sowie die weitverbreitete Tendenz zur Nivellierung von Ansprüchen und Leistungsanforderungen im kognitiven, emotionalen und sozialen Bereich auf ein Mindestmaß reduziert werden."[7]

Neben dem Gedanken der Inneren Differenzierung im Unterricht, wie Herber ihn verfolgt, orientiert sich die integrierende Spielform des EMT auch an den Prämissen einer „Pädagogik der Vielfalt" nach Annedore Prengel. Sie geht von der „Unbestimmbarkeit der Menschen" aus und will daher nicht diagnostizieren, „was jemand ist", noch „was aus ihr oder ihm werden soll", sondern meint:

> „Wenn Personen charakterisiert werden sollen, dann in ihrer Entwicklungsdynamik und in ihrem Umweltkontext. Nur in ihrer Prozesshaftigkeit und Umweltinterdependenz lassen sich Personen adäquat beschreiben."[8]

Fassen wir zusammen

- Integration bedeutet, Möglichkeiten zu schaffen zum gemeinsamen Leben und Lernen behinderter und nicht behinderter Menschen, die alle Bereiche und alle Lebensalter umfassen sollen.
- Im EMT fragen wir uns immer von neuem, wie wir mit unserem Spielangebot den „special needs" aller Beteiligten gerecht werden können – denn es findet keine Selektion statt.
- Wir müssen versuchen, der Streuung der Verhaltensformen und Erlebnisweisen aller durch „Innere Differenzierung" der Aufgabenstellung gerecht zu werden.
- Wir charakterisieren und beschreiben die Menschen unserer Gruppen allenfalls in ihrer Entwicklungsdynamik und ihrem Umweltkontext.

1.4 Die Gruppenleitung

Da die Spielform des EMT mit Gruppen verschiedener Institutionen durchgeführt werden kann, treffen wir auch auf unterschiedlich aus- und weitergebildete Pädagoginnen und Pädagogen, Künstlerinnen und Künstler. Die Kompetenz für die Gruppenleitung im Rahmen des EMT erwächst aus einem Bündel von Fähig- und Fertigkeiten, von Einstellungen und Verhaltensweisen, die als einzige unverzichtbare Basis zunächst vor allem die Offenheit für Neues braucht. Denn die meisten Ausbildungsgänge an unseren Hochschulen, Fach(hoch)schulen und Universitäten fordern und fördern eine frühe Spezialisierung auf der einen Seite und erzeugen (eher ungewollt) breites Oberflächenwissen (sogenanntes „träges Wissen") mit geringem Anwendungswert (also mangelndem Transfer in die Praxis).
So finden wir an Schulen, Musikschulen, Kindergärten und Freizeiteinrichtungen

- Instrumentalpädagoginnen und -pädagogen mit hohen Fähigkeiten auf ihrem Instrument und teilweise mangelnden Erfahrungen im Umgang mit Gruppen;
- Lehrerinnen und Lehrer, Erzieherinnen und Erzieher mit hohen Fähigkeiten im Umgang mit Gruppen und teilweise mangelnden Erfahrungen mit Instrumenten.

Vor allem aber finden wir innerhalb dieser zwei Obergruppen die unterschiedlichsten Kombinationen von Fähig- und Fertigkeiten, individuellen Stärken und Interessen, die sich trotz oder auch mit Hilfe von Aus- und Weiterbildungsmaßnahmen entwickeln und entfalten konnten. Und so sollte für angehende

---

[7] Herber, H.J. (1983): Innere Differenzierung im Unterricht, S. 81
[8] Prengel, A. (1993): Pädagogik der Vielfalt, S. 190

Leiterinnen oder Leiter eines EMT-Projektes nicht die Frage im Vordergrund stehen, ob man sich als Laie oder als Vollprofi einzustufen hat, sondern es ergeht die Aufforderung an alle Interessierten:
- Entdecken Sie Ihre eigenen Möglichkeiten und nützen Sie die Kraft der Gruppe und ihrer Individuen!

Im Folgenden möchte ich auf das oben angesprochene Bündel von *Fähig- und Fertigkeiten, Einstellungen und Verhaltensweisen* näher eingehen und Sie mit Gedanken und Erkenntnissen bekannt machen, die mir im Laufe meiner Arbeit geholfen haben, bewusster und erfolgreicher den komplexen Anforderungen der Gruppenleitung im EMT gerecht zu werden.

Wilhelm Keller ist nicht müde geworden, im Verlauf seiner langjährigen Tätigkeit im Rahmen der Auswie Fortbildung von Pädagoginnen und Pädagogen immer wieder zu betonen, dass ich mich als Leitende oder Leitender eines EMT als „Primus inter pares" zu verstehen habe. Der/die „Erste unter Gleichen" zu sein ist die erste Maxime, die zweite – aber nicht minder vornehme – Pflicht besteht für die Gruppenleitung im EMT für Keller darin, *„sich schrittweise überflüssig zu machen".*[9]

Eine weitere Quelle, um den Charakter der Gruppenleitung im EMT zu beleuchten, ist mir seit Jahren die „Themenzentrierte Interaktion" (TZI) nach Ruth Cohn[10], die damit ein Konzept vorstellt, in der die leitende Person keine Außenposition oder Sonderrolle einnimmt, sondern ebenso, wie der „Primus inter pares" nach Keller im Rahmen der Gruppe, die ihr spezifischen Aufgaben übernimmt, so wie ein anderes Gruppenmitglied die seinen.

Die folgende bekannte Grafik stellt die Grundkonzeption der TZI immer noch am besten dar:

In Worten ausgedrückt besagt die Grafik, dass es eine reziproke – wechselseitige – Abhängigkeit zwischen dem Verhalten, den Wünschen, den Möglichkeiten jedes einzelnen Gruppenmitglieds („ICH"), den gruppendynamischen Interaktionen aller Gruppenmitglieder untereinander in der Gruppe („WIR") und dem gewählten THEMA gibt. Der rund um das Dreieck gezeichnete Kreis, der „Globe", symbolisiert das Umfeld, in das jede Art von Gruppenarbeit eingebettet ist. Das kann, von innen nach außen fortschreitend, z.B. sein

- der Unterrichtsraum, in dem wir unser EMT erarbeiten;
- die Institution, im Rahmen derer die Arbeit stattfindet;
- die Gesellschaftsform, die politischen Verhältnisse, die Kultur, die Erziehung (u.v.a.m.), durch die wir alle geprägt sind...

Ruth Cohn geht davon aus, dass die Dynamik eines Arbeitsprozesses nachhaltig gestört wird, wenn die drei Komponenten nicht im Gleichgewicht zueinander stehen oder die Bedingungen des „Globe" das Gleichgewicht nachhaltig erschüttern:
- Hat also ein einzelnes Mitglied einer Gruppe ernsthafte Probleme, müssen Lösungen gefunden werden.
- Vernachlässigen die Gruppenmitglieder über einen längeren Zeitraum die Arbeit am Thema und widmen sich zu ausführlich den Problemen eines Einzelnen, führt auch das zu einem Ungleichgewicht.

---

[9] vgl. Keller, W. (1975): Minispectacula, S. 15
[10] vgl. Cohn, R. (1988): Von der Psychoanalyse zur themenzentrierten Interaktion

- Kümmert man sich zu nachhaltig um gruppendynamische Prozesse, ohne diese mit dem Thema und den Bedürfnissen der einzelnen Gruppenmitglieder zu verbinden, kippt wieder die Balance, und Unzufriedenheit oder Unproduktivität werden sich breit machen...

Fassen wir zusammen
- Nicht eine Spezialistenausbildung befähigt notwendigerweise zur Gruppenleitung in einem EMT-Projekt, sondern vor allem die Offenheit und Bereitschaft, immer wieder – auch von Kindern – dazulernen zu wollen.
- Innerhalb der Gruppe nimmt die leitende Person die Rolle eines „primus inter pares" (Erste/r unter Gleichen) ein.
- Die Lehrerin oder der Lehrer sieht ihre oder seine Hauptaufgabe darin, animierend, informierend, beratend und begleitend die Erfahrungs- und Lernprozesse zu steuern und sich schließlich schrittweise „überflüssig" zu machen.
- Sie/er initiiert während eines erheblichen Teils des Arbeits- und Spielprozesses die Eigenständigkeit der Gruppenmitglieder und fordert und fördert deren Eigenverantwortlichkeit.
- In diesem Zusammenhang kann sich die leitende Person an den Grundzügen der TZI orientieren (und bei Interesse darin fortbilden lassen).

2. Der äußere Kern – Sachaspekte im EMT

Im folgenden Abschnitt soll es um die musikpädagogischen Aspekte gehen, die den allgemeinen pädagogischen Kern erst zum Klingen bringen werden. Nach einigen grundlegenden Gedanken zu Stellenwert und Wirklichkeit von Musik, Bewegung und Darstellendem Spiel in der Grundschule und den damit verbundenen Möglichkeiten für die EMT-Arbeit soll das Zusammenwirken der im EMT zentralen Spielelemente Musik, Sprache, Bewegung und Tanz im Spiegel der Theorie des „Kreativen Feldes"[11] betrachtet werden, die dem interdisziplinären Spielansatz des EMT für die Förderung der allgemeinen kindlichen Entwicklung ein vielversprechendes Zeugnis ausstellt. Im dritten Abschnitt schließlich sollen Pädagoginnen und Pädagogen angeregt werden, sich mit einem produktiven Ansatz auseinander zu setzen, der für die Spielform des EMT vorsieht, dass alle benötigten Lieder, Musikstücke, Tänze und Texte selbst oder in Zusammenarbeit mit den Gruppenmitgliedern komponiert, arrangiert, choreographiert und gedichtet werden! Dieser Ansatz fühlt sich wesentlichen Elementen einer konstruktivistischen Gestaltung von Lehr- und Lernumgebungen eng verbunden, der an dieser Stelle mit den Grundsätzen des EMT thesenartig in Einklang gebracht wird.

2.1 Musik, Bewegung und Darstellendes Spiel in der Grundschule

Was wollen Lehrerinnen und Lehrer, Eltern und Bildungspolitiker eigentlich mit Musikunterricht an Grundschulen erreichen bzw. erreicht sehen? Und was erwarten die Kinder? Worauf sprechen sie an, wozu lassen sie sich leicht motivieren und was lernen sie dabei? Die Antworten sind vielfältig und diese Fragen wurden und werden früher wie heute engagiert diskutiert!

---

[11] vgl. Burow, O.-A. (1999): Die Individualisierungsfalle. Kreativität gibt es nur im Plural.

2. Der äußere Kern – Sachaspekte im EMT

Es kristallisiert sich aber besonders ein Anspruch aller Beteiligten heraus, der immer mehr ins Zentrum des Interesses gerät: Schule soll im besten Sinn des Wortes Erlebnisqualität für die Kinder besitzen und ihre gesamte Persönlichkeitsentwicklung im Auge haben und nicht nur die Steigerung ihrer kognitiven Fertigkeiten. Und so könnte auch der Musik- und Kunstunterricht wieder an Boden gewinnen, denn an den Erkenntnissen aus großen Forschungsstudien[12] kommt heute kaum mehr jemand vorbei, auch wenn niemand dabei explizit behauptet, dass Musikhören und/oder -selbermachen denn nun nachweisbar intelligenter macht. Aber die Studien konnten doch alle feststellen, dass vor allem das aktive Musizieren unsere gesamte Gehirntätigkeit ungemein anregt – wenn man sich Abbildungen von Neurophysiologen anschaut, erinnert die Darstellung der elektrischen Hirnaktivität beim Musizieren von Profimusikern geradezu an ein Feuerwerk!

Aber nicht nur die Gehirnaktivitäten werden durch Musik auf breiter Basis stimuliert, sondern auch die Konzentrationsfähigkeit wird gestärkt und das soziale und emotionale Verhalten wie Befinden verbessert.[13]

Leider gibt es bis heute in der Ausbildung für Grundschullehrerinnen und -lehrer nur regional die Möglichkeit, sich schwerpunktmäßig der Musik zu widmen. Und so sind nach wie vor die fachfremd unterrichtenden Lehrerinnen und Lehrer in der Mehrzahl, die sich – unterstützt durch Musikschulbücher und andere Medien – Mühe geben, wenigstens ein Mindestmaß der geforderten Inhalte laut Lehrplan im Fach Musik zu erfüllen. Einige besonders Engagierte besuchen auch gerne und regelmäßig Fortbildungen, um neue Ideen für ihre Unterrichtsgestaltung zu bekommen, aber nicht wenige vernachlässigen schlechten Gewissens den Musikunterricht, da sie sich die Vermittlung musikalischer Inhalte einfach nicht zutrauen, was oft stillschweigend von den Eltern und der Schulleitung hingenommen wird.

Im letzten, 1997 erschienenen, Handbuch des Musikunterrichts in der Primarstufe[14] stellen alle beteiligten Autorinnen und Autoren unabhängig voneinander fest, dass im Musikunterricht der Grundschule sinnvollerweise immer mehrere Inhaltsbereiche gleichwertig nebeneinander behandelt werden sollten: das Singen, wie das Musizieren auf dem Orff-Instrumentarium, das Bewegen und Tanzen, das Hören und das Verstehen von Musik – und am besten in interdisziplinären Aufführungsprojekten, in der Zusammenarbeit mehrerer Fächer und Lehrerinnen und Lehrer zusammen!

Und so kann auch ich nur noch einmal zusammenfassen, warum der Arbeitsansatz des „Elementaren Musiktheaters" in allen Grundschulen zu Hause sein sollte und Lehrerinnen und Lehrer sich nicht scheuen müssen, auch als „Fachfremde" ein solches Projekt ins Auge zu fassen:

- Das EMT ist keine „Methode", die heute aktuell und morgen aus der Mode ist! Es beinhaltet als von einer Lehrerin oder einem Lehrer individuell einsetzbarem Spielkonzept alle Bereiche, die Lehrpläne für den Musikunterricht in der Grundschule vorsehen:
  - Musik mit der Stimme
  - Musik mit Instrumenten
  - Musik und Bewegung
  - Musik hören
  - Musik erfinden
  - Musik aufführen
  - Musik begreifen

---

[12] vgl. Bastian, G. (2000): Musikerziehung und ihre Wirkung. Eine Langzeitstudie an Berliner Grundschulen, Schott
[13] vgl. Spitzer, M. (2003): Musik im Kopf, Schattauer
[14] vgl. Helms, S. u. a. (1997): Handbuch Musik in der Primarstufe, Bosse

- Das EMT geht von „bunten Gruppen" (besonders Grundschulklassen) aus, deren Mitglieder verschiedene Interessen, Fähig- und Fertigkeiten in Bezug auf Musik mitbringen.
- Das EMT wünscht sich engagierte Pädagoginnen und Pädagogen, die keinen Kniefall vor der Musik als „hohe Kunst" machen, sondern sich von der Begeisterungsfähigkeit ihrer Klassen und Gruppen mitreißen lassen und auch einfache Spiele mit elementaren Klang-, Sprach-, Bewegungs- und Bühnengestaltungen zur Aufführung bringen.

Machen wir einen kurzen Abstecher in die Geschichte und fragen nach den Merkmalen des Elementaren, der Elementaren Musik. Was macht sie aus, wie können wir sie erkennen und unterscheiden von anderen musikalischen Stilarten? Der Begriff des „Elementaren" ist schillernd und schwer zu fassen. Dennoch verwende ich ihn aus Überzeugung – auch für die hier zu beschreibende Spielform des Elementaren Musiktheaters. Und das nicht nur, um die nahe Verwandtschaft zum Orff-Schulwerk und den damit verbundenen Ideen zu betonen, denn Carl Orff beschreibt das, was er unter Elementarer Musik versteht so:

> „Elementar, lateinisch elementarius, heißt zu den Elementen gehörig, urstofflich, uranfänglich, anfangsmäßig. Was ist weiterhin elementare Musik? Elementare Musik ist nie Musik allein, sie ist mit Bewegung, Tanz und Sprache verbunden, sie ist eine Musik, die man selbst tun muss, in die man nicht als Hörer, sondern als Mitspieler einbezogen ist." [15]

Wilhelm Keller ergänzt die Beschreibung Orffs um zwei weitere Aspekte, um den etymologischen und um den anthropologischen, er schreibt:

> „‚Elementar' kann nicht nur als ‚urstofflich', sondern muss auch als ‚mittelpunkthaft' oder ‚zentral' verstanden werden (etymologisch von L-M-N, klingend EL-EM-EN abgeleitet, womit die mittleren Buchstaben des Alphabets symbolisch eingesetzt werden). Elementare Musik wollen wir daher die Verwirklichung einer ursprünglichen, zentralen musikalischen Potenz, die in jedem Menschen angelegt ist, nennen (...)." [16]

In diesem Sinne möchte ich die musikpädagogischen Möglichkeiten des EMTs noch einmal zusammenfassen:

Im EMT hinterlassen alle Beteiligten Ausdrucksspuren

Hiermit ist die anthropologische Grundausstattung jedes Menschen angesprochen, denn jeder Mensch kann sich auf höchst individuelle Weise in allen Kunstgattungen ausdrücken und hinterlässt damit seine persönliche Spur:

- indem ich eine eigene Melodie – produktiv – auf dem Xylophon erfinde,
- indem ich lerne eine gegebene Melodie – reproduktiv – auf dem Xylophon zu spielen,
- indem sich in mir eine gehörte Melodie – rezeptiv – „genießerisch breit macht" und zu tänzerischen Bewegungen führt.

Im EMT erweitern wir den Musikbegriff

Der Begriff „Musik" ist in den Köpfen der meisten Menschen recht eng besetzt! Obwohl durch die Arbeit vieler zeitgenössischer musikalisch tätiger Künstlerinnen und Künstler und manchmal sogar durch Musikpädagoginnen und Musikpädagogen der Musikbegriff stetig und ständig erweitert wird, lasten jahrhundertealte Theorien, Hypothesen und Definitionen sowie einengende Vorbilder auf der Einstellung Vieler zum Begriff „Musik". Deshalb sprechen wir nach Wilhelm Keller oftmals auch von Schallspielen, wobei unter „Schall" alles „Hörbare" zu verstehen ist. Wir sprechen also im EMT von einer musikalischen Aktivität,

---

[15] Orff, C.: Orff-Institut – Jahrbuch 1963, S. 16 f
[16] Keller, W.: Dokumentation des Symposion 1980 zum Orff-Schulwerk, S. 18

- wenn ich ein Lied singe, ihm zuhöre, es begleite,
- wenn ich rhythmisch spreche oder auf einer Trommel eine Bewegung begleite,
- wenn ich mit einem Beckenschlag einen Blitz darstelle,
- wenn ich mit vielen anderen durch verschiedene Geräusche, Klänge und Töne eine Waldmusik gestalte, die man dann auch „Schallmosaikspiel" nennen kann, weil alle Einzelklänge in ihrer sinnhaften Verbundenheit (nacheinander gespielt) den Zuhörern den Eindruck eines Schallbildes zum Thema „Wald" vermitteln,
- wenn ich auf der Gitarre „Greensleeves" spiele, weil uns allen diese Musik gut gefällt und sie zu unserer Szene passt.

Im EMT verwenden wir „Alles, was klingt"

Natürlich verwenden wir auch Instrumente aller Art! Aber ähnlich wie bereits zum Begriff „Musik" ausgeführt, ist auch dieses Wort mit seinen üblichen Bedeutungszuschreibungen zu eng für das Material, das im EMT klingend zum Einsatz kommen soll. So verwenden wir

- alle Körperinstrumente, einschließlich der Stimme,
- alle Orff-Instrumente (kleines Schlagwerk, Stabspiele, Trommeln),
- weiteres „Elementares Instrumentarium", wie Streich- und Zupfpsalter, Tischharfen, Saitenspiele, Kantiles u.ä., Lotusflöten, Orgelpfeifen, Okarinas u.ä., Boomwhackers,
- Selbstbauinstrumente,
- allerlei klingende Materialien, wie z.B. Papier, Joghurtbecher, Naturmaterialien,
- alle weiteren (klassischen) Instrumente, die von Gruppenmitgliedern gespielt werden können.

Im EMT kommen verschiedene musikalische Formen zum Einsatz

Da die Elementare Musik vor allem auch dadurch definiert wird, dass es eine Musik ist, die man selber tun muss, orientieren sich Produktion und Rezeption immer an der jeweiligen Gruppe, die musizierend und hörend Geräusche, Klänge und Töne verstehen und technisch umsetzen können soll.

Ob eine Musik „verständlich" ist, hängt einmal von den Hörerfahrungen und damit auch dem Lebensalter der Musizierenden ab sowie von der Besetzung und den verwendeten Musizierformen. Einige (fachliche) Hinweise dazu sollen an dieser Stelle (vor allem für Musikpädagoginnen und -pädagogen) angeführt werden, im Detail werden diese Fragen im Kapitel „Spielelemente" mit gut verständlichen und praktisch nachvollziehbaren Beispielen verdeutlicht.

- Vom arhythmischen und amelodischen Schallspiel über rhythmisch-metrische Spiele und das Musizieren und Improvisieren im halbtonlosen Fünftonraum (Pentatonik) bis zur modalen und später kadenzierenden Melodik sowie der Verwendung von Tonskalen aller Art sind dem Elementaren Musizieren stilistisch kaum Grenzen gesetzt, sofern die einzelnen Gruppenmitglieder (und auch die Leitung) mit dem Material selbstständig umgehen können.
- Grundierende Begleitformen wie Bordun und Ostinato gehören zu allen pentatonischen und modalen Melodie-Modellen, hingegen kadenzierende Melodik vor allem durch die Grundtöne der Hauptdreiklänge der Grundfunktionen Tonika (1. Stufe), Dominante (5. Stufe) und Subdominante (4. Stufe) zu stützen sein wird. Kadenzierende Begleitformen für Lieder sind in der Regel erst von etwa 8-jährigen Kindern spieltechnisch und musikalisch zu bewältigen und zu verstehen – Ausnahmen bestätigen diese Regel, vor allem dann, wenn es sich um jüngere Kinder handelt, die bereits seit ein oder zwei Jahren ein klassisches Instrument lernen.

- Die Musizierformen orientieren sich in ihrer Ausdehnung (zeitliche Dauer) an den zu gestaltenden Liedern und Versen, an Vor-, Zwischen- und Nachspielen und darüber hinaus am Prinzip der Wiederholung und Variation, woraus bei reinen Instrumentalstücken z.B. dreiteilige Formen und Rondos entstehen können.
- Die Besetzung richtet sich einerseits nach äußeren Bedingungen (wie viele Instrumente stehen der Spielgruppe zur Verfügung?) und nach den Fähigkeiten der Mitspielerinnen und Mitspieler. Grundsätzlich aber gehört das Elementare Musizieren zur Kammermusik – damit wird auch in jedem Fall dem Anspruch der „Verständlichkeit" Rechnung getragen!

2.2 Das Elementare Musiktheater als „Kreatives Feld"

Olaf-Axel Burow hat mich mit seiner Theorie auf die Idee gebracht, auch das EMT als „Kreatives Feld" zu sehen. Er beschreibt das Wesen eines kreativen Feldes am Beispiel einer Jazzband, bei der das erfolgreiche Zusammenspiel nur dann funktioniert, wenn die beteiligten Musikerinnen und Musiker über ein vereinbartes Thema ihre persönlichen Fähigkeiten im Spiel einbringen und sich ohne Führungsanspruch eines Einzelnen synergetisch ergänzen.
Synergieeffekte zu nutzen bedeutet in unserem Fall, dass die Fähig- und Fertigkeiten aller Mitwirkenden an einem EMT-Projekt höchst willkommen sind, da so nicht alle alles können und wollen müssen. Burow drückt das so aus:

> „Was der Geniekult ins Individuum projiziert hat, kann nämlich ohne Ausnahme in einem Kreativteam durch vielfältig zusammengesetzte Mitglieder ausgefüllt werden. Wir müssen nicht genial sein, aber wir sollten in der Lage sein, für unsere besondere Fähigkeit ein unterstützendes Synergiefeld zu finden."[17]

Allerdings muss man berücksichtigen, dass Kinder und Jugendliche in schulischen und außerschulischen Gruppierungen oftmals nicht die Wahl haben und auch noch nicht die Fähigkeiten, um sich selbsttätig ein geeignetes (Um-)Feld zu suchen. Hier liegt es in der Verantwortung von Pädagoginnen und Pädagogen, Angebote zu machen, im Spiel die individuellen und besonderen Fähigkeiten der einzelnen Mitglieder herauszufinden und allen Gruppenmitgliedern im Rahmen des gemeinsam verabredeten Themas einen entsprechenden Aktions- und Ausdrucksraum zu schaffen.
In welchem Rahmen und unter welchen Bedingungen muss jetzt das Angebot in Schule oder Freizeit gestaltet werden, damit tatsächlich ein „Kreatives Feld" entstehen kann? Burow erhebt Forderungen zur Schaffung eines Freiraums für das gemeinsame Gestalten und nennt in diesem Zusammenhang eine Reihe von Maßnahmen. Im Vergleich dazu führe ich in der rechten Spalte meine Überlegungen an, die ich für die Entstehung eines Elementaren Musiktheater-Projektes als einem „Kreativen Feld" für konstituierend halte:

Ein anregender, offener Ort	Das kann sich auf äußere, wie innere Orte/Räume beziehen:
	- Eine Arbeitsgemeinschaft im Rahmen der Schule schließt niemanden aus.
	- Eine Neigungsgruppe in der Musikschule steht Spielerinnen und Spielern verschiedenster Instrumente offen.
	- Eine Familienwoche lädt auch Familien mit behinderten Mitgliedern ein.
	- Im Rahmen von schulischem Musikunterricht erhalten alle Kinder eine Chance.

[17] Burow, O.-A. (1999): Die Individualisierungsfalle. Kreativität gibt es nur im Plural, S. 37

2. Der äußere Kern – Sachaspekte im EMT

Eine möglichst geringe Anzahl von hilfreichen Verhaltensregeln	Solche Regeln werden zu Beginn der gemeinsamen Arbeit mit allen Gruppenmitgliedern zusammen aufgestellt. Hier ein paar Beispiele: - Jede/jeder darf jede Rolle ausprobieren. - Niemand wird zu einer Rolle/Aufgabe gezwungen! - Spiel- und Darstellungsversuche anderer niemals auslachen! - Kritik soll helfen, nicht entmutigen! - Wir suchen nach den Stärken in uns selbst und bei den Mitspielerinnen und Mitspielern.
Die Einigung auf ein gemeinsam geteiltes Thema, das gestaltet werden soll	Die Spielgruppe wählt aus einigen Vorschlägen ein Thema, das den meisten gefällt. Manchmal kann auch durch die Gruppenleitung ein Thema vorgeschlagen werden. Wird dieses allerdings mehrheitlich abgelehnt, sollte eine neue Spielvorlage gefunden werden.
Eine vielfältig zusammengesetzte Gruppe	Jede Gruppe oder Klasse ist zumeist bereits sehr vielfältig zusammengesetzt. Das erfahren wir nicht als Hindernis, sondern als Vorteil! Darüber hinaus kann ein EMT-Projekt für altersgemischte (Familien-)gruppen angeboten werden und behinderte Menschen integrieren.
Ein offener Zeitrahmen	In pädagogisch initiierten Spielprojekten sind wir immer – mehr oder weniger – an gewisse Zeitrahmen gebunden. In der schulischen Arbeitssituation können wir aber selbst bestimmen, wie lange wir uns z.B. mit einem Projekt beschäftigen wollen. Innerhalb von zeitlich klar definierten Projekten (z.B. Familienwoche) können wir uns bemühen, mit der zur Verfügung stehenden Zeit in Absprache mit den Beteiligten flexibel und offen umzugehen.
Eine vorurteilsfreie, offene, nicht bewertende, dialogische Denk- und Kommunikationskultur	Hier ist die Gruppenleitung (ob als Einzelperson oder als Team) besonders gefordert! - Entscheidungen sollen immer mit allen abgesprochen werden. - Ungewöhnliche Lösungen finden zunächst uneingeschränkte Akzeptanz, bevor ihre Verwendung für die gemeinsame Arbeit diskutiert werden kann. - Sorgen und Unzufriedenheit sollen immer ausgesprochen und besprochen werden.
Die Lust am Improvisieren, Gestalten	Grundlage ist die Freiwilligkeit jedes einzelnen Gruppenmitgliedes, an Spielaktionen, Aufgaben und Rollen beteiligt zu sein! Dadurch entsteht die Lust, nach besten Kräften am gemeinsamen Spiel mitzuwirken.
Eine Struktur und Arbeitsweise, die Selbstorganisation und Begegnung ermöglicht (vgl. Burow, S. 27)	Die Gruppenleitung als „primus inter pares" bietet sich als „Kristallisierungskern", als „origineller Verdichter" (nach Burow) an. Alle Gruppenmitglieder sind allerdings ständig auf- und herausgefordert, selbst für ihr Tun sowie für ihre Wünsche Verantwortung zu übernehmen und in der Begegnung mit den Mitspielerinnen und Mitspielern sich im „Geben und Nehmen" zu üben!

Ein Blick hinter die Kulissen

Eine Änderung des Umfeldes, in dem ein EMT-Projekt als kreatives Feld wirksam werden kann, ist möglich! Bei einem ersten Versuch, die soziale Umwelt etwa einer Schulklasse so umzugestalten, dass aus dieser – zumindest für einen bestimmten Zeitraum – ein „kreatives Team" wird, muss niemand bei Null anfangen. Vielen Lehrerinnen und Lehrern sind die Grundzüge der Montessori- und Freinet-Pädagogik bekannt. Burow fasst deren Erkenntnisse zusammen:

> „Sie gehen von der empirisch belegten These aus, dass eine entsprechend vorbereitete, anregungsreiche Umgebung Schüler dazu führt, Interesse an der Ausübung komplexer Tätigkeiten und an eigenständigem Lernen zu entwickeln" (Burow, S. 119).

Kreatives Feld – Definition Burow 1999, S. 123	*Das EMT als „Kreatives Feld" – meine Definition*
Das Kreative Feld zeichnet sich durch den Zusammenschluss von Persönlichkeiten mit stark unterschiedlich ausgeprägten Fähigkeiten aus,	Im EMT kommen inhomogene Gruppen von unterschiedlich begabten und behinderten Menschen, ggf. auch verschiedener Altersstufen, zusammen,
die eine gemeinsam geteilte Vision verbindet:	die sich einer Gruppenleitung anvertrauen und die ein gemeinsames Projekt verbindet:
Zwei (oder mehr) unverwechselbare Egos, die sich trotz ihrer Verschiedenheit ihres gemeinsamen Grundes bewusst sind,	Die Mitglieder der Gruppe sind sich einerseits ihrer Einzigartigkeit, andererseits ihres gemeinsamen Projektes bewusst...
versuchen in einem wechselseitigen Lernprozess ihr kreatives Potential gegenseitig hervorzulocken, zu erweitern und zu entfalten.	...und versuchen in einem wechselseitigen Lernprozess ihr kreatives Potential gegenseitig hervorzulocken, zu erweitern, zu entfalten und anzuerkennen.

2.3 Produktiv tätig werden: Komponieren, Arrangieren, Choreographieren, Dichten

Hier möchte ich beispielhaft einige Charakteristika konstruktivistischer Lernprozesse aufführen, die heute immer mehr an Bedeutung gewinnen und insbesondere für kreative Aktivitäten von großem Wert sind!
Der Konstruktivismus sucht in pädagogischen Zusammenhängen nach neuen Formen des Lehrens und Lernens, die verhindern sollen, dass allzu viel Wissen angehäuft wird, das in der Lebenswirklichkeit der Lernenden dann keine Rolle mehr spielt und nicht angewendet werden kann.[18]

---

[18] Viele fundierte Anregungen – auch für die konstruktivistische Gestaltung von Unterricht – findet man in dem Buch von Dubs, R. (1995): Lehrerverhalten. Ein Beitrag zur Interaktion von Lehrenden und Lernenden im Unterricht. Zürich (Verlag des Schweizerischen Kaufmännischen Verbandes).

2. Der äußere Kern – Sachaspekte im EMT

Es ist auch im Rahmen des Musikunterrichts eine tiefgreifendere Erfahrung, wenn die erlernten und geübten Lieder, Tänze, Instrumentalstücke und Sprachspiele im Rahmen unserer EMT-Projekte teilweise selbst erfunden oder gestaltet wurden und in einer Aufführung Eltern, Freunden und Schulkolleginnen und -kollegen präsentiert werden können!

So lassen sich die besonderen Gestaltungsprozesse, die im Rahmen eines EMT-Projektes ablaufen, mit den Merkmalen konstruktivistischer Lernprozesse schlüssig verbinden:

1. **Das Gestalten im EMT ist *ein aktiver Prozess***
   Es schafft Motivation und Interesse bei den Gruppenmitgliedern, selbst tätig zu werden und Theater, Musik und Tanz nicht nur als Zuschauer zu erleben.

2. **Das Gestalten im EMT ist *ein selbst gesteuerter Prozess***
   Die Vorbereitung und Planung, die Ausführung und die abschließende Bewertung eines Spiels, oder Teilen davon, liegen mit in den Händen jedes einzelnen Gruppenmitgliedes. Die Gruppenleitung wird bemüht sein, die selbst gesteuerten Prozesse zu unterstützen, wenn nötig Impulse zu setzen und sie koordinierend zu begleiten.

3. **Das Gestalten im EMT als *ein konstruktiver Prozess***
   Liedtexte werden passend zur Geschichte neu getextet, die Melodien dazu alleine, zu zweit oder in kleinen Gruppen komponiert; die Begleitung von Liedern muss instrumentiert und arrangiert werden. Aber auch bekannte Lieder können umgedichtet werden, ein musikalisches Zitat wird vereinfacht, damit es von der Blockflöte gespielt werden kann... Tänze und Bewegungsgestaltungen entstehen auf der Basis vorgegebener Rhythmen oder Melodien.

4. **Das Gestalten im EMT als *ein sozialer Prozess***
   Mit dem kreativen Gestalten wird niemand alleine gelassen (auch die Gruppenleitung nicht, die sich – wenn nötig – kompetente Hilfe holt)! Zu zweit oder zu dritt kann man sich gegenseitig anregen, ein Wort gibt das andere, ein Ton den anderen, eine Bewegung löst die nächste aus... Haben wir ein erstes Zwischenergebnis, können wir es gleich dem Rest der Gruppe vorstellen, und die (wertschätzende und konstruktive!) Kritik hilft uns weiter, um unsere Komposition, Dichtung oder Choreographie zu optimieren. Führen wir unser Stück am Ende öffentlich auf, erhalten wir Lob und Anerkennung – was allen Beteiligten ziemlich gut tut!

5. **Das Gestalten im EMT als *ein situativer Prozess***
   Im Hier und Jetzt wird unsere Spielform wirksam. Die aktuelle Situation der Gruppe, eingebunden in einen spezifischen Kontext, verbindet sich mit den authentischen Möglichkeiten aller Beteiligten. Und so muss auch jede Spielgruppe wieder ihre eigenen Lieder, Texte, Instrumentalstücke, Sprachspiele und Tänze kreieren, da das „Hier und Jetzt" einer Gruppe immer einmalig ist!

Nachwort

Seit über 25 Jahren bin ich mit der Spielform des Elementaren Musiktheaters mehr und mehr vertraut geworden. Wilhelm Keller, mein Vater und Lehrer, hat mich schon während meines Studiums am Orff-Institut auf diese Spur gebracht, die ich mit stetig anwachsender Überzeugung und immer konsequenter verfolge. Dieses Buch wäre ohne ihn als Vordenker, Vorbild und Vorspieler nicht entstanden. Seine jahrzehntelange Arbeit mit behinderten Menschen auf der einen Seite und mit nicht behinderten Kindern in Grundschulen andererseits haben ihm klar gemacht, dass alle Menschen gleichermaßen Anspruch auf vielseitige musikalische Förderung haben. Am besten gemeinsam, im Austausch ihrer Ausdrucks- und Gestaltungsmöglichkeiten!

Wilhelm Keller – „Zauberkünstler" des Elementaren Musiktheaters (München 1988)

1988 hatte er endlich die Möglichkeit, seine Visionen von einer Zusammenarbeit von Menschen mit unterschiedlichsten Begabungen und Behinderungen bei einem Spielprojekt unter Beweis zu stellen. In München hatte das Musiktheaterprojekt „König Hupf" im Rahmen der Biennale für Neues Musiktheater seine Uraufführung, das er in seiner letzten Veröffentlichung „Musikalische Lebenshilfe" ausführlich beschreibt. Es war das erste und letzte Mal, dass Wilhelm Keller persönlich ein solches Projekt geleitet hat. Alle, die damals mitspielen konnten, werden es in Erinnerung behalten, und für mich war es der entscheidende Impuls, diese künstlerisch-pädagogische Arbeit fortzusetzen und weiterzuentwickeln.

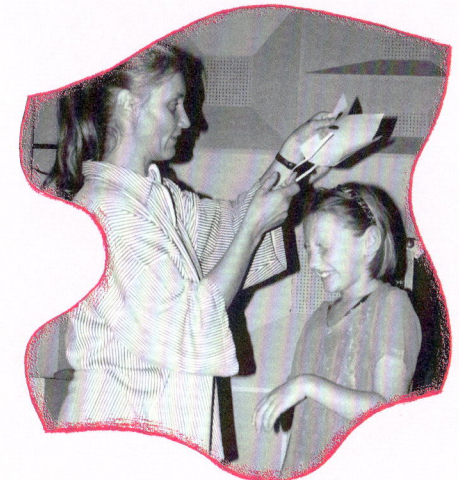

Glossar

Abkürzungen (Noten)
AX = Altxylophon
BX = Bassxylophon
AM = Altmetallophon
BM = Bassmetallophon
AG = Altglockenspiel
Holz = z.B. Klanghölzer, Stielkastagnetten, Holzblocktrommel, Holzröhrentrommel, Wooden Agogo

Arie
Gesangsolo (Lied) in einer Oper mit Orchesterbegleitung.

Arrangieren
Eine Begleitung für (meist) mehrere Instrumente für eine Melodie musikalisch passend einrichten.

Auftakt
Ein unvollständiger erster Takt in einem Musikstück, der sich erst mit dem Schlusstakt wieder zu einem vollständigen Takt ergänzt. Ist es nur ein Ton (Notenwert), ist es ein unbetonter (Melodie-)beginn, wie z.B. bei dem Lied „Im Märzen der Bauer...".

Bordun
(Meist) ein Zweiklang (1. Ton/Grundton und 5. Ton / Quinte), wenn nur ein Ton von beiden verwendet wird, kann man auch Orgelpunkt dazu sagen (der bei Dudelsack und Radleier immer mitklingt).

Choreographie
Eine Tanzkomposition, die durch eine Tanzbeschreibung unter Verwendung verschiedener Tanznotationsformen ggf. (schriftlich, grafisch) festgehalten werden kann.

Cluster
Wörtliche Übersetzung aus dem Englischen: Traube. Wird im musikalischen Zusammenhang mit „Tontraube" übersetzt. Viele Töne dicht nebeneinander erklingen gleichzeitig. Es entsteht ein voller „schräger" Klang.

Collage
Eine Form, die aus verschiedenen, lose verbundenen Teilen („Nummernfolge") zusammengesetzt wird.

Dramaturgie
Schauspielkunde; Kunde vom Aufbau, von der literarischen Form eines Schauspiels.

Durchlauf(probe)
Eine Gesamtprobe, bei der alle Szenen bereits erarbeitet sind, die in der richtigen Reihenfolge durchgespielt werden (durchaus noch mit Unterbrechungen!).

Einsatz (musikalischer)
Ein optisches oder akustisches Signal zur Ermöglichung eines gemeinsamen Einstiegs mehrerer Mitwirkender in ein Musikstück, ein Lied; bei der „großen Oper" durch einen Dirigenten, im EMT meist durch ein Vorspiel eines Solisten ausgeführt.

Harmonie (musikalische, klassische)
Zusammenklang („Wohlklang"/Übereinstimmung) verschiedener Töne (Akkorde); es gibt verschiedene (klassische) Gesetze der musikalischen Harmonie.

Intervall
Tonabstand (Tonstufe); Abstand zwischen zwei Tönen (1-Prim, 2-Sekund, 3-Terz, 4-Quart, 5-Quinte, 6-Sext, 7-Septime, 8-Oktave).

Kadenz (kadenzierend)
Ein harmonisches Grundgerüst nach bestimmtem musikalischen Muster. Die Dreiklänge auf der 1. (Tonika), 4. (Subdominante) und 5. Stufe (Dominante) der Tonleiter sind die Hauptakkorde und bilden das harmonische Grundgerüst.

Klangfarbe
Verschiedene Instrumente klingen unterschiedlich, auch wenn sie den gleichen Ton spielen. Diese verschiedenen Klangfarben entstehen durch die unterschiedliche Zusammensetzung der zu dem Hauptton schwingenden Obertönen. Abhängig ist die Klangfarbe von Material und Bauart/Form des Resonanzkörpers und der Art der Tonerzeugung (blasen, streichen, schlagen...).

Koloratur
Reich figurierter, ausgeschmückter Gesang.

Kompensation
Ausgleich, Entschädigung.

Glossar

Melisma
Melodische Verzierung; eine Silbe wird singend auf mehrere Töne (Noten) verteilt.

Metamorphose
Verwandlung, Gestaltwandel.

Metrum/metrisch/freimetrisch
Gleichmaß, Grundschlag.

Modale Melodie
Keine kadenzierende Begleitung notwendig. Lässt sich mit einfachen Bordun- und Ostinatomotiven begleiten, da auf den Taktschwerpunkten nur Dreiklangtöne erklingen.

Motiv
Charakteristische Ton-, Rhythmus-, Schritt- oder Bewegungsfolge; das kleinste Glied einer Melodie, eines Rhythmus', einer Bewegung, eines Tanzes. Gewissermaßen ein musikalischer oder tänzerischer „Gedanke". Mehrere Motive bilden ein Thema.

Pentatonik
Halbtonlose Fünftonreihe, die in allen Kulturen der Welt eine Rolle spielt. Die Zusammensetzung kann vielfältig sein. Wir verwenden meist die Tonfolge c, d, e - g, a oder: f, g, a - c, d.

Ostinato
Beharrlich immer wiederkehrende (sich wiederholende) Begleitformel.

Ouvertüre
Vorspiel, Einleitung, Eröffnung (einer Oper und eines EMT).

Phrase/Phrasenlänge
Ton-/Rhythmusfigur (über einige Takte).

Prototyp
Urbild, Musterbild.

Quinte (siehe: Intervall)
Der 5. Ton der Tonleiter und Intervall zum Grundton (1. Ton der Tonleiter).

Refrain
Kehrreim, bei vielen Liedern vom Chor gesungen, während der Soloteil (-strophe) von einem Vorsänger/-sängerin bestritten wird.

Reihenform
Verwandte Teile reihen sich aneinander, wie z.B. ein Thema (1. Teil) mit mehreren Variationen.

Rhythmus (rhythmisch-metrisch, rhythmisieren)
Der regelmäßige, formbildende Wechsel von betonten und unbetonten Notenwerten, wie er als Urform z.B. in der Atmung und den Pulsschlägen vorhanden ist.

Rondo(form)
„Rundgesang" - der Rondo-(A)-Teil beginnt und beendet das Rondo und kehrt zwischen den einzelnen (immer neuen) Zwischenteilen immer wieder.
In Buchstaben ausgedrückt: A-B-A-C-A-D-A...

Solo/Solist
Aus dem Italienischen: eine/einer alleine spielt, singt, spricht, tanzt...

Soufflieren
Unauffällig für das Publikum wird dem Spieler oder der Spielerin auf der Bühne Text ein- bzw. vorgesagt.

Spielstoff
Die Geschichte, das Thema, die Idee, aus der das Spiel entstehen soll.

Takt/Taktart
Entsteht durch regelmäßige, in gleicher Zeit sich wiederholende Betonung. Es gibt gerade (2/4, 4/4), ungerade (3/4, 6/8) und zusammengesetzte (5/8, 7/8) Taktarten.

Timbre
Färbung eines Tones, vor allem aber einer (menschlichen) Stimme.

Tremolo
„Bebung" - eine unruhige, „bebende" Spiel- oder Singweise, z.B. durch eine zitternde Bewegung des Fingers auf der Saite eines Saiteninstruments hervorgerufen oder durch schnelle Bewegung beider Hände mit Schlägeln auf einem Stabspiel.

Tutti
Aus dem Italienischen: alle zusammen spielen, singen, sprechen, tanzen...

Register – Tipps & Tricks
Wo finde ich was?

Geschichte	Bewegungs- und Tanzgestaltung	Instrumentale Gestaltung	Singen und Sprachgestaltung	Bühnen-, Kostüm- und Requisitenherstellung	Erspielung Erarbeitung Erprobung	Spielskizzen	Hörbeispiele (CD)
„Der beste Hofnarr"	S. 40, 50		S. 65	S. 79		S. 142	Nr. 1 - 7
„König Drosselbart"	S. 45, 50	S. 53	S. 65, 71	S. 77, 88	S. 127	S. 166	Nr. 8 - 14
„König Hupf der I."	S. 31, 32, 44, 48, 50	S. 60		S. 73, 77, 78, 83	S. 101, 121, 128		
„Das Traumfresserchen"	S. 31, 38, 45, 50	S. 53	S. 66, 71	S. 74, 76, 77, 83	S. 100, 122, 126, 136		
„Die zweite Prinzessin"	S. 33, 36, 49, 50	S. 60	S. 65		S. 122, 137		
„Die Prinzessin auf dem Kürbis"	S. 33, 36, 50			S. 78			
„Ferdinand"	S. 31, 32, 39, 46, 47, 48	S. 61, 63, 65		S. 74, 76, 82, 83	S. 99, 100, 129	S. 191	Nr. 15 - 22
„Die Bremer Stadtmusikanten"	S. 40	S. 53		S. 75, 77, 82	S. 124	S. 218	Nr. 23 - 26
„Es klopft bei Wanja in der Nacht"		S. 53, 59					
„Wo die wilden Kerle wohnen"	S. 31, 49	S. 53	S. 66, 67	S. 84, 86	S. 101, 118, 119, 120		
„Das Lied der bunten Vögel"		S. 53					
„Als die Raben noch bunt waren"	S. 42, 49						

Literaturhinweise

1. Musik-, tanz- und theaterpädagogische Anregungen

BERZHEIM, Nora:
Kinder gestalten mit Sprache, Gestik, Musik und Tanz
Auer Verlag, Donauwörth 1978

BRÄUTIGAM, G./WEBER, W.:
Theater mit Musik für die Grundschule
Auer Verlag, Donauwörth 1990

BUCHNER, Christina:
Theaterspaß zum Selbermachen
Oldenbourg Verlag, München 1991

DIEDERICHS, Ulf:
Who's who im Märchen
dtv 30503, München 1995

GOTHOT, Maria Helena:
Tanz – Theater – Spiel mit Kindern
Auer Verlag, Donauwörth 1993

HEILIGENBRUNNER, Erich/SEIDL, M.:
Ich zeig Dir meine Welt
Menschen mit Behinderungen im szenischen Spiel
Ökotopia Verlag, Münster 1994

HIRLER, Sabine:
Wie tanzt der Mond?
Fantastische Geschichten mit Musik,
Spiel und Tanz erleben
Kallmeyer Verlag, Seelze (Velber) 2002

KELLER, Wilhelm:
Spiellieder
Band 1 aus der Reihe: Ludi musici
Fidula-Verlag, Boppard 1970

KELLER, Wilhelm:
Schallspiele
Band 2 aus der Reihe: Ludi musici
Fidula-Verlag, Boppard 1972

KELLER, Wilhelm:
Minispectacula – Gestaltung von MUWOTA (MUsik,WOrt,TAnz)-Spielen
Band 4 aus der Reihe: Ludi musici
Fidula-Verlag, Boppard 1975

MARTINI, Ulrich:
Musikinstrumente – erfinden, bauen, spielen
Klett Verlag, Stuttgart 1980

PÖRSEL, Ortfried:
Die Wetterhexe
Neue Klanggeschichten für Musik- und Grundschule
Fidula-Verlag, Boppard 1999

SCHNEEBERGER, Gudrun:
Figurenschattenspiel
Anleitungen zur Gestaltung und 5 Spielstücke
Fidula-Verlag, Boppard 2001

SCHOPF, Sylvia:
Mit Kindern Theater spielen
Diesterweg Verlag, Frankfurt/M. 1996

SEIDEL, G./Meyer, W.:
Spielmacher. Spielen und Darstellen in der Grundschule
Curio Verlag Erziehung und Wissenschaft, Hamburg 1990

SIMON, Eva:
Spielmodelle für die Grundschule
Oldenbourg Verlag, München 1995

WIDMER, Manuela:
Sprache spielen. Vom Kinderreim zur Spielszene
Auer Verlag, Donauwörth 1994

2. Anregende allgemein-pädagogische Literatur

BUROW, Olaf-Axel:
Ich bin gut – wir sind besser
Erfolgsmodelle kreativer Gruppen
Klett-Verlag, Stuttgart 2000

COHN, Ruth:
Es geht ums Anteilnehmen
Herder Verlag, Freiburg 1993

GOLEMAN, D./KAUFMAN, P./RAY, M.:
Kreativität entdecken
Goldmann Verlag, München 1999

LANGMAACK, B./BRAUNE-KRICKAU, M.:
Wie die Gruppe laufen lernt
Anregungen zum Planen und Leiten von Gruppen
Psychologie Verlags Union, München 1989

MOLCHO, Samy:
Körpersprache der Kinder
Goldmann Verlag, München 1998

SCHULZ VON THUN, Friedemann:
Miteinander Reden (3 Bände)
Allgemeine Psychologie der Kommunikation
Rowohlt Verlag, Reinbek b. Hamburg 2001
(Sonderausgabe)

3. Spielstoffe

Viele der angeführten Bilderbücher sind leider vergriffen, aber in Büchereien und Bibliotheken oft noch auszuleihen. Laufend gibt es neue und ebenso gut spielbare Bilderbücher! Gönnen Sie sich einmal im Monat einen Bummel durch die Kinderabteilungen der Buchhandlungen Ihrer Stadt!

„Märchen – alt"

ANDERSEN, H.C./ZWERGER, Lisbeth:
  Der Schweinehirt
  Neugebauer Verlag, Salzburg/München 1990

ANDERSEN, H.C./FUCHSHUBER, Annegert:
  Die Prinzessin auf der Erbse
  Otto Maier Verlag, Ravensburg 1985

GEBRÜDER GRIMM/KELLER, Wilhelm:
  Rumpelstilzchen
  Modell eines Musikalischen Märchenspiels.
  Sonderdruck zu Ludi musici I
  Fidula-Verlag, Boppard o.J.

PROKOFIEW, Sergej:
  Peter und der Wolf
  Parabel Verlag, München 1976

„Auf Reisen – und in anderen Ländern"

CARLE, Eric:
  Gute Reise, bunter Hahn
  Stalling Verlag, Oldenburg 1972

ENDE, Michael/PRICKEN, Marie-Luise:
  Tranquilla Trampeltreu – die beharrliche Schildkröte
  K. Thienemanns Verlag, Stuttgart 1972

KHING, The Tjong/KORDON, Klaus:
  Der große Fisch Tin Lin
  Ravensburger Buchverlag, Ravensburg 1990
  (1995 in der Reihe: Ravensburger Ringelfant)

LEHER, Lore/KRIST, Hetty:
  Die bunte Flaschenpost
  Herder Verlag, Freiburg/Basel/Wien 1991 (11. Auflage)

SCHAEFER, Renate:
  In einem Land
  Atlantis Kinderbücher, Verlag Pro Juventute, Zürich 1993

„Märchen – neu"

BEMMANN, Hans/FUCHSHUBER, Annegert (Bilder):
  Mitten in einem großen, großen Garten
  Thienemann Verlag, Stuttgart/Wien/Bern 1996

BOLLIGER, Max/CAPEK, Jindra (Bilder):
  Das schönste Lied
  Bohem Press, Zürich 1986 (3. Auflage)

EKKER, Ernst A./WOLFSGRUBER, Linda (Idee und Bilder):
  König und Narr
  Herder & Co, Wien 1994

HEINE, Helme:
  Prinz Bär
  Middelhauve Verlag, Köln 1987

JANOSCH
  Der Josa mit der Zauberfiedel
  Parabel Verlag, München 1967

JERNEY, Barbara (Mary de Morgan)/PANOWSKY, Charlotte:
  Die Spielzeugprinzessin
  Ars edition, München 1987

WILSDORF, Anne:
  Prinzessin
  (...nach dem Märchen „Die Prinzessin auf der Erbse")
  Lappan Verlag, Oldenburg 1993

WILSDORF, Anne:
  Charlotte
  Lappan Verlag, Oldenburg 1992

„Etwas verrückt..."

CAVE, Kathryn/RIDDELL, Chris:
  Irgendwie Anders
  Oetinger Verlag, Hamburg 1994

FEDER, Peter:
  Würmel, Muscher und Fonz – Wolkenträumereien
  Ökotopia Verlag, Münster 1989

RUPRECHT, Frank:
  Die vier Könige
  Thienemann Verlag, Stuttgart 1983

TESTA, Fulvio:
  Ein ganz gewöhnlicher Tag
  Nord-Süd Verlag, Mönchaltorf + Hamburg 1982

„Einfach Tierisch"

CARLE, Eric:
Die kleine Raupe Nimmersatt
Gerstenberg Verlag, Hildesheim 1988

CARLE, Eric:
Das kleine Chamäleon Kunterbunt
Stalling Verlag, Oldenburg

LIONNI, Leo:
Frederick
Middelhauve Verlag, München 1967

LIONNI, Leo:
Swimmy
Middelhauve Verlag, München 1963

PIATTI, Celestino:
Eulenglück
Artemis Verlag, Zürich 1989

SCHMÖGNER, Walter:
Das Drachenbuch
Insel-Bilderbuch, Insel-Verlag, Frankfurt a.M. 1981

„Farbengeschichten"

BAUER, Jutta:
Die Königin der Farben
Beltz & Gelberg, Weinheim und Basel 1998

HELLER, Eva:
Die wahre Geschichte von allen Farben
Für Kinder, die gern malen
Lappan Verlag, Oldenburg 1996

KLEE, Paul:
Bilder träumen. Abenteuer Kunst
Prestel Verlag, München/New York 1996

LIONNI, Leo:
Das kleine Blau und das kleine Gelb
Oetinger Verlag, Hamburg 1962

LOBE, Mira:
Das fliegt und flattert – das knistert und knattert!
Jungbrunnen Verlag, Wien/München 1991

SCHRÖDER, Anita:
Farbgeschichten
Verlag Freies Geistesleben, Stuttgart 1984

SEITZ, Rudolf:
Vom Blau, das Teilen lernte
Kallmeyerische Verlagsbuchhandlung, Seelze 2003

YENAWINE, Philip:
Bilder und Farben
The Museum of Modern Art, New York,
Carlsen Verlag, Hamburg 1993

„Für Alte Hasen"
(...für Kinder ab 10 Jahren und für altersgemischte Familiengruppen)

COLE, Babette:
Prinzessin Pfiffigunde
Carlsen Verlag, Hamburg 1991

DE PENNART, Geoffroy:
Sophie macht Musik.
Beltz Verlag, Weinheim und Basel 2000

ENDE, Michael/HECHELMANN, Friedrich:
Ophelias Schattentheater
Thienemann Verlag, Stuttgart/Wien 1988

FUCHSHUBER, Annegert:
Der vergessene Garten
Thienemann Verlag, Stuttgart 1981

HAUFF, Wilhelm (Bearbeitung: K. Baumann)/
HECHELMANN, Friedrich:
Zwerg Nase
Nord-Süd Verlag, Mönchaltorf + Hamburg 1975
(2. Auflage)

HASTINGS, Selina:
Sir Gawain und die Häßliche Alte
Verlag Sauerländer,
Aarau/Frankfurt am Main/Salzburg 1988

MENUHIN, Yehudi/HOPE, Christopher/BARRETT, Angela:
Vom König, vom Kater und der Fiedel
Severin und Siedler, Berlin 1983

MÜLLER, Jörg/STEINER, Jörg:
Aufstand der Tiere oder: Die neuen Stadtmusikanten
Verlag Sauerländer, Aarau/Frankfurt am Main/Salzburg

WENDT, Irmela:
Der Krieg und sein Bruder
(...vom Schrecken des Krieges und einer hoffnungsvollen Vision vom Frieden)
Patmos Verlag, Düsseldorf 1991

Inhalt der beiliegenden CD – „Spring ins Spiel"

Nummer	Titel	Zeit

Zur Spielskizze „Der beste Hofnarr"

1.	Instrumentalstück: „Branle simple"	0'20
2.	Instrumentalstück: „Branle gay"	0'45
3.	Instrumentalstück: „Branle simple"	0'22
4.	Singendes Erzählen: „Der König ist traurig!"	0'13
5.	„Können eigentlich auch Mädchen Hofnarren werden?"	1'54
	• Auftakt: Schellenrasseln	
	• Ruf: „Können eigentlich auch Mädchen Hofnarren werden?"	
	• Liedgestaltung: „Warum, warum, warum"	
6.	Liedgestaltung: „Es saßen die Narren"	0'55
7.	„Die Entscheidung"	1'39
	• Singendes Erzählen: „Ruhe bitte…"	
	• Stimmungsklangbild: „Nachdenkmusik des Königs"	
	• Geistesblitz: „Ich hab's!"	

Zur Spielskizze „König Drosselbart"

8.	Instrumentalstück: „Pavane" (Langfassung)	1'06
9.	„Der 1. Freier kommt…"	0'53
	• Instrumentalstück: „Pavane" (Kurzfassung)	
	• „Ah! Oh!" – das Volk staunt…	
	• Singendes Erzählen: „Graf Jakobus von Hofkirchen!"	
	• Sprachgestaltung: „Dick und hässlich, ach wie grässlich!"	
	• Klanggestaltung „Der abgewiesene Freier"	
10.	„Der 2. Freier kommt…"	0'55
	• Instrumentalstück: „Pavane" (Kurzfassung)	
	• „Ah! Oh!" – das Volk staunt	
	• Singendes Erzählen: „König Kasimir von Hohenheim!"	
	• Sprachgestaltung: „Kurz und dick hat keinen Schick!"	
	• Klanggestaltung „Der abgewiesene Freier"	
11.	„Das Spielmannslied"	2'48
	• Refrain des Spielmannsliedes (Instrumentalfassung)	
	• Liedgestaltung: 1. Strophe - „Ein Spielmann, der bin ich"	
	• Refrain des Spielmannsliedes (zweistimmig gesungen)	
	• Liedgestaltung: 2. Strophe - „Herr König, ich danke"	
	• Refrain des Spielmannsliedes (zweistimmig gesungen)	
	• Singendes Erzählen - „Dein Gesang hat mir so wohl gefallen…"	
	• Klanggestaltung „Die entsetzte Hofgesellschaft"	
	• Liedgestaltung: 3. Strophe - „Lebt wohl, liebe Leute"	
	• Refrain des Spielmannsliedes (zweistimmig gesungen)	

Nummer	Titel	Zeit
12.	„Auf dem Weg zur Hütte"	2'30
	• Wegmusik (1)	
	• Singendes Erzählen/Dialog: „Wem gehört denn dieser wunderschöne Wald?"	
	• Wegmusik (2)	
13.	Liedgestaltung: „Die arme kleine Hütte, das ist ab nun ihr Heim"	1'45
14.	„Auf dem Markt"	0'52
	• Marktrufe	
	• Sprechstück: „Wir sind die wilden Husaren"	
	• Aufschrei und Geschirrgeklapper-Musik	

Zur Spielskizze „Ferdinand"

15.	Instrumentalstück: „Spanische Ouvertüre" (3-teilig)	0'50
16.	Liedgestaltung: „Stier sein ist wunderschön"	1'20
17.	Singendes Erzählen: „Seine Mutter machte sich manchmal Sorgen…"	0'12
18.	Instrumentalstück: „Wegmusik für Mutter Kuh" (1)	0'38
19.	Singendes Erzählen - Dialog: „Warum spielst du nicht…"	2'07
20.	Instrumentalstück: „Wegmusik für Mutter Kuh – Malaguena" (2)	0'36
21.	Sprachgestaltung: „Wir sind die Manager aus Madrid"	0'48
22.	Sprachgestaltung (Sprechkanon): „Das ist der schnellste Stier"	0'31

Zur Spielskizze „Die Bremer Stadtmusikanten"

23.	„Die abgewiesenen Tiere"	1'27
	• Singendes Erzählen: „Was soll ich bloß tun"	
	• Singendes Erzählen: „Ich bin zu alt"	
24.	Liedgestaltung: „Wanderlied der Bremer Stadtmusikanten"	1'03
25.	Stimmungsklangbild: „Waldmosaikspiel"	1'06
26.	Liedgestaltung: „Räuberlied"	1'44
	• Sprachgestaltung: „Ich bin der Räuber Klein"	
	• Sprachgestaltung: „Ich bin der Räuber Stier"	
	• Räuberlied-Reprise (1)	
	• Sprachgestaltung: „Ich bin der Räuber Mola"	
	• Sprachgestaltung: „Ich bin der Räuber Dumm"	
	• Räuberlied-Reprise (2)	
	• Sprachgestaltung: „Ich bin der Räuber Schreck"	
	• Räuberlied-Reprise (3)	

Gesamtspieldauer   *30'01*

Manuela Widmer Spring ins Spiel © Fidula

Mitwirkende:

Instrumentalensemble aus dem Orff-Institut, Salzburg:
Alfonso Alvarez (Querflöte)
Monika Gaggia (Cello)
Maria Kaindl (Klarinette, Orff-Instrumentarium, Singen und Sprechen)
Henriette Keil (Sopran- und Altblockflöte, Orff-Instrumentarium, Singen und Sprechen)
Astrid Niederberger (Zupfpsalter, Orff-Instrumentarium, Singen und Sprechen)
Anne K.Müller (Cello, Orff-Instrumentarium, Singen und Sprechen)
Steffi Schwaighofer (Streichpsalter, Orff-Instrumentarium, Singen und Sprechen)
Doris Valtiner (Gitarre, Orff-Instrumentarium, Singen und Sprechen)
Manuela Widmer (Orff-Instrumentarium, Singen und Sprechen)

Kinder der 4. Klasse „Integration mit Montessori":
Sebastian Bachmayer, Susanne Grob, Simon Hofer, Maria-Quiyen Jenny, Jakob Keglevic
Laura Nowy, Moritz Schneeweiß, Fabio Wallner, Laura Wiehenkamp, Miriam Winkler

Leitung: Manuela Widmer
Aufnahmeleitung und Mastering: Michele Gaggia
Martin Hantich

Alle Urheber- und Leistungsschutzrechte vorbehalten. Keine unerlaubte Vervielfältigung.
© & ℗ Fidula 2004 · GEMA · LC 6553

FIDULA · Boppard am Rhein
Tel. 0 (049) 6742 - 2488
www.fidula.eu